新东方
XDF.CN

主动成长

给青少年的35堂职业启蒙课

新东方青少年成长研究院　编著

海豚出版社
DOLPHIN BOOKS
CIPG 中国国际出版集团

图书在版编目（CIP）数据

主动成长：给青少年的35堂职业启蒙课 / 新东方青少年成长研究院编著. -- 北京：海豚出版社, 2020.9
ISBN 978-7-5110-5306-0

Ⅰ. ①主… Ⅱ. ①新… Ⅲ. ①职业选择－青少年读物 Ⅳ. ①C913.2-49

中国版本图书馆CIP数据核字(2020)第124701号

主动成长：给青少年的35堂职业启蒙课
新东方青少年成长研究院 编著

出 版 人	王 磊
策划编辑	田中原
责任编辑	李文静
封面设计	黄 蕊
责任印制	于浩杰 蔡 丽
出 版	海豚出版社
地 址	北京市西城区百万庄大街24号
邮 编	100037
电 话	010-68325006（销售） 010-68996147（总编室）
邮 箱	dywh@xdf.cn
印 刷	北京华联印刷有限公司
经 销	新华书店及网络书店
开 本	710mm×960mm 1/16
印 张	23
字 数	311千字
印 数	5000
版 次	2020年9月第1版 2020年9月第1次印刷
标准书号	ISBN 978-7-5110-5306-0
定 价	56.00元

Editorial Board

编委会

Preface

序 言

主动成长，你就赢了

2020年的开年对于我们而言是难忘而特别的。学生和家长们在家“宅”得发慌之余，最触及灵魂的感受想必就是震撼与感动。在对抗新冠肺炎的“战疫”中，那些冲在一线与病毒斗争、捍卫生命的医护人员，那些不舍昼夜、层层严密防控的军人们，那些保障物资、生活用品供应的物流从业者……一个个“最可爱的人”的形象深入人心，也让许多青少年产生了“未来想要成为他”的憧憬和理想。

有理想是好事，但随之而来的是一系列问题：

你真的适合吗？

你真的做得到吗？

你要怎么做才能实现这个目标？

……

理想可以很远大，但终究不能一念成真。取得好成绩，考上好大学，似乎是许多青少年通往理想的道路，然而，高考之后呢？上了大学之后呢？大学毕业之后呢？似乎这些问题都可以等到“考上大学之后再说”，但真实情况是，很多人进入大学之后，仿佛一夜之间失去了奋斗目标，四年下来浑浑噩噩，即便顺利大学毕业，找到工作，进入职场后也毫无热情。甚至还有一些更可惜的情况：很多人大学学习也非常努力，年年拿奖学金，整个学生时代都堪称辉煌，但是由于对自己的兴趣、专业、目标职业、社会形势等认识得不够深入，在人生的关键节点仅凭着一些模糊的观念做出选择，导致毕业之后的道路异常坎坷，走了很多弯路，几年下来，学生时代积累的优势荡然无存。

究其原因，这些人一开始就忘了“主动”的重要性，他们没能掌握成长的主动权。这种主动权不仅仅体现在各种考试中取得好成绩，更体现在各种人生转折处的选择能力：文理分科、新高考选科、高考志愿填报、大学专业选择、转专业、考研、就业……

当代著名作家柳青在其代表作《创业史》的第十五章开头写道：“人生的道路虽然漫长，但紧要处常常只有几步，特别是当人年轻的时候。没有一个人的生活道路是笔直的，没有岔道的。有些岔道口，譬如政治上的岔道口，事业上的岔道口，个人生活上的岔道口，你走错了一步，可以影响人生的一个时期，也可以影响一生。”

人的成长大概可以分为两种模式：主动成长和被动成长。

前者一往无前，不断探索，知道自己想要什么，执着追求；后者则只有在被人推、被人拉，或生活重担加身的时候，才被迫往前走几步，或者只是随大流奔跑，并没有仔细思考过自己想要到达的目的地到底在何处。

对于大多数“被动成长”的人来说，在年轻时遇到“紧要处”和“岔道口”的时候，他们更多遵循的是父母的意见、老师的意见、朋友的意见、同学的意见，他们将决定自己人生轨迹的关键抉择交给了他人。或许，不是因为他们不想自己做选择，而是由于学识、眼界和精力等因素的限制，没有能力做出选择。而当他们历经岁月的洗礼，终于磨炼出了主动选择的能力时，他们已经不再年轻，想做出道路的转换变得越发艰难。一失足成千古恨，再回首已百年身。由于丧失了人生的主动权太久，当他们想拿回来的时候，常常需要付出巨大的代价，正所谓“出来混，总是要还的”。

因此，人生的“遥控器”终究应该掌握在自己手中。越早意识到主动成长的重要性，越早学会正确认识自我、认识世界，主动探索通往未来的道路，就越能为自己争取更大的成长空间，就越能在年轻时把握住人生的“紧要处”。

这也是为什么我们要为依然“以学业为重”的青少年进行职业启蒙的原因：合理的学业规划、对自身兴趣和优势的了解、目标的设定、对职业和专业正确的理解，将使他们现阶段的学习目标更明确、更有方向性，避免在大学阶段或工作之后，才发现自己选错专业、入错行，最终悔之晚矣。对这种生涯规划意识的培养，也是当今高考改革的核心理念之一。

我们设计职业启蒙课的初衷，一方面是想为青少年展示各个专业、职业的真实模样，以及潜在的职业发展路径。因此，在很长一段时间里，我们采访了许多各行各业的从业者，并试图从中总结出职业发展的智慧与底层逻辑。这些过来人真实的成长经验可以帮助青少年对人生几十年的职业发展有真切的感知，里面的经验和教训也可以让一些准大学生、大学生和职场人士少走很多弯路。

另一方面，我们也意识到，职业成长个案再多，也只能透过他人的经历窥见行业一隅，而无法全面了解其面貌。而且在这个瞬息万变的时代，当你以为完全了解了一个行业时，很可能又出现了新的变化。

于是，我们回到原点，去思考一些更本质的问题，去探索一些基本的规律。我们意识到，职业生涯规划不应该只是狭义地教给青少年如何选专业、如何选职业、怎么面试、怎么晋升等技巧，而应该是教给他们一种选择的智慧。通过这种智慧，每个人都可以清晰地认识自我，了解真实的外部世界，从而在未来面对任何选择、任何困难的时候，都可以拥有自主做出判断、自主选择的能力，从而在人生道路上走得更远、更漂亮、更从容，不留遗憾。

成长难免伴随着困惑，从小到大，每个人都面临着一道道课本之外、来自真实世界的选择题：

高中选文科还是选理科？

新高考怎么选科？

高考应该报什么专业？

都说兴趣是最好的老师，但我不知道自己的兴趣是什么怎么办？

感兴趣的事情却不擅长怎么办？

想从事高科技行业，但却是个理科上的“矮脚生”，梦想的大门是否就此关上？

现在所学的东西，对未来有用吗？

……

这些问题的答案都能在这本书中找到踪迹。相比于讲述宏大的生涯理论体系，我们认为，通过回答一个个重要而切身的问题，更能解决青少年在探索自我、专业、职业方面的疑惑。我们通过多方渠道收集了学生、家长、老师最关切的问题，并在此基础上对这些问题做出了通俗易懂、条理清晰且十分具有操作性的解答。

全书总共分为四个章节：主动理解职业、主动探索自我、主动思考专业和主动学习经验。

其中前三个章节都以问题和解答的形式呈现，最后一章则是各行各业从业者真实的经验分享，前三个章节的观点和理论，在第四章会得到集中的展现和印证，从而实现从理论到实践的闭环。

我们所选取的问题都是大家十分关心、十分重要但很多人都想不清楚，或未曾认真思考过的问题。例如，在“主动理解职业”一章，我们既回答了“人为什么要工作”“职业收入是由什么决定的”“为什么有的行业会赢家通吃”这种涉及职业本质和底层规律的问题，也回答了“你为什么不喜欢自己的工作”“你在为谁工作”这类涉及职业观的问题。通过对这些问题的拆解，读者对职业的理解就会越发深刻，未来在做任何职业上的抉择的时候，就可以根据当下的需要，做出科学合理的判断。

在“主动探索自我”章节，我们既回答了“如何发现自己的兴趣”“如何发现自己的优势”“如何了解自己的职业倾向”这类很多人寻寻觅觅却始终毫无头绪的问题，也回答了个人兴趣、性格、时代趋势、职业选择等变量之间的平衡与取舍问题。可以说这一章的内容，不仅仅适合青少年，也适合那些工作了很多年，但是对自己仍缺乏了解的职场人士。

第三章“主动思考专业”回答了很多青少年和家长非常关心的“新高考时代，应该如何选科”“大学专业选择的底层逻辑是什么”等涉及方法论的问题，也讨论了有关文科生和理科生未来发展的观念类问题，如“学文科可以去科技公司上班吗”“理科生和文科生，谁的明天更美好”等。这一章的内容不但能解决中学生和家长的“燃眉之急”，也能为那些想转专业，或想跨专业就业的大学生，提供一些洞见，带来一些启发。

第四章“主动学习经验”是不同行业的从业者在经过了十多年起起伏伏的职业发展后，提炼出的对于个人发展的智慧精华和经验结晶。在这一章，你会看到一个个真实的生命是如何在这个复杂的世界，通过自己的努力和机遇的把握实现自我价值的；你也会看到他们是如何突破人生中的每一次困境，如何在低谷中重新出发，奋斗出一个更加灿烂的未来的。你既能从这些真实的故事中看到前面三章提到的理念和观点，也能看到似乎与这些理论相违背的选择——这就是真实的人生。

在这本书里，所有的解答都是以社会学、心理学、经济学等学科理论为依据，并给出了具体可行的实践方法。语言深入浅出，通俗易懂。当然，我们并不认为这些回答就是标准答案，我们为读者提供的是多维度、多角度的事实和观点，给出一些解题思路，真正的答题者永远是你自己。但至少，看完这些解题思路后，你会避开基本的“雷区”，少走很多弯路，并在遇到问题时，能条理清晰地思考和权衡利弊。

对于学业压力颇大的中学生来说，对未来的规划和实践、对大方向的把控，少不了家长和老师的支持和辅助。这本书可以帮助家长和老师理解关于学生兴趣、性格、优势、专业、职业选择等方方面面的底层逻辑，这样在引导学生做出选择的时候，会更加有章可循、有据可考。家长和老师应该成为孩子的军师，为他们点燃未来的火种，陪伴他们奋斗出一个美好的未来。

事实上，人生既不是单纯规划出来的，也不存在一条可以定制的、一成不变的路。我们既要做好规划，也要做好应对变化的准备。在越来越多元化的当今社会，我们虽然不以成败论英雄，但衷心希望未来的你，不会因为现在的“被动”而感到遗憾和后悔。

主动理解职业、主动探索自我、主动思考专业、主动学习经验，尽早地行动起来吧！从思想、情感、能力等各方面为自己做好准备，去实践、去探索、去寻找，不要害怕失败，不要畏惧犯错，去争取那片属于你的星空吧！

“新东方中小学全面成长系列”总策划

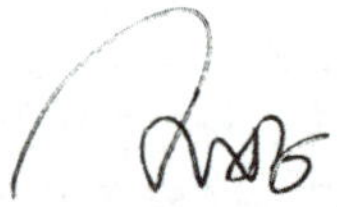

Contents

目 录

Appendix 附 录

Chapter 01

主动理解职业

第1课 人为什么要工作

大部分人的一生都遵循着这样的模式：出生，上学，毕业，工作，退休……其中工作在人的一生中所占的比例是最大的，大概有35年到40年的时间。这一切都发生得太自然了，以至于大部分人都不曾想过一个问题：人为什么要工作？

如果有人问你“人为什么要工作”，你的第一反应可能不是告诉他答案，而是怀疑这个人精神是否正常。这算哪门子问题？人当然要工作啊！不工作哪儿来的钱？没有钱吃啥穿啥？——这样的逻辑早就已经深深印刻在我们的文化里，工作对于我们来说，似乎就和生老病死一样正常，根本无须思考。

但事实上却是，对于这个问题一个人给出的答案，会很大程度上决定他未来的职业选择。

现在，我们不妨深想一层。

工作的本质到底是什么？

工作这个词，有两层主要含义。一层含义是从事体力或脑力劳动，从这个意义上讲，人类从远古时期就开始工作了。那个时候，人类为了生存，男人需要狩猎，女人需要采集蔬果和哺育子女。不工作就无法存活，更无法延续子嗣和基因。

可以说，这个阶段的“工作”是一种普遍的生物本能，是生物学意义上的必然现象，是为了维持生命、为了满足生理需要的一种行为。不只是人类，自然界中所有的动物为了生存都需要工作，可以说工作是大自然永恒的主题。

在这个时期，人类工作的时间很短，由于社会结构简单，每天花几小时弄到生活必需品即可，剩下的时间则相对自由。不过那时人类仍饱受环境的威胁和考验，平均寿命也比较短。

后来，随着技术的发展，各种武器、工具越来越强大，人类渐渐爬上了食物链的顶端，能捕获到的猎物越来越多。于是，不再受环境束缚的人类开始迁徙和大量繁衍，随着人口的不断增长，人类开始学习定居生活，并开始种植植物、驯化动物。就这样，农耕时代拉开了序幕。

这个时候，人类为了提升生产效率，让每个人都干相对擅长的事儿，于是出现了社会分工和交换行为。这两种现象也成为 “职业”和“货币”概念诞生的基础。

让我们先说职业。

职业的出现源于社会分工，这也是工作的第二个含义。通常一个人说自己做什么工作的时候，他其实是在说他的职业。这里的“工作”不同于普通意义上的劳动，而是一种通过满足社会分工与他人需求，获得物质和精神收益的社会交换形式。

后来，随着工业革命的到来，人们不得不在固定的时间，到一个固定的工厂工作，于是又衍生出了“上班”的概念。现在人们经常把“上班”“工作”“职业”这些词混用，其实它们的意义都有一定差别。但它们也有一个共性，就是脱离了宏观的生物性的劳动概念，而变成了人类特有的一种活动。尽管它依然保留了“为了生存”的基本内涵，但与此同时，由于人类文明的发展和人类文化的塑造，这一阶段的“工作”也被赋予了更多的意义。

我们再回过头来看货币。

人类的交换行为最初是通过以物换物的形式实现的，但随着物品的种类越来越多，物物交换扩大到一定规模后就会显得十分烦琐，于是就衍生出了一般等价物的概念，即可以通过一般等价物来换取任何其他商品。这种一般等价物的形式后来不断进化，就有了我们今天所说的“钱”的概念。“钱”主要具有与物交换、衡量价值高低和储存三种功能。它的出现让物品买卖可以在更多人之间更方便地进行，促进了社会财富的积累。

也就是说，社会分工让我们有了今天的“工作”，而商品交换则演化出了“钱”。

所以，简单来说，工作的本质就是完成社会交给你的一部分任务，为社会创造价值，从而获得报酬，然后再利用这些报酬换取自己想要的东西，满足自己的需求。

而人们“想要的东西”，在不同的时代是非常不一样的。

早期的人们对于“为什么要工作”这个问题抱有的态度是较为实际的。无论是采矿还是耕地，工作跟快乐都没有任何关系，维持生计是工作最大的目的，没有人会去考虑“是否热爱工作”“工作的意义”这种问题。古罗马的知识阶层甚至认为，一切有偿工作就其本质而言都是可耻的，相反，休闲才是幸福生活的基础。

因此，那个时候的人们的的确确就是为了钱而工作。

但后来，到了中世纪末期，人们开始希望能把金钱和成就感合而为一，把这两者同时作为工作的理由。这是一种具有划时代意义的大胆想法，人们既想从工作中获得金钱，又想获得内心的成就感——精神和物质，一个都不能少。

这种趋势随着技术的不断发展、人们工作时间越来越长而愈加凸显。当人们不再为温饱发愁，当工作要占到一个人三分之一的人生甚至更长时间的时候，“工作只是为了赚钱”的理念开始发生了松动。人们开始赋予工作更丰富的意义，工作开始与热情、梦想、事业、使命、身份象征、人生价值等更高级的需求关联起来。

那么这些需求有没有什么规律可循呢？

20世纪40年代，美国心理学家马斯洛提出了著名的需求层次理论。他将人类的需求由低到高分为五层，分别是生理需求、安全需求、情感和归属需求、尊重需求和自我实现需求。他认为这些需求是人类天性中的内在本质，不受地域、国家、文化的影响。这些需求是连续不断的，当一个需求被满足后，另一个需求就会自然而然地补充上来，因此人类的需求可能永远难以彻底得到满足。

最底层的需求是生理需求，包括食物、水、睡眠、呼吸等维持生理机能运转的要素。这个需求是人类最重要的激励因素，如果这种需求没有得到满足，那么其他需求也就显得无足轻重。我们经常能看到一些在极端环境下考验人性的电影，就是通过剥夺最基本的生存物资，导致人动物性的一面被放大。这个时候的人难以顾及更高层次的尊重需求，确保身体机能的运转会成为一个人行动最大的动力。人类的祖先在非洲大草原上的艰苦奋斗，主要就是为了满足这一层需求。

当人解决了生理需求后，更高一层的安全需求就会成为最重要的激励因素。安全需求包括人身安全、健康保障、工作职位保障等。人们之所以会逃离一个动乱的国家，就是因为基本的安全需求无法得到保证。很多人之所以选择体制内的工作，就是看中了其稳定的特质，不会有突然失业的风险。

在安全需求得到满足之后，人就会产生强烈的情感和归属需求，包括友情、爱情等情感需求。一个生存无忧、安全有保障的人，会产生孤独感和与他人产生连接的倾向，他渴望在一个团体中有自己的位置，学校、班级、公司都是这样的团体。许多人或许无须为了生存和安全需求而工作，但是强烈的归属需求还是会让他们继续工作，让自己融入一个组织。

情感和归属需求之上，是获得尊重的需求。这种尊重的需求分为内部尊重和外部尊重。内部尊重就是一个人的自尊，他能充满信心地迎接挑战，接受自己、认可自己。外部尊重是指其他人对自己的认可。当尊重需求没有得到满足的时候，一个人就会产生自卑的情绪，丧失自信和自我价值感。许多职场人士之所以觉得所从事的工作没有意义，一定程度上就是因为社会分工越来越细、越来越复杂，他们所做的工作无法被外界感知到，从而无法直观地得到大众的认可。

位居需求金字塔最顶层的是自我实现的需求。所谓自我实现，指的是一个人的能力得到最大程度的发挥，潜能得到充分挖掘，个人的理想和抱负得以实现,成了最独一无二的自己。一些早已不用为了金钱工作的企业家，之所以还兢兢业业地努力奋斗，就是在这层需求上努力攀爬。

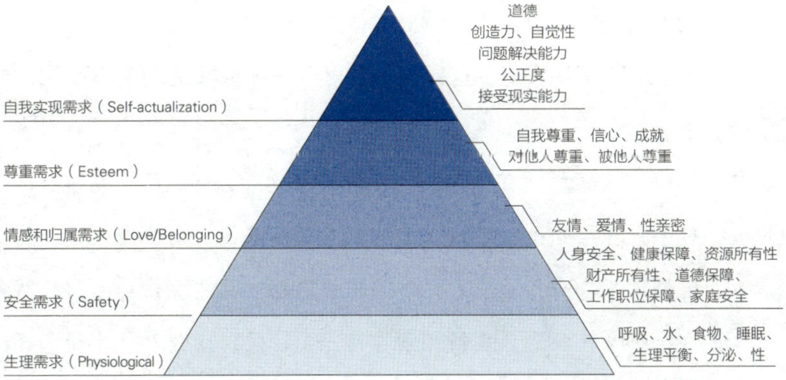

马斯洛需求层次理论（Maslow's hierarchy of needs）1943 年版

通过马斯洛需求层次理论，我们就能够理解当温饱问题解决后，人们到底在为什么而工作。如今，很多年轻人来到大城市追求自己的梦想，每天在写字楼里面加班到深夜。在他们当中，有的人为了生存而打拼，有的人为了让家人过上好日子而奋斗，有的人则为了在大城市有一个自己的居所而不断积累能力和资金，也有的人没有这些压力，单纯希望在工作中获得成长，实现自身的价值。

归根到底，对于“人为什么工作”这个问题，不同的人会给出不同的答案。这个答案随着一个人需求的变化而变化，人们也会根据这个答案做出截然不同的职业选择。

例如，如果一个人将安全需求放在更高的位置，那么选择一份收入较高、比较稳定的职业就可能是他当前最迫切的需求，这个时候，自己是否喜欢这份工作就不是最重要的考量了。

相反，如果一个人家境较为殷实，从小衣食无忧，他可能就会把尊重需求和自我实现需求放在优先级，从而对是否喜欢这份工作，是否可以通过工作积累资源、实现自己的梦想更为看重。

所以，我们经常能听到一些家长说，自己现在这么努力，就是为了让孩子以后能拥有选择的自由，本质上这些父母就是希望通过自己这一代的奋斗，把底层的需求解决好，这样孩子就可以心无旁骛地朝着更高层次的需求奋斗了。

这个道理古今皆然。在中国古代，有“穷读书，富练武”的说法。意思是说，对于大多数处于温饱线以下的穷苦人家来说，金钱投入更低的读书、参加科举、考取功名是更为实际的职业道路，反之练武则需要花费大量的金钱在拜师学艺、武器装备和营养补充上，只有富庶人家才能选择这样的职业道路。正所谓“经济基础决定上层建筑”，古往今来，一以贯之。

当然，对于不同的个体来说，马斯洛的需求金字塔并不是严格按照从低到高层层推进的，有的人可能尚没有满足底层的要求，但是也朝着自我实现的目标而奋斗。比如很多家境一般的孩子，由于小的时候展露出了过人的艺术天赋，因此有朝这个方向发展的打算。但是学习艺术需要比较高昂的花费，且不确定性比较大，日后在选择职业道路的时候，就可能会陷入一种两难的困境：一方面是憧憬多年的艺术理想，另一方面是尚需满足的物质需要。

这时候，你可能会说，这不一定吧，不是还有周杰伦、王宝强这样逆袭的案例吗？他们就是直接从底层需求跨越到了最高层的自我实现啊！应该说，这样的例子之所以耳熟能详，为人们津津乐道，就是因为十分罕见，属于典型的“幸存者偏差”。对于更多的人来说，还是要在满足了基本需求后，再去追求更高级的自我实现。而生存期、发展期和自我实现期这三个阶段，也正是一个人职业发展的经典路径。

美国第二任总统约翰·亚当斯曾经说过一句名言：“我必须研究政治和战争，这是为了让我的孩子们能自由地研究数学和哲学。我的孩子们应当研究数学、哲学、地理、自然、历史、造船学、航海、商业和农业，目的是让他们的孩子有权利研究绘画、诗歌、音乐、建筑、编织和陶瓷。”这段话本质上说的也是在基础需求满足后，子孙后代就可以根据自己的禀赋和喜好，比较自由地选择职业，从而增大自我实现的概率。

说到这儿，对于“人为什么要工作”这个问题，我们已经基本有答案了。

工作绝不仅仅是为了赚钱，它是一个人通往自我实现的重要道路，是我们为这个世界贡献自己力量的方式，是不断满足人类由低到高需求的手段，也是帮助自己的子孙后代拥有更多的选择、更高自我实现概率的重要途径。

当然，在当今这个高速发展的时代，通往自我实现的道路不仅仅可以通过工作来完成，有的人通过副业、通过兴趣爱好、通过工作之外的实践，也慢慢找到了自己的人生使命，发挥了自身的价值。同时，我们不应该将工作的成败当成人生的一切，良好的人际关系、和谐的情感也是一个人幸福生活的重要元素，这些都是需要工作之外的陪伴、相处才能获得的。

总的来说，工作的确非常重要，它能带给人更好的物质生活和精神满足，人有无数理由要努力工作，但与此同时，我们也不能忽视现代文化对工作过分强调导致的挫败、攀比、沮丧、幻灭以及对健康的损害等后果。

我们要正确看待工作的意义，它是一个人实现自我价值的重要途径，但不是一个人的全部，更不能决定一个人的人生价值。它或许与世俗的成功有关，与他人的认可有关，但是与一个人是否能获得满意的人际关系、幸福的情感体验以及内心的平静没有直接关系。而对于许多事业有成的人来说，这些才是人生最大的奢求。

理解了工作的意义，学习这件事也就可以安置在一个更广阔的地图当中了。作为一种类比，你知道学习的意义了吗？

第2课 如何实现财务自由

“财务自由”这个词，现在大家可能对它都不陌生，许多人也声称自己的奋斗目标就是财务自由。但是这个词也很容易被误解，有些人把财务自由理解为拥有很多钱，想买什么就买什么，还有一些人把它理解成不用上班，自己想干什么就干什么。那么这些关于财务自由的理解正确吗？财务自由又如何才能实现呢？

“我要在30岁实现财务自由！”相信这是很多人在初入社会时都会立下的豪言壮语。多年以后，有人可能会在顺风顺水时笑谈当时的勇气，也有人可能会在现实的大海浮沉时感慨曾经的年少轻狂。

事实上，“财务自由”这个词虽然很多人都挂嘴边上，甚至成为很多人奋斗的目标，但是其真正含义却很容易遭到误解。问及身边人“你认为什么是财务自由”这个问题时，得到的答案大部分都是：“想买什么就买什么”“存款至少1000万”“想不上班就不上班”“想躺着就躺着”……这些回答都只是对财务自由的片面理解。

那么，怎样才算是财务自由呢？首先我们来看一组数据。

下表是智联招聘统计的2019年夏季求职期平均薪酬城市分布，表中北上深的平均工资已经过万，而上榜的后几座城市的平均工资虽然与排名第一的北京有着接近一倍的差距，却也不低于6500+，也是让很多人唏嘘的数字了。（平均工资不代表个人，里面包含着高收入与低收入）

是否工资越高就离财务自由越近？答案显然是否定的。全国的各个城市，每个城市的平均工资或高或低，各不相同。高收入同时也伴随着高支出，低收入未必不能满足当前城市的生活需求。

2019年夏季求职期平均薪酬城市分布

排名	城市	平均薪酬	排名	城市	平均薪酬
1	北京	11204	20	合肥	7694
2	上海	10662	21	贵阳	7693
3	深圳	10088	22	南昌	7636
4	杭州	9430	23	无锡	7628
5	广州	8868	24	昆明	7627
6	南京	8463	25	青岛	7553
7	厦门	8290	26	海口	7543
8	宁波	8261	27	郑州	7470
9	苏州	8261	28	天津	7461
10	武汉	8229	29	兰州	7301
11	东莞	8184	30	西安	7281
12	佛山	8049	31	大连	7034
13	重庆	8020	32	烟台	7005
14	乌鲁木齐	7977	33	石家庄	6992
15	成都	7912	34	太原	6897
16	济南	7904	35	长春	6735
17	南宁	7829	36	哈尔滨	6586
18	长沙	7828	37	沈阳	6546
19	福州	7709			

事实上，所谓财务自由，指的是一个人无须为生活开销而工作的状态。当一个人的资产产生的被动收入等于或超过他的日常开支，就可以说他进

入了这种状态，实现了财务自由。可以用下面的公式表示：

财务自由指数 = 被动收入 / 日常开支 ×100%

当财务自由指数 ≥1 时，就达到了人们所说的财务自由状态了。

举例来说，如果一个人每个月的开支是 3000 元，那么在工作之外，他的资产每月能产生 3000 元以上的被动收入，那么就可以说这个人实现财务自由了。这个人可以继续做当前这份工作，也可以辞职做任何他自己喜欢做的事，都不会影响他现在的生活水平。

反之，如果一个人每年的开支是 100 万元，那么哪怕他每年的被动收入达到 90 万元，他也依然没有实现财务自由，一旦他停止工作，正常的生活就会受到影响。

由此可见，一个人拥有财富数量的多少与能否实现财务自由并不是等号关系。由于每个人花销的标准不同，有些人拥有几千万资产也未必达到财务自由状态，有些人可能月入几千就能实现财务自由。

这时候有人可能会纳闷：如果财务自由是这种相对的概念，那还有什么意义呢？又有什么奋斗的价值呢？

其实，财务自由真正的意义并不是绘制了一幅人人向往的百万富翁的图景，而是对传统工作观、财富观的一种颠覆。

很多人最早知道“财务自由”这个概念，都是通过一本名为《富爸爸穷爸爸》的书。这本书自 2000 年 9 月引入中国以来，立刻成为现象级的畅销书，在改变了很多中国人理财观的同时，也让财务自由的观念深入人心。

在这本书问世以前，很多人的工作观、财富观是这样的：从小好好学习，考上好的中学，再考上好的大学，然后找一份体面的工作，通过不断努力争取升职加薪，多赚钱、少花钱、多储蓄。在这个过程中，随着买房、结婚、生儿育女，人们为了应付更高的开销，就必须更加努力地工作，十几年如一日，直到退休的那一天，然后依赖政府的退休金养老。他们的孩子也同样重复这一循环，一辈子忙忙碌碌没有尽头，丝毫不敢松懈。《富爸爸穷爸爸》把这种状态形容为“老鼠赛跑陷阱”，即一只老鼠在一个圆形的鼠笼子里尽管不停奔跑，但实际上却是在原地打转。

听到这，你可能会感觉奇怪：这样的人生听起来再正常不过了，大部分人的一生不就是如此吗？这有什么问题呢？

这种人生模式的问题就在于，人们始终需要为赚钱出售自己的时间，疲于应付固有的生活，一旦停止工作，或者遇到经济危机、裁员等意外情况，整个生活就难以为继。

那么应该如何打破这种循环模式呢？

《富爸爸穷爸爸》的作者在书中给出了答案——从“穷人思维”转变成“富人思维”。他根据收入来源的不同途径，把收入划分成四个象限，分别是 E、S、B 和 I。

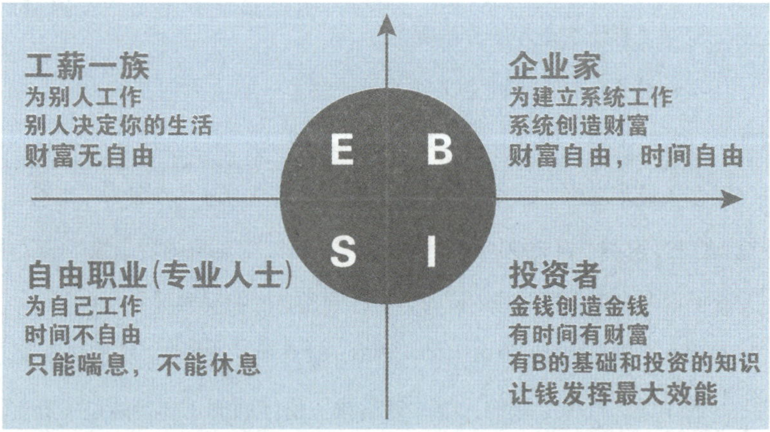

收入的四个象限

E（Employee）象限代表雇员、打工仔、上班族等收入主要依赖薪水的群体，靠工资谋生是这个群体大多数人的生存状态，而且可能一生都是如此。

S（Self-employed）象限代表自由职业者，他们不再需要为别人打工，可以通过自己的技能自力更生，时间上相对自由。但他们同样需要用自己的时间来交换金钱，大多数时间也是身不由己。

B（Business owner）象限代表企业主，这些人拥有自己的企业，他们花钱购买别人的时间为自己赚钱，当这个可以创造财富的系统建立起来后，企业主即使自己不工作，也会有稳定的现金流入账。

I（Investor）象限代表投资人，这些人完全通过投资来获利，金钱会自动为他们工作。

想打破“老鼠赛跑陷阱”就要努力让自己从左边的E、S象限，逐渐过渡到右边的B和I象限，即自己即使不工作，依然有源源不断的现金流，并且这些被动收入依然可以覆盖日常花销，即达到所谓的财务自由状态。

《富爸爸穷爸爸》这本书建议人们不要简单地因为恐惧和欲望随意出售自己的时间， 而是要关注自己想要的是什么，关注学习、成长和技能的积累，并不断增加自己的资产，把钱投到那些具有升值潜力的地方，同时尽可能减少负债。所谓资产就是那些能够帮你赚钱的东西，比如房产、股票、基金、债券等，而负债就是那些让你源源不断花钱的事物，比如汽车、名表名包、化妆品、各种奢侈品等。

“穷人思维”过于依赖工作的收入，终其一生忙忙碌碌，不敢有一刻停歇；而“富人思维”则是通过技能积累和资产配置，进而创立公司、进行投资，建立现金流的管道，不断增加被动收入，最后从终日的忙碌中解脱出来，实现财务自由。

因此，财务自由与其说是一种目标，不如说是一种对待工作和财富的理念，而这种理念的实践一方面是工作技能和财商的提高，另一方面还涉及一个人内在精神的修炼，包括合理控制你的欲望和自律性。

人的欲望有多少，很难用具体的数值来衡量。现如今，生活的基本温饱可以说是人人都能达到的水平，除去温饱，每个人的生活中还有一些其他必需的支出，比如买喜欢的衣服、教育支出、医疗支出以及小爱好支出，这也是大多数人能够达到的水平。当然，对于很多人来说，花销远远不止这些，有些人痴迷电子产品，有人喜欢旅游，有人喜欢收集鞋子和包包……你渴望什么，你的钱花在哪里，决定了你能拥有怎样程度的自由。

世界上最贵的水是60000美元，折合人民币大概是42万元，最贵的眼镜折合人民币是500万余元，而我们生活中最常见的是2块钱的矿泉水和500元的眼镜。哪怕是世界首富也不见得天天都在追求顶级的资源，顶级资源是无止境的，如果执着于此，那么注定一生无法实现财务自由。由此可见，财务自由并不是具体数字能决定的，除了个人能力和财商之外，还有一个重要因素是欲望的大小，即你的精神自由。

精神自由可能又会出现两个极端。

一种极端状态是自我满足的“阿Q精神”。处在固有的安逸状态里不思进取、停滞不前，自以为达到了财务自由的状态，但其实已经被身边人或者同龄人落下了很长的距离，却仍旧懈怠，不去追赶，一生碌碌无为还安慰自己平凡就好。

另外一种极端状态是时刻紧绷、不敢放松，由于尚未实现财务自由就无时无刻不感到紧张焦虑。虽说“有压力就有动力”，然而当压力过大、目标过高时，也许并不能让你有力争上游、奋发图强的动力，反而一直达不到预期而带来的挫败感，会让你失去追逐的勇气。

你需要在这两种极端状态中找到一个平衡点，根据自己的价值观和收入情况去制定最适合自己的目标。

除了合理地控制自己的欲望之外，一个人的自律程度，也决定了与财务自由的距离。

当下的年轻人的消费观相比于上一辈，可以说是发生了天翻地覆的变化。之前是节俭至上，现在是“霸道总裁式消费观”：买，我不管，要买的，喜欢的都买，没有钱就透支买。当然形成这种错误消费观的锅可以甩给产品的销售套路，无时无刻不在的洗脑营销让人产生一种错觉——人生在世，及时行乐，要是不消费就是对不起自己！

《2017 年轻人消费生活报告》显示：收入 5000 元的年轻人，比收入 20000 元的更敢花，中国近 1.7 亿“90 后”中，超过 4500 万习惯花呗消费。“90 后”又多了一个“敢花”的标签。

那些嚷嚷着要实现财务自由的年轻人，剁起手来倒是眼不眨、心不痛，等账单出来再痛哭流涕呐喊：何时才能实现财务自由！甚至开始抱怨生活，如蝼蚁般忙忙碌碌也比不上家庭好、出身好的一步登天。他们忘了，缺乏自律的消费就如同舌舔蜜刃，为了一时的甜头，在不知不觉中消耗了当下甚至未来的收入，从而在实现财务自由的路上渐行渐远。

只有自律才能给你自由，每天为万丈高楼平地起一点点添砖加瓦，否则的话，你只能用一辈子的捉襟见肘去填补克制不住的欲望的坑。

此外，日常生活中，除了控制住与自身条件不匹配的欲望外，也可以通过控制自己“小小的欲望”去实现财务自由。当你克制住了吃零食的小欲望，一次两次三次，就能实现买一个喜欢的手账本的自由；当你放弃了每天打车上班的舒适，转而早起坐地铁，日复一日，就能实现一次出去看世界的自由。积少成多，从量变到质变，江河湖海从不会拒绝任何一条细小的溪流。千万不要小看日积月累的力量，这其实是伴随你实现财务自由的重要步骤。

财务自由不是最终目的，实现财务自由是正在进行时。财务自由就像是山顶的那颗甜果子，为了摘取到那颗果子，你需要不停攀登。如果你暂时尚未到达山顶，你也完全没有必要因此郁郁寡欢，日日咬牙攀登，丝毫不敢喘息。人生的意义和收获在于攀爬的过程。即使还没有品尝到果子的甘甜，在这个目标的指引下，你也饱览了一路的风景，体会到了进步的喜悦。这一路上的收获，比摘到果子的瞬间更加精彩和动人。

第3课 财务自由之后，还需要工作吗

很多人认为，工作无非就是为了赚钱，等自己有一天财务自由了，就再也不需要工作了，每天睡到自然醒，吃喝玩乐看心情，环游世界不是梦。甚至有的人放出豪言，自己的人生目标就是30岁退休。然而，真实的情况确实如此吗？那些已经实现财务自由的人，又是如何度过他们往后的人生的呢？

蛋糕品牌好利来自1992年创立，至今已成为业内翘楚，其创始人罗红同时也是著名摄影家。他出生于如诗如画的四川雅安，摄影的梦想从小便流淌在他的血液里。在好利来三岁的时候，他就遍行川、疆、藏等地，在9万多公里的区域留下了足迹，其后又在二十多年间走遍全球。2019年6月，罗红第50次去非洲拍摄，这次的作品是马塞马拉大草原狮群肖像。

2016年，“罗红摄影艺术馆”在北京顺义建成开放，被誉为“安放灵魂的地方”。他说：“有人说一生有一个梦足矣，我这个人却长出了两个梦来，好利来是我的一个梦，摄影是我的另一个梦，一生为这两个梦而追逐着。”怀揣两个梦想并一一实现，工作和爱好并行不悖，既享有富足的现实生活又拥有充盈的精神世界，可谓是令无数人艳羡的理想状态。

有人可能会说：我不想要开画展，也不用兼顾爱好，能让我实现财务自由，不用为钱工作，每天睡到自然醒就心满意足了。

然而，有趣的是，那些真正获得了财务自由的人，即使有短暂的停歇，最后也都重新拥抱了工作。

财务自由之后

在热门综艺《奇葩大会2》的一期节目中，嘉宾丁锐介绍了“死亡体验馆”的项目，用户可以花444元体验一次从死亡到重生的模拟过程，这引起了现场观众和评委的极度好奇。丁锐在死亡体验馆的配套书籍《醒来》中描述了接触死亡题材的缘由：他在30岁时摆脱了生存压力并停止工作，开始实现童年的梦想——学钢琴、周游世界，过着每天睡到自然醒的生活。然而，在这些看似完美的日子里，他渐渐感觉到生命力的枯萎。他用“自由令人惊骇”来概括这样的状态。“不工作之后，突然之间所有的东西都失去了乐趣，那个时候就发现每天起床就是一个问号：做什么才是有意义的？然后我开始学心理学，继而开始思考生命之核，并由此又开启了工作和追索。”

无独有偶，《中国日报》2015年曾报道过这样一个案例：一位名叫卡德尔的美国男子在27岁时获得财务自由后，停止了工作，但他后来又开始重新创业。卡德尔的第一桶金就来自创业。他创立了一家在线贷款网站，后来他卖掉这家公司，赚了1000万美元。之后，他便进入了吃喝玩乐的退休状态。不料约20天后，他觉得这样的生活毫无意义，遂决定重新工作。他说：“这样的生活无聊至极，尽管重新创业会面临压力和烦恼，但是做正面的事情能让人感觉充实。”

以上两位主人公都到了可以不用为钱而工作的状态，但他们最终又选择拥抱工作，因为工作除了赚钱外，还带给我们一种叫作“生机”的东西。

2016年年末，王健林的一页日程表爆红网络，身价千亿的他依然每天工作十几个小时，真正演绎了一把“比你牛的人还比你努力”，给广大吃瓜群众打了一针鸡血。像王健林这样勤奋的富豪企业家并不是个例：雷军、任正非、乔布斯……

近几年，许多有影响力的企业家相继宣布退休，如王石、柳传志、马云等，但实际上他们对公司的影响力仍然存在，只要身体许可，他们不可能完全退休，只是将一线事务交给接班人，自己专注于战略类决策。也有一些企业家出售了原公司，根据兴趣重新创业或做投资人，但都不会完全不工作，因为工作能给予他们最重要的成就感。

一夜暴富

你可能会说，企业家之所以财务自由后还一直工作，那是因为他们本来就渴望成就感，普通人就未必如此了，比如那些通过中大奖一夜暴富的人。事实上，法国心理学家蒂耶利·伽鲁瓦还真研究过这个问题，他在《金钱心理学》中总结道：当一个人中了彩票大奖后，会经历狂喜、孤立、质疑、适应4个阶段，其中孤立指的是失去原有社会坐标的茫然。书中也列举了可以守得住钱财的中大奖者，他们都有一个共同点，就是过了好几个星期才去碰那笔钱，不会在最开始时大笔购物。

拆迁是当下中国社会的一个重要现象，很多人因此有了一夜暴富的机会。在《圆桌派》的一期节目中，嘉宾马未都描述了身边因拆迁暴富的例子。有人拿了原来年收入几十倍的拆迁款去赌博、放高利贷，接着就出现了暴力催收等恶性案件，也有人会拿钱去做大生意，但因不善经营又破产了。这些人在突然到来的机遇和财富面前没有承受能力，驾驭不了财富，最后又返回到赤贫阶层。

《“拆二代”青年再社会化的阶段性模式》一文对223名“拆二代”进行了调查，分析拆迁后青年的金钱、社会、心理适应情况。调查发现，“拆二代”在社会心理适应方面会有障碍，主要是工作适应和闲暇时间的安排；

在消费方面，这些青年在开始的补偿阶段可能会超常消费，两年之后，他们对未来的预期逐渐变得理性，其消费行为也趋于合理，并重新适应了工作状态。文章指出，虽然也存在拆迁后青年不就业的现象，但大部分青年的就业未受到拆迁影响，其中处于各种就业状态的占 76.2%。

可见，无论是中奖还是拆迁，多数人在经历了最初的发烧阶段后，经过调整都可以重新融入工作状态，使得生活体验迈上一个新台阶，但也有极少一部分人在暴富后脱离了原来的工作且未能找到新的精神支撑而误入歧途。

富人要什么

每年的各种富豪排行榜总能吸引大众眼球，我们在看着那一串串遥不可及的数字时也会好奇：富豪不用为钱发愁以后，又会产生哪些新的需求呢？除了事业上的成就外，还有什么可以使富人获得幸福感？

对富豪而言，相比于物质带来的幸福感，他们更注重体验。奢侈品消费研究机构的一项调查显示，富人热衷于寻找能获得更高满足感的体验，在物质产品上的花销反而会有所节制。该研究发现，在大约 500 位身价 500 万美元以上的富翁之中，有 1/5 的人认为像皮包与珠宝这类昂贵的奢侈品已失去部分魅力，1/3 的受访者计划提高旅游部分的花销，另有 1/5 的受访者打算在外出用餐方面增加支出，只有 4% 的人将增加手表与珠宝方面的消费。因此，增加对世界的极致体验是富豪们新的人生兴趣，是他们获得幸福感的重要方式。

TED 演讲《如何买到幸福》（*How to Buy Happiness*）中讲到，在加拿大和乌干达街头做的实验都显示，把钱花在他人身上比花在自己身上更能获得幸福感，且幸福感和金钱的数额关系并不大。实验中 20 美元和 5 美元产生的幸福感是趋近的，该实验解释了“赠人玫瑰，手留余香”的心理机制，我们在赠予别人东西时自己内心也得到了很多快乐。因此，富人的一项重要的社会活动就是做慈善，洛克菲勒家族、比尔·盖茨都是我们耳熟能详的慈善家。

目前关于慈善的解释主要有三种理论：纯粹的利他主义、温暖的光辉、为了提升社会地位。其中“温暖的光辉”指的是人们按自己的意愿付出并获得一种主导感。当然，这些理论并非互相排斥，一次公益行为往往会同时满足以上三种需求。

在《愉悦回路》（*The Compass of Pleasure*）一书中，俄勒冈大学学者威廉·哈博利用脑成像技术测量伏隔核（愉悦 / 奖赏的神经基质）的激活情况，实验让被试者进行各种经济交易活动，同时用脑部扫描仪观察其大脑活动。实验显示，捐款引发的愉悦中心的激活程度要比其他交易活动更加强烈，验证了纯粹的利他主义与温暖的光辉两种理论都可以解释慈善捐助的动机。

所以，即便是早就实现财务自由的富豪们，也会投身于慈善工作，用自己的方式为世界做出贡献，实现自己的人生价值。

花花公子

这个世界从来都不缺含着金汤匙出生的人，那些生而富足的公子们，他们会度过怎样的一生呢？

号称“全球第一花花公子”的若热·贵诺是巴西首富爱德华多·贵诺唯一的儿子，22 岁时便获得了 20 亿美元的遗产，在当时（1940 年）可谓富可敌国，连时任美国总统的罗斯福都尊他为座上宾。可若热·贵诺生性风流，最大的追求就是“想追到世界上所有的美女”，经常在好莱坞豪掷千金博美人一笑，最终只用了几十年就把他父亲留下的家业挥霍一空。晚年的若热只能待在里约热内卢一个小破屋内，依靠政府救济金度日。若热离开人世前曾留下一句著名论断："幸福人生的秘诀，就是到死的那一刻花完钱包里所有的钱。只可惜我算错了，钱被我提前花光了。"

一笔可以确保几代人衣食无忧的资产，在一个人手里就败个精光，让家族财富重新回到他父亲白手起家的原点，让人唏嘘不已。相比之下，也有一些从小家境富足的人，不但没有挥霍父母留下的家业，还将整个家族的声望和财富带向了新的高度。

协和医院是中国医学界殿堂级的存在，但很少有人知道，这座中国最具声望的百年医疗机构并非政府兴建，而是由美国洛克菲勒基金会捐资设立。洛克菲勒家族是人类现代商业史上当之无愧的第一家族，这个家族曾提出战略慈善的构想，做的每件事情都站在人类文明的塔尖上，如修复凡尔赛宫、埃及考古、捐资修建纽约联合国总部大楼等。家族的第二代传承人小洛克菲勒被誉为"人类历史上最成功的富二代"，在他的保驾护航下，家族成功完成了转型，为财富世代传承打下了文化和制度基础。他为6个孩子及孙辈设立了信托， 在信托委员会的监督下，子女在30岁之前只能享用分红收益来支付学费和生活费，在30岁后可以动用本金。凭借着精巧的制度设计，当前家族财富已经传到了第六代。

洛克菲勒的后代享有巨额财富，同时子孙没有陷入俗套的财产争夺旋涡，也没有过挥金如土的奢靡生活，《罗辑思维》节目曾这样评价洛克菲勒家族："这个家族在上升的时候像烟花一样灿烂，在下降时像湖水一样沉静，给历史留下一幅美景。"

随着社会的进步，"花花公子"式的"富二代"占比越来越少，我们对"富二代"的固有印象多是因为媒体的倾向性报道，现实中的"富二代"接受优质教育，半数以上留学海外，拥有更高的平台和眼界，或子承父业或自主创业。相较于"富二代"的标签，他们更愿意被称为"企业家二代"，相较于躺在父辈的荣光里，奋斗才是他们的人生主旋律。

工作不是“必要之恶”

2015年7月，著名主持人汪涵出资465万元发起了公益项目“響應”（响应）计划，该计划将用五到十年的时间，对湖南方言展开调查研究并形成声像资料捐给湖南省博物馆。

在一档访谈节目中，被问及为何发起这样一个计划时，汪涵答道：“我一天到晚在节目里说着各地的方言为自己加分，然而我为方言做了什么？我最大的愿望是将来以学者身份跟世界告别，我觉得几百年后的人如果能听到他们先祖的声音是很浪漫、很美好的事。”

汪涵不是大企业家，他尚没有到不工作就能安享富足生活的程度。因此我们不禁要问：工作、赚钱、热情三者的关系是怎样的？为何有人自掏腰包做这样小众的慈善活动？

日本“经营之神”稻盛和夫在《干法》中批判了一种叫“必要之恶”的工作观：这种工作观认为工作是为了得到美好生活的权宜之计，而工作本身是痛苦的。《圣经》中亚当和夏娃的故事便是这种工作观的最好佐证，他们原本不需要劳动，后来犯错被赶出伊甸园后，为了生存，他们在痛苦中开始劳作，为了抵赎原罪才接受劳动这种惩罚，劳动在人们的意识里成了一种负面的、否定的形象。于是有人认为“有了足够多的钱之后就不用再工作，可以做自己想做的事情了，自己之所以要工作，其实是因为钱不够”。持有“必要之恶”工作观的人应该不少，翻翻我们的朋友圈就知道了，从工作日的“加班狗”，到节假日的“风景这边独好，人生到此一游，夫复何求”，假期结尾则是“再见××，再见美好，滚回去搬砖”，像陀螺一般，在“上班很痛苦、不上班很开心”的圈里打转。

稻盛和夫的工作观包括“工作不是为了赚钱，而是为了和你的贪嗔痴做斗争”“一个人的价值、尊贵，都体现在工作中”“如果不把工作看成必要之恶，很多烦恼压根就不存在”等。

相对而言，稻盛和夫提倡的工作观显然更加积极，他认为主动从工作中寻求意义和快乐，更容易把工作做好，升华了自己心性的同时工作报酬也就水到渠成。如果始终把工作看作“必要之恶”，难免会有消极被动的心态，工作的热情和成就也就容易打折扣。

“有了足够多的钱后，你想做的那件事，就是一个人发自内心的热情。”汪涵的“響應”计划便是对这句话最好的解释，这个慈善活动的对象不是贫困儿童、特殊病种，它的慈善效果并非立竿见影，甚至可以说能感受到它意义的人群很少，因此也很难获得他人的资金支持，但对语言、对声音的热爱驱使汪涵这样做，他坦言现在预算还不够，希望接更多商演来贴补“響應”计划。

对普通人而言，尚未达到“有了足够多的钱，做发自内心想做的事”的财务自由阶段，但我们依然可以用这句话来帮助自己做出当下的选择，这个专业、这个工作是我热爱的吗？假如有足够多的钱，我还会做这件事吗？如果能在开始的时候选择做喜欢的事并做好，一定是人生之幸运。

总而言之，对于那些已经实现财务自由的人来说，他们或许会在一段时间内停止工作，但并不会将无所事事、吃喝玩乐变成生活的常态。他们有的同时兼顾工作和兴趣，有的把精力投入真正想做的事业，有的致力于慈善与公益活动，有的为人类文明的发展与传承贡献着自己的力量。

或许，从这些“其实完全可以不工作”的人的选择中，我们可以更清楚地理解工作对于人生的意义：它绝不仅仅是为了生存的权宜之计，更是人生非常重要的组成部分。我们真正应该做的，不是实现财务自由后就退休，而是努力朝着那个财务自由后依然想做的工作不断迈进。

第4课 一个人只能从事一种职业吗

职业代表着一种身份，当一个人向别人做自我介绍的时候，通常都会说自己是做什么的，而且一般会给出一个确定的身份，比如警察、飞行员、医生、科学家、作家等。青少年在成长过程中，也总会被长辈问到“你将来想做什么”这样的问题，通常给出的答案也都是一个确定的答案，仿佛大家早已默认一个人一生只能从事一种职业，拥有一种身份。那么实际上真的是这样吗？

在传统观念中，一个人一生似乎只能从事某一种职业，比如我们父母这代人可能一辈子都是医生、教师、会计、工人等。这其实也很好理解，职业的产生就是基于社会分工，就是让每个人做自己擅长的事，从而提高生产效率，又岂有三心二意之理？不过，随着时代的发展、经济组织方式的变革，现在有越来越多的年轻人同时从事好几种职业，拥有多重身份，从而让自己的多种潜能得到充分发展，我们称这种人为“斜杠青年”。

“斜杠青年”的概念最早出现于《纽约时报》专栏作家玛希·埃尔伯（Marci Alboher）2007年写的一本书——《多重职业：让工作和生活获得双重成功的新模式》（*One Person/Multiple Careers*：*A New Model for Work/Life Success*）。在书中，她发现在纽约，很多人都拥有不止一种身份。当你问他们“你是做什么的”之类的问题时，他们常常不用一个完整的词来介绍自己，而是用“斜杠”（Slash）划分自己的不同身份，比如艺术顾问/普拉提教练、计算机程序员 / 戏剧导演、诺贝尔化学奖得主 / 诗人 / 剧作家，她把这种现象称为“斜杠现象”（The Slash Effect），把这些人称为“斜杠青年”（Slasher），用以指代那些从事多种职业且获得多重收入的人群。

“斜杠青年”虽然是一个新词，但其实这是一个很古老的观念。我国古代圣贤孔子就提到“君子不器”。这里的“器”指的是“器物”，即具有单一功能的事物，所以这句话的意思是：作为一个君子，不应该像器物一样，只有一种用途。

历史上的斜杠青年们

我国伟大的教育家孔子，可以说是早期优质斜杠青年的代表。孔子本人就是个博学多才的人，在他所处的那个时代，他会驾车、会弹琴、会教书，还懂政治，并且将这套观念延伸到了他所教授的学生身上，要求他的学生学“五经”和通“六艺”，这里所说的“五经”为《易经》《诗经》《尚书》《礼记》和《春秋》，“六艺”则分别为礼、乐、射、御、书、数。

现在我们很提倡的“终身学习”理念，在孔子他老人家那里也得到了充分的体现。比如孔子说他“十有五而志于学”（我十五岁开始有志于做学问），“加我数年，五十以学《易》，可以无大过矣”（给我增加几年寿命，让我在五十岁的时候去学习《易经》，就可以没有大的过错了），“发愤忘食，乐以忘忧，不知老之将至云尔”（学习太过认真，连吃饭都忘记了，快乐得忘记了忧愁，连自己快要老了都不知道，如此而已）。这些都是在告诉我们，学习这件事原本就是从一而终，从开始到老去都不能停止。

当然，不只在我国古代，在遥远的西方，也有人们耳熟能详的“超级斜杠”——达·芬奇。达·芬奇既是一名艺术家，也是一名科学家，并且在艺术领域取得了极大成就，成为意大利文艺复兴“三杰”之一，也是整个欧洲文艺复兴时期的代表之一。

达·芬奇不但有着渊博的学识，同时还在绘画、音乐、建筑及生物学、光学等多个学科领域都有着非凡的造诣，这些知识在为其美术创作奠定坚实基础的同时，也为推动当时科技领域的发展做出了巨大贡献。后人在对达·芬奇手稿进行整理时发现，他关于科研成果的手稿多达 1.5 万余页，正如爱因斯坦所说，假如将达·芬奇一生所写的科研成果进行公开发表，那么会使科技进步提前近半个世纪左右的时间。

达·芬奇是一个善于发现美好事物的艺术家，是一个有着精细思维的科学家，同时也是一个对生活充满热爱与激情的诗人，正是由于他对生活无限的热爱与赞美，才创作出了诸多脍炙人口的艺术作品，成为艺术史上一颗璀璨的明珠。

为什么会出现斜杠青年

斜杠青年为何会出现，并在青年人群中流行开来？从时代背景看，随着人类进入后工业时代，服务业成为最大的产业，21 世纪最贵的是什么？人才！人才成为生产要素中极其重要的部分。由于经济组织方式的变化，人的创造力也越来越依靠个体的自主性和自我驱动状态，即更加强调主观能动性的发挥。

艾米丽·瓦普尼克在 TED 演讲《为什么有些人总是找不到命中注定的职业》（*Why Some of Us Don't Have One True Calling*）中指出，“多重潜力者”通常有着丰富多样的兴趣爱好和较强的创新意识，从字面意义上可以将其看作有着多重潜力的人。

多重潜力者具有以下几种能力，包括但不局限于：

第一，产生创意。结合两个或两个以上领域，从结合处寻求创新。

第二，快速学习。如果对一件事情感兴趣就会马上付诸实践，善于打破现实局限性，敢于跳出舒适区，不断学习新知识、感知新事物，时刻保持初学者的角色。

第三，适应性。如果有需要，能够迅速转换角色，以适应不同的情况。世界的变化如此迅速且无法预测，那些能够根据市场需要进行调整的个人和公司才有可能取得成功。

新时代的年轻人，可能真的不再局限于所谓的稳定，他们有着更加开放的思维理念，将追求创新与自由作为发展的重点，希望更大程度地实现自我价值。

在宏观层面上，斜杠青年的出现可以用经济学的理论来解释。

首先，当人类满足了安全的前提，生存资料逐渐得到满足，开始有了“余粮”之后，大家就开始思考资源如何分配的问题：有人抓鱼的效率高，有人摘野果的效率高，某一天当抓鱼和摘野果的人们相遇了，他们开始提出了“交换”的想法。用自己拿手的，交换自己短缺的，通过这种互补进行更加高效的生产生活，这也是经济学领域中亚当·斯密所提出“绝对优势理论”的核心思想。

而另一个经济学家大卫·李嘉图提出，如果大家同样都拥有某个技能，仍然能够进行交换，因为A抓鱼的效率比摘野果的效率更高，他可以找B要野果，把省下来的时间抓更多的鱼。B虽然各项都比不过A，但是摘野果的效率比抓鱼的效率高，集中时间摘野果更划算。于是A和B分工，都做自己最拿手的，然后相互交换，整体效率就提高了，这个理论就是“比较优势理论”。所以我们可以得知，相对优势越多，大家越能与世界产生更多的链接，拥有更多的筹码，用以交换更多自己想要的东西。所以从一定意义上说，斜杠青年的出现，正是因为这个时代给了人们更多发挥自身比较优势的机会和途径，那些拥有多种技能的人，也因此可以与世界产生更多维度的链接，交换更多自己想要的东西。

斜杠青年的出现也可以用马斯洛需求层次理论来解释：当人们满足了物质层面的温饱之后，就会转而追求精神层面的自我满足。

人类在漫长的岁月中，解放了双手，学会了使用工具，尤其是学会了加热食物。熟食减少了咀嚼和消化产生的能量消耗，使人类的大脑获得更多的能量，越来越发达，人类的文明也越来越兴盛，逐步跨越历史长河。随着工业革命的兴起，工业社会的到来，蒸汽机、铁路、运河，各种各样新奇的事物横空出世，人类开始有了更高的自我追求，对未来的生活有了美好的向往。

马克思在《德意志意识形态》一书中对未来社会做过如下描述："我会根据自己的喜好或兴趣选择在不同时间段干自己愿意干的事情，上午进行打猎，下午去钓鱼捕捞，傍晚时分进行畜牧，在晚饭后讨论一下时政，在这种情况下我就不会仅仅只是一名猎户、渔夫或畜牧人。"

只有努力摆脱自我设限，才能赋予生命更多的意义，从而认真沉下心来思考，如何过真正有意义的人生。历史长河中的斜杠青年们就是不断努力打破局限的例子，他们不仅是时代舞台上的佼佼者，更是不同领域中的榜样，而他们的共同点在于，不断冲破自身局限，发觉人生的更多可能。

然而，斜杠青年经常被很多人简单定义为"兴趣广泛的人"，这种拥有广泛爱好的特质很容易在传统教育中被视为一种局限，有些人甚至把"斜杠"和"匠人精神"割裂开。其实古语有云"艺多不压身"，匠人精神与斜杠并不矛盾，因为只有把自己的潜力发挥到极致，才能随时转换身份。换句话说，匠人精神是斜杠的前提条件。

斜杠青年是怎么炼成的

对于斜杠青年，我们不能简单将之理解为“有很多兼职的人”，因为不论是一个公司还是一个人，没有一个赖以生存的长板，根本没办法立足于这个竞争激烈的时代。

举个例子，“唐宋八大家”之一的苏轼，他的文学作品被世人广为传诵，所以在大众的认知中，苏轼是一个大文豪。事实上，苏轼不但在诗词、文章方面取得了很大成就，同时还在书法、绘画、水利研究等方面有着自己独到的见解。那么为什么提起苏轼，大家首先想到的是大文豪？因为他将这个“强单杠”发挥到了极致。

如果你仔细观察如今颇有成就的斜杠青年和古往今来的很多大家，会发现他们都有一个共同特征：那就是他们都有自己的主业，然后再利用已有资源举一反三、触类旁通。例如文章开头提到的“超级斜杠”达·芬奇，他通过自己的努力同时具备了成为艺术家、发明家、天文学家和工程师等多种职业的能力，此外还在音乐、生物学等领域有着不凡的成就。然而，在众多职业中，画家仍是其主业。他在成为绘画大师的前提下，将几何透视的原理延伸到建筑设计上，他的设计兼具艺术的美感和结构的合理性。同时由于他在雕塑、绘画等领域有着扎实的功底，对人体构造及肌肉结构等极为了解，这又帮助他在研究解剖学时快速取得成功。**从这个角度来说，从主业的核心技能衍生出来的斜杠能力，更有利于核心竞争力的发掘与培养。**

所以，要想成为一名适应现实社会发展需要的斜杠青年，最关键的就是明确自身职业定位并做好职业规划，其实很多成功的斜杠青年并不是盲目地跨界学习，而是在某个领域钻研到一定深度后，再发展相关技能，并且凭借已精通的技能，做到触类旁通。

总的来说，想要在这个时代成为一个真正的斜杠青年，你需要做到以下几点。

第一，寻找“强单杠”是王道。如果不能通过深耕主业取得一定的成绩，就没有所谓的斜杠可言。人的精力是有限的，如果在刚毕业时就盲目斜杠，很容易因为精力分散而影响职场口碑。刚毕业的青年应该踏踏实实做好主业，摸清主业的运营模式，打磨相关技能。根据“10000小时定律”，假如一个人在某项技能上投入10000个小时的时间刻意练习，他就拥有了由普通人变为大师的条件与基础。如果一个人能够在本行业深耕三到五年，绝对比刚入职场就忙着做斜杠的人更有职场影响力。因为如果连本职工作都做不好，很难让人信服在其他领域会有所建树。

第二，各项斜杠都应该达到专业级别的水准。真正的斜杠，不仅仅是爱好，还要在专业水平上获得认可。简单意义上的“会”，并不能算是真正意义上的斜杠，而只能算一个单纯的爱好而已。比如写作，就算不能成为专业作家，至少应该是某个有一定影响力的平台的认证作者，或者有一定数量的粉丝群体，这样才能算是有效的斜杠技能。虽然我们说具备迁移能力并在原有技能上辐射开来很重要，但是，技能不被真正认可的斜杠不算真正的斜杠，每增加一个斜杠，背后都需要付出巨大的努力。

第三，一个人活成一支军队。军队意味着强大的组织性，能够在本职工作中成为佼佼者，并且在突破新领域时能够快速整合核心资源，善于在工作生活中处理多线程事务的人，才是真正的斜杠青年。优秀是一种习惯，通过打造优秀的单项能力并且进行有效的延伸和整合，成为斜杠的概率才会大大增加。

军队还意味着强大的自律性，即当每份工作遇到问题时，不要用“那是因为我还在做另一件事”来为自己开脱。作为成年人，既然选择了更大的挑战和更高的目标，就不能在过程中让每一份职业都变成玩票。

第四，拥有强大的意志力，养成注意力不被分散的良好习惯，也能大大增加斜杠的概率。意志力的增强，离不开良好的身体素质及心理素质的支撑。对于能力差不多的两个人来说，其中一个有着良好的睡眠，另一个饱受失眠困扰无法入睡，谁的意志力会更强呢？答案肯定很明显了。同理，一个饿着肚子或者生病的人，意志力也大概率不如身体健康的人。拥有健康的体魄，是获得强大意志力的第一步。

在心理素质方面，几乎一切负面情绪都会影响你的工作效率，因此我们要尽量避免陷入负面情绪之中。关于平复情绪的方法，适当的转移与抽离是必要的，例如当你陷入某种负面情绪之中时，可以通过一些行为来进行有效迁移，如外出社交、整理房间、静坐冥想，等等。先有意识地进行调整，然后逐步建立一种一旦有负面情绪就能快速切换的心理机制。内心强大的人，并不是没有情绪，而是懂得快速切换情绪，进行合理转化。

除了拥有良好的身体素质与强大的心理素质，还可以使用一些技巧来提升自己的意志力，如不断给予自己微小而明确的正反馈。这就和打怪升级一样，斜杠青年们每次取得进步的成就感，就来自一次又一次外界的奖励和自我肯定，这是不断刺激斜杠青年们乐此不疲、不断挑战自我的不懈动力。

斜杠青年的技能组合

如果你也有兴趣未来成为一名斜杠青年，那么可以根据自己特点及需要，从下述几种组合方式中选择一种适合自己的方案。

1 1（主业）+N（兴趣爱好）组合

本身有一份稳定的收入，利用业余时间发展自己的兴趣爱好。这种模式比较适合兴趣爱好的培养阶段，或者兴趣爱好还不足以支撑现有生活的情况。例如，你有一份稳定的工作，利用工作之余的空闲时间学习摄影并向媒体投稿。

2 “文理通吃”型

这是一种理性思维和创造性思维共同发展的组合，比如有的 IT 从业者是爱好历史的写作者，物理学家同时也精通小提琴，等等。这种左右脑互相搭配的组合模式，可以进一步拓展自己的思维，提高成功的可能性。例如，我国著名科学家钱学森在近 30 年的时间里，都在认真学习马克思主义哲学，并将其作为指导他学习和工作的重要理论基础；小麦专家李振声同样注重对哲学的学习与思考，认为通过学习哲学自己在研究中能少走很多弯路。

3 “头脑不简单，四肢也发达”组合

该组合模式可以使人的大脑与身体进行更好的连接，通过脑力劳动与体力劳动的组合交融，一个人能够拥有更好的学习效果与工作状态。例如日本著名作家村上春树，除了写作以外，他也是一名长跑爱好者，并且结合长跑时的状态与感悟，写出了著名的随笔集《当我谈跑步时我谈些什么》。

4 KOL 模式

KOL 就是“Key Opinion Leader”的缩写，指的是“意见领袖”，即在某个领域发表观点并且有一定影响力的人。当你在某个领域不断深耕，分享输出，就很有可能成为该领域的 KOL，建立自己的个人品牌。当累积到一定程度后，就可以通过广告获取费用，还可以通过写作出书赚取稿费，也可以作为顾问获得相应的报酬。在当今时代，无论是美妆博主还是知识

付费，此类模式比比皆是，其核心在于个人品牌的建立。

5 “组合技”型

一项工作当中可能包含多种职能领域，比较常见的是，在初创型公司中，“三个人干五个人的活拿四个人的薪水”。比如做销售，既需要会写文案、拍照片、做前端、做销售，顺便还得做售后，等等。想要胜任这类工作，需要具备非常全面的综合能力，什么都要会，什么都要学，简直就是多面小能手。

总之，斜杠青年是一种个人发展策略，是社会分工越来越细化的产物，强调对自身能力的深度挖掘，需要有强大的综合统筹能力和良好的身体心理素质。这种理念鼓励将工作、生活和爱好进行深度有效的融合，它给我们带来的绝不仅仅是额外的收入，更是终身学习的快乐和充实美好的人生。

第 5 课 职业收入是由什么决定的

每个人都希望未来能有好的发展，所谓“好的发展”，很重要的一个层面就是获得满足自身需求的职业收入。很多人凭借某种模糊的印象或好感投入了一个喜欢的行业或公司，却未曾想由于种种原因，自己的收入难以支撑物质需求，最后不但梦想没有达成，想转到收入较高的行业也困难重重。那么职业收入到底是由什么因素决定的呢？为什么有的职业收入高，有的职业收入低呢？

职业无好坏，但是职业却有着清晰的收入差异。在福布斯公布的 2019 年全球女性运动员收入榜单中，年收入 2910 万美元的网球运动员小威廉姆斯又一次占据榜首。但是，这个收入只是足球运动员梅西的零头，后者的收入为 1.27 亿美元。

为什么有的职业收入高，有的职业收入低？同样是做程序员，是应该去游戏公司，还是应该去人工智能公司？到底哪个更赚钱？同一家公司的新媒体运营专员，为什么有的人工作更辛苦，但是薪水却比别人低？

如果社会阶层有一个清晰的划分，那么原生家庭背景、父母可链接的资源，已经决定了我们起点所处的阶层，而之后职业的选择、职业的收入将决定我们是跃升一个阶层，还是下降一个阶层。接下来，就让我们来探讨，到底是什么决定了职业的收入。

下面这个公式可以基本概括影响职业收入的几大要素：

职业收入 =（行业 × 组织位置）^{2}+ 岗位供求 × 个人不可替代性

首先，从宏观的角度来看，行业以及组织在行业中所处的位置，是决定职业收入的重要因素。这里之所以使用平方，并不是数学意义的平方，只是为了强调这部分的重要性。2015 年，我国科学家屠呦呦女士获得了诺贝尔生理学或医学奖，因为其带领团队研究出了青蒿素治疗疟疾的新疗法，为人类攻克疾病迈出了关键性的一步。她是首位获得诺贝尔生理学或医学奖的华人科学家，并获得了约 300 万元的奖金。在大家为我们的科学家喝彩的同时，也有很多人关注到了行业的收入对比。科学家几十年的研究成果获得的奖励，买不起北京的半个客厅，而娱乐圈明星一场演出的出场费可能就超过了这个数字。在群情激愤之余，我们应当理性地来看待这个问题。市场经济调控下的行业收入，与它的直接变现能力有关。当某个行业能够更多地吸引大家的注意力，更多地获得直接营收，那么就会有更多的资本涌入，把这个气球吹大。明星“吸金”能力之所以强，正是因为他们能“吸睛”。然而，尽管这些“万众瞩目”的行业很赚钱，也并不是所有人都希望涌入这些行业。比如科学家们，虽然过着自律、简朴的一生，却依然在各自的研究领域中怡然自乐。就资源配置而言，新兴行业会比传统行业获得更多的关注，朝阳行业会比夕阳行业获得更多的资源，而盈利模式清晰、增值空间大的行业，将涌入最多的人力、物力和财力。

人们常说“在人生的道路上，选择大于努力”，选择一个适合自己的行业，会让你事半功倍。曾经有大学生陷入这样的困惑：是应该留在大城市 IT 行业打拼，还是应该回老家父母安排好的银行柜台上班？我们暂且不论 IT 行业的好坏，但我们可以明确一点，在移动支付发达的今天，银行的传统功能大幅度精简，互联网金融的发展也进一步挤压了银行的利润空间。从行业发展角度看，银行里的普通岗位已经不再是过去传统意义上的“香饽饽”，不应成为首选。诚然，在行业的选择中，除了薪酬的高低，还存在每个人的价值观、自我成就需求以及能力属性等影响因素。这就需要我们在平衡这些因素的同时，尽可能地选择符合未来发展趋势、延展性强的行业。

当你完成了行业的选择，就类似于在大海中已经选好了一条航线，而进入不同的公司，则是相当于上了不同的船。你所在组织的经营状况，在行业中的位置，是属于行业的头部、中部，抑或尾部，都将影响到你的职业收入。经营状况好的公司，就犹如一艘豪华大游轮，在海上四平八稳地航行，不惧小风浪。无论你在船上负责什么样的工作，岗位重要与否，你都将获得匹配这艘船的基本生活保障，不愁吃穿。若你进入的是经营状况不好的公司，那么你就可能只是乘上了小快艇，甚至是小竹筏，在风浪面前，时刻存在着沉没的风险。即使你在小船中占据很重要的位置，但由于小船的体量过小，也决定了你无法获得很大的收益。组织的经营状况不同，相对应的人才政策也会不同。著名计算机科学家吴军在《见识》一书中就谈道，像谷歌、微软这样的大型公司，它们愿意出双倍的价格来聘请行业中水平较高的人才，即“出更多的钱，来换取更好的服务”。2019 年，华为给 8 位应届博士生开出一两百万的高年薪的话题登上热搜榜之后，人们除了感叹华为对人才的重视之外，也开始对比一系列互联网公司的薪资和福利。微信公众号“BAT”采集了各公司几万名员工分享的薪酬数据，统计出了“2019 年部分互联网公司的平均薪酬”（见下表），表中只包含基本工资，不包含股权激励和年终奖等，本统计不代表官方数据。

阿里巴巴	vivo	腾讯	滴滴	百度
30280 元	29610 元	28170 元	25260 元	23720 元
爱奇艺	网易	小米	字节跳动	B 站
21410 元	20920 元	19860 元	19410 元	18250 元

上表的数据可以反映出两点：

1. 阿里巴巴在互联网行业里的平均基本薪酬是最高的。

2. 互联网各个细分领域内的头部公司，薪酬远高于当地的基本薪资水平。行业给出了一个大范围，而各个公司组织因为不同的经营能力和性质，在这个行业的大范围中占据了一个位置。以位置为圆心，人员规模为半径，画出的圆，就是该组织的薪酬范围了。同一个行业里，大公司出价低的 offer 和小公司出价高的 offer，我们应该怎么选择呢？通常情况下，我们应该选择前者。大公司尽管起薪低，但是它的薪酬范围广。一家小公司也许连老板都无法达到年薪百万，但是大公司，如果你足够努力和优秀，获得百万年薪的概率一定比较大。

如果说行业和组织位置对薪酬的影响相对稳定，那么岗位供求就是影响薪酬变动的一个活跃因素。根据供求理论，当市场上商品存量过剩，购买需求不足以消化库存，则商品供过于求，价格走低，形成了买方市场；若是市面上购买需求旺盛，而商品供不应求，则形成了物以稀为贵的卖方市场，价格居高不下。岗位供求也同样如此。例如，前端工程师岗位在前几年随着互联网行业的发展，需求骤增，各家公司都争着抢人，在竞价的过程中，薪资一路走高。但是经过了几年的大批量人员入场，目前市场已经逐渐饱和，薪资也逐渐稳定，趋于行业发展合理水平。近年来，随着人工智能的发展，AI 技术不断服务于我们的生活，大大地降低了某些岗位的用人需求。如英语在线学习平台，很多都采用了 AI 智能技术，通过人机互动的方式帮助用户提高英语能力，大大降低了英语培训机构的用人需求，由此也会对培训机构老师的薪资造成一定的影响。

每年在填报高考志愿的时候，总是有很多家长和孩子苦心钻研，想要挑选出所谓的热门专业，避开冷门专业。殊不知岗位需求总是处于动态平衡中，市场会进行自我调节。曾经的热门专业也许几年以后就变得供给过剩，甚至转化为冷门专业。而大家都不看好的冷门专业，也有可能因为行业变革，变得炙手可热。若我们把时间轴拉远来看，岗位供需关系可能每五到十年变化一轮，但是职业生涯贯穿我们未来人生的几十年，因此我们应该更多地以自己的志趣、性格、优势等要素去进行匹配，做一个长远的规划，而不是纯粹以专业热不热门来做考量标准。

无论岗位需求如何变化，高素质、高能力的综合性人才总是最容易获得企业的青睐，更容易获得岗位溢价。小黑和小白同是一家游戏运营公司的运营专员，两人最初的薪资都是 5000 元。在年底绩效考核时，两人都申请加薪，于是分别跟 HR 经理进行调薪的沟通。经过一阵你来我往的谈判，公司给小黑增加了 20% 的薪资，小黑的薪资变成了 6000 元；而对小白，HR 经理仍然坚持 5000 元，驳回了他的加薪申请。新来的 HR 专员觉得很好奇，就去问经理："小黑和小白两人的工作经验和学历背景基本相似，平时岗位职责也相似，为什么您愿意给小黑加薪，而不愿意给小白加呢？" HR 经理回答说："虽然他们俩的岗位相同，但是小黑平时除了能做运营，还懂一些程序，能够积极与技术部门进行沟通配合，对市场活动方案也能提出自己的意见，而小白只是被动执行上级的指示，完成岗位职责。若是小白要离职，我们很快就能在人才储备库里找到跟他相同能力的人替代录用，而小黑，我们却很难找到一个能力这么全面的人。"市场上的"小白们"若知道了真相，是不是应该高唱"啊，多么痛的领悟……"。用人部门在进行具体岗位薪酬的确定时，固然有很多评判标准，但是标准中最核心的一项，就是一个人的不可替代性。你能为公司创造多少价值，能链接到多少资源，能迁移多少能力，这些都组成了你的不可替代性。你的不可替代性越强，就越靠近岗位薪酬的上限。我们每个人混迹于职场中，都要不停地反思：我能给我的雇主提供些什么？工作的本质在于交换。职场上的每一个人都必须用自己的知识技能和才干，产生可交付的结果，由此获得职业回馈。若你想在组织中获得更高的收益，那么请努力提升自我，增强你的不可替代性，用它来换取更高的报酬吧。

这是一个信息充分的时代，我们能清晰地感知到哪些是高收益的行业，哪些是发展好、潜力大的组织，那么我们如何才能顺利进入这些“赛道”呢？

首先，尽可能地增加你的学历筹码。尽管学历和职业能力不能画等号，但是在企业录用时，还是会用学历来预判你的职业能力。所以，不要以不感兴趣为理由而放弃学业，若是没有一份漂亮的学历，有可能连行业的门都迈不进去。高学历不代表高能力，但是高学历能让你有更多选择的机会，更多对不喜欢的工作“Say NO”的权利。

其次，对自己的兴趣、优势进行理性判断，明确自己最适合的岗位职能，由岗位目标倒推回现阶段我们要做的准备，进而让学习更有动力。生涯规划做得再早都不为过。

最后，学的时候专注学，玩的时候好好玩。保有一颗好奇心，拥有足够多的兴趣，让自己成为一个能力可迁移、人格完善的人。

“取势、明道、优术”这三个词是号称“商界黄埔军校”的长江商学院的校训，出自我国的经典著作《道德经》和《孙子兵法》。这个孕育出无数优秀企业家的学府，以其校训充分解析了在生涯规划中，我们应该遵循的顺序。首先要遵循社会经济科技发展以及政策的大趋势，找好“赛道”，然后明确自己在赛道中的具体定位，最后不断地自我迭代，提升个体价值。在如今这个多元化的社会，我们不能仅以金钱来衡量一个人的成功与否，但在了解了薪酬的秘密之后，我们更能以“谋定而后动”的掌控感，来规划自己想要的人生。

第6课 为什么有的职业消失了，有的职业兴起了

我们生活在一个快速发展、充满不确定性的时代，这种不确定性的一个体现就是职业更迭的速度越来越快。现在吃香的“铁饭碗”，可能几年后就面临被淘汰的风险；几年前还不存在的职业，如今可能成了炙手可热的“香饽饽”。那么职业兴替背后的机理到底是什么呢？对于尚未进入社会的青少年来说，在这种不确定性面前，应该如何做好准备呢？

在中国古代经典文学作品《庄子》中，有这样一个小故事：一个叫朱泙漫的武士，拜屠龙大侠支离益为师，学习屠龙术。他修习了三年，交的学费已让他倾家荡产，最后终于掌握了屠龙术。于是他开始周游天下各国，准备找到龙来斩杀。奈何他走遍五湖四海，踏破铁鞋还是找不到龙。他找工作的过程就此宣告失败。

这是一个有趣的选择工作的故事，也是一个在变革的时代里，求职失败的案例。同学们，如果你是朱武士，你会做何选择？你是不是也会纠结现在学的东西，未来到底有没有用？我们未来的职业和父母那代人所从事的职业会有怎样的区别呢？为什么会出现新职业，为什么有些职业消失了？

根据2015年美国知名求职类网站CareerCast发布的濒危职业报告，邮递员、报社记者、抄表员、珠宝商、保险核保人、裁缝、伐木工、车床工人等职业赫然在列。中国的情况也类似，钟表师傅、补锅师傅、打铁匠、

修钢笔匠人、售票员、磨刀匠等职业也开始逐渐消失。从事这些职业的人，在不远的将来，可能会跟朱武士一样陷入“无龙可斩”的境地。

在很多工作岗位消失的同时，也有一些全新的工作岗位浮现了出来。2019年4月，人社部、市场监管总局、统计局等部委正式向社会发布了13个新职业信息，这些新职业包括人工智能工程技术人员、物联网工程技术人员、大数据工程技术人员、云计算工程技术人员、数字化管理师、建筑信息模型技术员、电子竞技运营师、电子竞技员、无人机驾驶员、农业经理人、物联网安装调试员、工业机器人系统操作员、工业机器人系统运维员等。有些新职业还能猜到大概的职责范围，如人工智能工程技术人员、电子竞技运营师；而另外一些则相对陌生，如数字化管理师、农业经理人等，这些属于真正的全新岗位。

旧职业的消失和新职业的出现，这背后的动因其实是科技的进步和时代文化的发展。其中，科技发展催生的变化最为快速和显著。而科技发展最为集中的体现，便是技术革命。

人类历史上的三次技术革命

在人类浩瀚的历史上，经历过三次比较重大的技术飞跃，我们称之为三次工业革命。

第一次工业革命（18世纪60年代—19世纪40年代）

第一次工业革命是以工作机的诞生开始的，以蒸汽机作为动力机被广泛使用为标志，它开创了以机器代替手工劳动的时代。

早期的蒸汽机只用于从矿井抽水等简单用途，而且效率低、耗煤量大。经过瓦特的不懈改良，新型蒸汽机不但效率大大提升，使用范围也大大拓宽，在采矿、冶炼、纺织、机器制造等行业得到迅速推广。蒸汽机以其高效和无须休息的特性，逐步替代了低效的人力和马力驱动。1786 年，瓦特在博尔顿的帮助下，创立了当时技术最先进的大不列颠面粉厂。瓦特精心设计了一套生产线，通过两台蒸汽机同时推动 50 对磨石，使得生产力大大提升，一周可以生产 435 吨面粉。这种生产力在当时看来是很不可思议的，新技术的应用引起了其他面粉加工厂的恐慌，他们还合谋制造了一场小火灾来破坏瓦特的面粉厂。

蒸汽机这种高效率、不眠不休的机器的出现，替代了低效和重复性的人类工作，让人类从那些单纯依靠蛮力的工作中解放出来。随着技术的发展，越来越多的机器聚集到工厂，工厂逐步代替了手工工场，大规模机械生产逐渐代替了小规模作坊式的手工劳动。从此，农业生产的相关工作大量被替代，很多农民选择离开农田和农业种植，开始进入工厂做起了工人。

在这个阶段，农民作为一种职业，从业人员开始减少，新的职业——工人出现了。为了提升工人的工作效率，很多管理方法在这一时期开始引入，比如我们现在还在用的打卡制、计件工资制度等。

第二次工业革命（19 世纪 60 年代—20 世纪初）

第二次工业革命，以电器的广泛应用为主要特征。

从 19 世纪 60 年代开始，欧美各国陆续出现了一系列的重大技术创新。1866 年德国人西门子（Siemens）发明了发电机。到了 19 世纪 70 年代，实际可用的发电机开始大规模生产，并在全世界得到推广。发电机的发明和推广，让电不再是过去难得一见的资源。电力开始逐渐取代蒸汽机动力，成为煊赫一时的新能源。随着电灯、电车、电影放映机的接踵而至，人类全面进入了“电气时代”。

第二次工业革命中，内燃机的发明和使用，让人类的交通工具发生了

质的改变 ，此后内燃机驱动的汽车全面登场，人类的交通出行进入了全新的时代。

福特汽车的创始人，“汽车大王”亨利·福特说过一句著名的话：如果我当年去问顾客他们想要什么，他们肯定会告诉我“一匹更快的马”。在那个技术变革的时代，随着汽车的出现，马车被批量替代，赶马人、马厩建造者这样的工作职位逐渐变得稀少，甚至消失，取而代之的是汽车维修工、机械师、汽车司机等新职位，而这些职位至今仍然存在。

第三次工业革命（20世纪40年代至今）

第三次工业革命，以原子能、电子计算机、空间技术和生物工程的发明和应用为主要标志，是人类文明史上又一次重大技术跃进。

第三次工业革命离我们最近，对于我们来说，最熟悉的莫过于计算机的出现。诞生初期的计算机和我们现在熟悉的电脑，在外观上有极大的区别。世界上第一台通用型电子计算机叫作ENIAC，由美国军方定制，距今已有近80年。ENIAC最初是用于计算弹道火力表，它长30多米，宽约6米，高2.4米，占地面积约170平方米，大约相当于半个篮球场。除了体积大之外，它的一个鲜明特征就是计算速度非常快，它可以每秒进行5000次加法运算或400次乘法运算，速度是人工计算的20万倍。

过去几十年，计算机以极快的速度迭代发展。我们现在所接触到的计算机，要不就是轻薄便携的笔记本电脑，要不就是iPad或者智能手机，连一个柜子大的台式机都已经比较少见了。我们现在手机的计算能力也远超过ENIAC，而且体积小到可以揣进裤兜里。随着互联网、移动互联网的出现和普及，新技术正以无与伦比的方式高速进化，方便我们的生活。

第三次工业革命同样带来了职业种类的变化与兴替，如打字员、电话接线员、抄表员等职业，因为新技术的出现逐渐减少。在这个阶段，也出现了很多过去根本不存在的职业，如电脑工程师、程序员、宇航员等。

这个阶段职业的优胜劣汰表现出了一种特征，本质上也是技术进步的一个特征：随着一种技术的生命周期越来越短，随之而来的职业的生命周期也越来越短。在上一个技术革命期间被替代的赶马人这样的职位，是在历史上存在了数百年后，才被逐渐替代掉的；打字员是随着打字机的出现涌现的新职业，随着计算机的逐渐普及，打字员的工作开始慢慢消失，而这个职业的生命周期只有短短的几十年。

工作是如何消失的

著名的代工企业富士康，在中国大陆的员工最多的时候达到 120 万到 130 万人，但随着人工成本上升，自动化水平的提升，这个数字正在不断减少。2016 年 5 月，富士康向媒体开放了昆山工厂的智能车间。昆山工厂是富士康旗下智能工厂在中国大陆地区的全新尝试，很多自动化新设备都在这里被投入使用。随着自动化程度不断提高，富士康昆山工厂的工人已经从 2013 年的 11 万人，一直精简到现在的不到 6 万人。在富士康昆山工厂的某条生产线上，只要 3 位工人就能维持 15 台设备同时运行，一天可生产 130 万件中间产品。而在以前，要完成这么大的产量需要上百名工人。

富士康的例子，就是典型的机械化或者智能化生产替代了单纯的人工工作，从而导致工作的消失或者实现了转化。纵观人类历史，技术变革导致的职业消失，主要是通过以下三种路径完成的。

第一种，随着技术的进步，一些职位所处理的工作内容直接或者间接消失了。如接线员这种职位，在固定电话刚刚出现的时代，我们想要找到一个人是不能直接拨通他的电话号码的，而是要由接线员来代为转接到对方的座机电话上。而随着技术的进步，固定电话已经可以直接拨通，不需要任何的转接。转接中心不复存在，接线员工作也就消失了。

第二种，工作需求变得非常少，以至于无法支撑工作收入，迫使该工作间接消失。修钢笔匠人、补锅匠人就是如此，在这个提笔忘字的时代，我们使用手机、电脑和平板电脑的频率远远高于使用钢笔。人们不用钢笔了，修钢笔的需求就大大减少了，修钢笔匠人只好转行做其他工作。

第三种，随着更高效方法的出现，原有的工作方式发生了转移，比如从人力转移到了机器，或者转移到了某种新的方式上，从而产生了替代。富士康的自动化生产线系统替代了工人的手工生产就是这样的案例。打字员这样的职业，在过去打字机不普及、电脑更加不普及的时代，是正儿八经的"高技术含量工作"。而随着电脑、手机和平板电脑的出现，打字已经成了信息社会生活的基本要素了。由于人人都是打字员，所以职业打字员也就逐渐消失了。

除了技术上的变革会导致职业消失，时代文化底蕴的变革，也会导致一部分职业消失。笔者小时候在乡村生活，逢年过节或者是在有喜事的时候，村里会邀请很多方言剧组来唱几个晚上的戏曲。那些扮演生旦净末丑的地方戏演员，经常在县里被邀约到各处演戏，特别风光，大概跟现在的明星差不多。后来随着地方戏剧的衰落，地方戏演员被电影放映员替代了，节假日里人们的消遣也从看戏变成了准备好板凳去抢占最好的位置，去看喜欢的电影。再后来随着黑白电视、彩色电视的出现，不仅戏班子难以为继，电影放映员这个职业也渐渐消失了。

技术与文化都能带来新旧职业的更替，两者之间是相辅相成的。技术的进步，推动了很多过去意想不到的、全新的文化形式的发展和衍生。在早期的时候，听音乐也需要到现场才能够感受到音乐的美妙。而随着磁带、CD、MP3的出现，再到电脑、手机和流媒体的出现，我们可以随时随地听音乐。技术的进步让我们拥有几乎无限的音乐来源，极大丰富了我们的文化娱乐生活，音乐如此，电影如此，电子书也是一样。

新的工作是如何出现的

技术和文化底蕴的转变，在让很多职业不断衰亡的同时，也推动着新的职业和工作形式的出现。

工业机器人的大量出现，以及在日常生产过程中的大量使用，创造了熟悉工业机器人操作和维护的专业人才需求，工业机器人系统操作员和系统运维员成为现代工业生产线的新兴职业。随着无人机技术的成熟和大量无人机的使用，无人机驾驶员成为名副其实的新兴职业。

信息化的广泛应用也衍生出了很多新职业，如数字化管理师、建筑信息模型技术员等。随着物联网在办公、住宅等领域得到广泛应用，信息化与现代制造业深度结合，物联网安装调试从业人员需求量激增。新农业也催生了农民专业合作社等全新组织，需要大量农业技术支持、农产品加工与销售等方面的管理服务人员，农业经理人应运而生。

让我们再来看看中国高速铁路建设的例子。我们在高铁的铺设上已经实现了很高程度的自动化和机械化，为什么要实现自动化呢？因为在高速铁路的建设过程中，有一些技术精度是人类很难达成的。自动铺设相对于人工建设有显著的优势，主要体现在速度更快、精度更高。在轨道建设上实现了自动化后，这部分原有的工作岗位就可以节省出来，转变为高速铁路的技术整修、运营维护、客户服务等适应高铁发展的新职位，从而实现了工作价值的提升。

从文化迭代的角度来说，戏曲演员在中国历史上存在了上千年，服装道具的精良自不必说，故事和表演形式也不断推陈出新。而戏曲的最大特征是，你必须在现场才能感受到戏曲艺术的魅力。后来随着记录方式的进步，我们终于可以通过留声机、录音机、录像机等设备，不用到现场也可以聆听和观赏到精美绝伦的表演。这时候，戏曲演员这个职业并非直接消失了，而是逐步演变成了电影、电视剧演员（当然也有很多不适应电影和电视剧演出形式的戏曲演员，这些人就逐步淡出了大众的视野）。电影和电视文化的普及，也催生了电影放映员、电视台工作人员等新职业。

从低价值到高价值，从低效率到高效率，通过机械或者人工智能处理更多重复低效的事情，解放出人力投入到更多机器做不好的事情上，这就是技术驱动的产业变革。从少数人可以享受到音乐和演出，到大规模观众可以同步享受，技术的进步也同步推动了文化的迭代，实现了文化产品的普惠。技术和文化就以这样的协作形式，不断推出更多的新职业和新的工作方式，更加方便了我们的工作和生活。

你未来的工作，正在形成中

随着技术的变革和文化的迭代，职业更迭的速度也随之加快。马车夫从出现到退出历史舞台用了几百年，而打字员这样的工作从出现到衰落才不过短短几十年，我们现在的很多职业也不过才出现十几年，甚至更短。如我们常见的快递员、送餐员，以及这些年大热的电子竞技运动员、物联网维护工程师等，都是新生职业。按照现在科技发展的速度，等你开始工作的时候，很多现有的职业可能已经消失了。也就是说，你父母那一代人现在从事的某些工作，到你开始工作的时候可能已经没有了。你未来要从事的工作，正在科技和文化的双重变革下迅速生成中。

既然未来的工作无法预测，那么我们是不是就不需要努力和规划了？等到时候看情况再做选择可以吗？答案当然是否定的。在高速变化的时代，所有的预测无法做到准确，但是有一些基础的部分，是我们可以在学生时代就做好准备的。只有锻炼好自身的基础素质，才能够在不远的未来抢占先机。

首先，基础的科学素养必不可少。所有历史上重大技术突破的底层逻辑，都是基于数理化等基础研究领域的突破。如第一次工业革命和第二次工业革命是基于物理和化学的研究突破，第三次工业革命主要涉及信息技术、新能源技术等诸多领域的技术突破。我们在中小学阶段会学习到数学、物理、化学等学科，通过这些基础学科的学习，加上对计算机科学的认知，培养扎实的科学素养，从而为未来的学习和工作打下基础。因为不论技术如何变化，技术的底层逻辑始终都是一致的。

其次是人文素养的培养。人文素养不仅包括课堂上的文科内容，更包含了通过阅读形成自己对文字的鉴赏力，通过绘画和电影建立起对于艺术的思考，通过乐器建立起对音乐的判断力等。简而言之，培养人文素养是形成对于文化、艺术和美学的独特思考的过程。这个过程可以训练你感知世界的能力，从而让你在每次文化潮流发生变化的时候，可以敏锐地觉察到。培养自己的人文素养，最简单且直接的方式就是阅读。古今中外，所有成功人士的经历都在反复告诉我们，阅读是开阔眼界、增进知识、获得对世界深度理解的最有效的手段之一。

最后，是培养一种跨学科、超融合的思维方式。比如，你可以在学好数学的同时，把钢琴的技法练到娴熟；在学好物理的同时，又对诗歌有自己独到的见解。这些看似毫无联系的学科中间，其实潜藏着巨大的能量。我们熟悉的物理学家爱因斯坦，也是一位技艺高超的小提琴演奏者。他常常在演奏小提琴时，脑中还在求索未知领域的科学问题。在艺术的陶冶中，科学家们常常会得到一些独特的启发，思维得到贯通，从而解决曾经长时间冥思苦想都无法突破的问题，由此为人类做出了开创性的理论贡献。

对于家长来说，为了让孩子在未来的学习工作竞争中获得一些先发优势，可以着重关注以下几个方面。

首先是和孩子一起培养阅读的习惯。这个世界变化太快，技术、文化、知识的迭代速度越来越快，为了适应客观环境，我们需要和孩子一起培养阅读的能力，通过这种方式加强对于世界的了解。同时，亲子阅读也是让家庭关系更加和谐的有效方法。

其次，除了帮助孩子在基础学科上打下坚实的基础外，我们还要帮助孩子们开阔眼界，更客观地认识世界。我们可以利用课余时间或寒暑假期的大块时间，带孩子去了解不同的职业，探究它们的区别是什么，了解整个社会运作的基础背景。最好能让孩子尽早参与到工作实践中去，孩子小时候可以在家里面帮忙做简单的家务，如收拾房间、整理书包等基础工作，孩子成年了可以让孩子早点去一些工作岗位实习，通过与工作的近距离接触，培养孩子的独立意识、对社会的认知和自力更生的能力。

对于青少年来说，只有学好数学、物理等基础学科，通过阅读不断增进自己的人文素养，尝试融合和跨学科的思维方式，通过工作实践开阔眼界，形成自己对于世界的理解，才能在未来的职业选择中占据先机。

第 7 课　为什么有的行业会赢家通吃

每个人都有自己的偶像，他们是我们的精神力量，像黑暗中的一束光，在黯淡的日子里为我们照亮前方。特别是对渴望他人认可的青少年来说，很容易把那些风光无限的演艺明星、才华横溢的导演作家、技艺高超的体育明星作为自己的偶像，甚至希望未来也能像他们一样，选择类似的职业道路。但是在你正式做出决定之前，你需要知道一个事实：越是成功后光芒万丈的职业，成功的概率就越低。此类职业通常只有极少部分人能获得极大成功，绝大部分人机会十分渺茫，也就是所谓的“赢家通吃”。那么这背后的原理是什么呢？什么样的行业或职业有这样的特性呢？

2019 年 9 月 16 日晚，时隔 500 多天，周杰伦终于发布了他的最新单曲《说好不哭》。等了太久的歌迷们左手购买，右手转发，疯狂涌入，搞崩腾讯音乐服务器的同时，也把华语音乐的神话再次顶上流量天花板。上线 4 天，数字专辑销量接近 900 万张，销售额直逼 3000 万元。一时间引无数小伙伴恨不当年苦学艺，枉留今日望洋叹。

但搞音乐是否就一定意味着名利双收？《中国好声音》已经播了 8 季，喜欢追综艺的朋友年年感叹：原来社会上潜藏着如此多的优质音乐潜力股！投身音乐的人数不胜数，但能二十年如一日始终霸榜的人，可能唯周董尔。余下的，有人偶得天时地利人和，红极一时后埋于时代；更多的，怀才不遇，最终寂寂无名。

类似的现象还常见于娱乐、艺术和体育行业。

“十一”献礼片《我和我的祖国》爆火，大腕云集，几乎每个人都能随口叫出几个：陈凯歌、徐峥、黄渤、吴京、葛优。接下来，我们再来看另一个名单：万国鹏、姜涛、覃培军、魏星、寇骏。多数人可能一个也没听过，这是电影《我是路人甲》的主演，他们全部是当年横店路边最常见的群演。导演尔冬升给了这些人一次在现实中几乎不可能的机会：“群演”做了“主演”。

互联网时代，流量为王，有熟脸才有卖点。但营造卖点的代价是，随便一个“大众熟脸”的加盟，电影投资都要千万级别的增加。与此形成强烈“同工不同酬”对比的是，群演们的片酬不到主演的千分之一。

因此，每一个投身演艺界的孩子，理想的发展模型应该是：入门碰机遇，处处有贵人；没经验时有颜值，有年龄时有演技。而实际情况是大众耳熟能详的似乎永远只有那么几个，偶有一个幸运儿一夜爆红，概率也远低于万里挑一。任后来者前赴后继，头部不动如山。

体育界的头部效应则更加明显，竞赛里永远只有第一，没有第二。对于普通体育迷来说，提起乒乓球，想到的是马龙、张继科、刘诗雯、李晓霞。如果追问，比他们稍微逊色一点的呢？多数人的反应是：那海了去了，说不上来。

在体育圈，名气就等于财富。例如，2019—2020赛季，湖人队工资总额达到1.11亿美元，而球队两大超巨詹姆斯和戴维斯两人的工资占比就超过了60%，余下的13人只分得不到40%。

通过上述例子，我们能看到一种现象：赢家通吃。胜利者获得所有或绝大部分市场份额，而失败者往往被淘汰出局甚至温饱难继。这种不均衡非但不会随着时间推移而消除，反而会不断增长，形成著名的“马太效应”。结果是强者越强，弱者越弱。有趣的是，马太效应并不会世袭，格局虽然很稳定，但站位的人却是长江后浪推前浪。所以，尽管入局者面临冰火两重天的境遇，但后来者仍趋之若鹜。

然而，赢家通吃会发生在所有行业吗？似乎也不尽然。

比如医生、教师、会计、工程师这些职业，绝大部分从业者在这个社会中等偏上的台阶上努力攀登着。虽然也会有局部的赢家，但一人独领风骚的现象并不明显，更多的是人人都有口饭吃。就像生活中，我们每个人都至少吃过五六家以上的兰州拉面，却没见哪个西部品牌一统拉面江湖。大家共生在不同层次和区域，你挣你的钱，他吃他的饭。

为了更加清楚地表明两者之间的差别，下面引入两个统计学中常见的模型：正态分布（a）和幂率分布（b）。

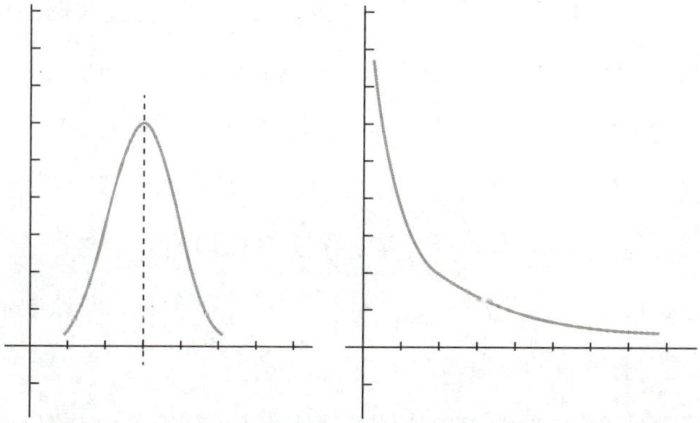

（a）　　　　　　　　（b）

对于正态分布图，我们设定横轴为收入，纵轴为人数比例。对于幂率分布图，我们设定横轴为人数比例，纵轴为收入。在那些人人都有口饭吃的行业，从业者收入分布符合正态分布模型。即高收入者和低收入者比例都较小，大部分人都处于中等水平。而对于赢家通吃的行业，从业者收入则符合幂率分布模型，即 2/8 原则，少数人积聚了绝大多数的财富。

那么，为什么有的行业会出现赢家通吃，而有的行业却是人人都有口饭吃？

“赢家通吃”的产生原理

生活中每个人都有这样的经历，打开App买东西或者找地方吃饭，一番眼花缭乱的浏览后，最终选了“按销量排名”排在第一位的商家。互联网让信息变得更加透明，人们的选择也越发单纯和直接。比如，导演为了保证票房，选的角色必须得是流量担当；病人为了保证治疗效果，不惜长途跋涉寻访名医。

在这里，我们可以用社会网络模型来分析这种现象。简单来说，社会是一张网，个体是网上的一个个节点，我们可以通过对网络中各节点之间关系的分析，来探讨网络的结构及属性特征。“中心度”是社会网络分析的重点之一，研究的是个人或组织在其社会网络中具有怎样的权力，或者说居于怎样的中心地位。常用的度量指标是度中心性（Degree Centrality），网络中一个点的度中心性，可以用网络中与该点之间有联系的点的数目来衡量。如下图所示，A点非常明显是度性中心最高的点，因为与它有联系的点最多。

如果把A比作销量最高的店铺，其他节点，如F在购物时，出于从众和寻求安全感的本能，必然会优先选择和A构建社会网络关系。相应地，由A主演的影片，由于其强大的社会中心度，也肯定会吸引众多影迷来买单。

个体作为社会网络中的一个节点，当其中心度越来越高时，其价值也相应水涨船高，财富积累不过是一个必然的结果。

我们上面提到，明星和名医都有比较高的中心度，但他们之间又有本质上的区别。

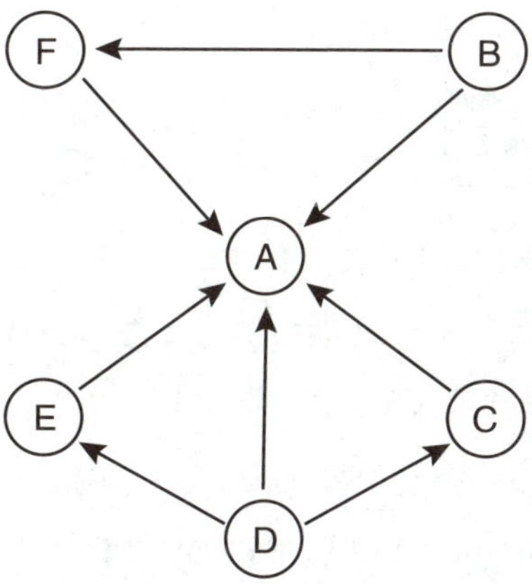

社会网格分析图

还是来看《说好不哭》，3 分 51 秒的 MV，从创作、拍摄到发行，每一个环节都可以被量化赋价，随着歌曲发布，花费最终固定下来。然后这个作品被千万次卖出，“一本万利”的壮观场面轰然铺开。同样，顶级流量明星天价片酬的背后是其可以吸引大量粉丝来买票观影。曾经站上最高领奖台的体育明星们能获得高额工资和代言费，也是因为他们的名声可以无数次被利用去影响体育爱好者的购物偏好。

而这一切最原始的基础只是一首歌、一部电影、一个冠军，然后这一份劳动被无数次利用或售卖，完成了名气和财富的积累。

我们不否定行业内每个人都有这样的机会，但唯有那些最优秀的人才能带动如此大的市场流量。当整个市场财富流动有限的时候，头部赢家们囊括了 80% 的份额，剩下的 20% 就只够其他人温饱度日，以梦作粮。

但同样的故事很难在医生身上重演。上班族的工资大部分有两块：基本工资和绩效。尽管找名医看病的人很多，但是每天的上班时间却是固定的，而且更关键的是医生每次只能看一个病人，并且治疗的结果也没办法让其他病人共享。对于名医和普通医生，大家出诊的单价和次数可能有出入，但彼此的工资很难有数量级上的差异。

为了更深入地阐述造成这一现象的原因，我们引入一个经济学概念：边际成本。在经济学和金融学中，边际成本指的是每一单位新增生产的产品（或者购买的产品）带来的总成本的增量。这样我们就可以理解，对于某一特定行业，如果同一份时间所付出的劳动，能够使用或售出很多很多次，之后的边际成本几乎为零，就有可能会出现赢家通吃的局面。比如，周董的单曲或唱片，迅速增长的销量让边际成本很快削减为零，此后总成本基本固定不变，而每一次售出带来的都是总收益的增加。长此以往，音乐圈就形成了我们在前文提到的幂率分布。

而对于边际成本高的行业，每多一份产出就需要付出更多的劳动。从业者竞相投入更多的时间和精力，结果就是市场被分散，每个人趋向赚取平均利润，也就形成了正态分布。

这两种不同的分布是否是行业的固有属性？事实并非如此。它带有浓厚的时代特色，同时又深受技术发展的影响。

演员和运动员最开始只是一个职业，同所有其他工作一样，凭兴趣和能力养家糊口，实现个人价值。但随着传媒技术的发展和人们对精神生活追求的提高，这两个职业逐渐浮出水面，走进了大众生活，站在了聚光灯下。而进入当下流量为王的时代，赢家通吃现象越发明显。

何去何从

2019 年 9 月 22 日，是《老友记》（*Friends*）开播 25 周年纪念日。《老友记》自首播以来，强势跻身史上最经典情景喜剧之一。25 年间，尽管各种题材的美剧层出不穷，但《老友记》在影迷心中的地位始终无可撼动。超高的人气带来的是惊人的收入，据外媒报道，《老友记》重播至今每年仍能给华纳兄弟带来 10 亿美元收入，而根据辛迪加（Syndicate）协议，六位主演能获得其中的 2%，即每年 2000 万美元。所谓“躺赢”的最高境界不过如此，谁人能不歆羡。

每个走过青春期的少男少女都曾幻想过聚光灯下一颦一笑牵动万千心绪，花花世界里纵情潇洒挥金如土，然后有一天狂掷豪言：“我要当明星！”这时候父母多半会一巴掌拍过来，一盆冷水泼过来：“踏踏实实地给我学好数理化，考个好大学，将来找个稳定的工作。”尽管我们时常感叹于诸如新晋导演饺子的杰作《哪吒》票房突破 50 亿元，画家常玉的《曲腿裸女》拍出 1.98 亿港元天价这样的大文娱界的爆炸性新闻，但在绝大部分家长心里，“一份踏实稳定的工作”才是更有奔头的未来。

时代变迁，观念一如昨日。“音乐教父”罗大佑出身医药世家，早年受家庭影响主攻医科专业。后弃医从音遭到家人强烈反对，在经过十多年的抗争后才赢得父母的妥协。无独有偶，“影帝”梁朝伟当年不顾家庭反对，放弃稳定工作执意参加 TVB 艺员培训班，母亲甚至断掉他的经济来源。

视子如命的父母们“逼迫”儿女“理性”选择的背后，是他们模糊又清晰的考量：这是一条低概率的成功之路，往往不成名便失业。而事实也确实如此：2014 年，教育部高等教育司曾整理并公布了就业率较低的本科专业名单，表演、音乐表演、播音与主持、艺术设计赫然在列。而在麦可思研究院给出的 2019 年“红黄绿牌”专业中，绘画和音乐表演也被列入了“红牌专业”（红牌专业指的是就业率、月收入和就业满意度综合较低的专业）。

只是，在追风少年们的眼中却是另一番景象。他们看到的是众星捧月，是万众瞩目，是生活的惬意和浪漫，是迷妹的尖叫和疯狂。

然而他人的处境，我们永远没办法绝对感同身受。看似风光的背后隐藏着多少辛酸和隐忍，灯红酒绿下又有多少空虚和压抑。这些在我们看来“幸福的烦恼”，有时候却能残忍到割断一个人对这个世界的眷恋。韩国女星雪莉之死，也许我们并不理解，但有心人应该能想到一切并不如表面上看起来那般简单。拥有一切的同时可能已经失去了一切。谁又能只摘走这个世界的轻快，而不负重前行？更多的时候，你喜欢的只是出名的感觉，而不是真的想当一个演员或者歌手。

小伙伴们经常容易忽略一个事实，那就是幸存者偏差。如果只是根据看到的现象去分析因果，很可能会造成偏差。很多明星都曾分享他们的成长历程，听上去似乎只要有毅力、肯坚持，就一定能成功。但事实往往是，他们一路走来需要把太多竞争者踩在脚下，并且每一次生涯的转折，也许靠的不是我们一直以来笃信的坚持和付出，而是一些偶然和运气。

在此，有必要说明的是，很多行业站在头部的并不是个体，而是一个个近乎垄断的企业。比如互联网界的BAT、金融界的四大行、能源界的两桶油。所以，职业生涯选择不是一个“to be or not to be”的问题，成为个体的赢家或许很难，但我们总有机会进入赢家通吃的行业。

这个时候，如果选择国家垄断行业，比如能源、电力、兵器等，收入大概率中等，但稳定、规范、相对轻松。如果选择私人垄断行业，比如近些年大热的互联网行业，收入多半领先同龄伙伴，但要做好承压、加班、不稳定的准备。

少有人走的路终究也会有人去走，总会有人去选择作家、音乐家、演员、导演、画家、书法家这些唯有个人制霸行业才能实现人生价值的道路。既然执意前往，那就只能不遗余力，全力以赴，争做第一。因为同行者大都会倒于路边，只有为数不多的“幸存者”才得以继续前行。唯有一路披荆斩棘，以非凡之勇气、过人之才智、逆天之气运，才能攀至顶峰，睥睨天下。

更多的人可能会进入财富分配呈现正态分布的行业。像公务员、采购、导游等工作，从业者具备通识类技能基本就可以满足岗位要求，如人际沟通、办公软件和学习能力，这类工作上手快，不苛求前期储备。会计、翻译这样的工作则需要有丰富的前期知识和技能积累，门槛高，有一定的行业壁垒。而医生、律师一类的工作，不仅需要前期知识储备，还要经过漫长的时间积累。

行业没有绝对的优劣之分。往左走，往右走，兴趣和能力才是我们最好的指路明灯。

第8课 你为什么不喜欢自己的工作

几乎每个人都希望拥有一份自己喜欢的工作，这样就可以像“股神”巴菲特那样，每天“跳着踢踏舞去上班”。不过，遗憾的是，尽管许多人都有这样的愿望，但是相当多的人其实并不喜欢自己的工作。有的人是一开始就不喜欢，而有的人是起初喜欢，后来慢慢厌烦了。这到底是为什么呢？如果有一天你也开始不喜欢自己的工作，你应该怎么摆脱困境呢？

“我喜欢戴上耳机，关闭座舱盖的那一刻，带着煤油味的责任感压在身上的感觉。”这是一个飞行员在描述自己对于工作的热爱，在他眼里，即便是枯燥的计算，机械重复的数据监视，对照航图一遍遍默念程序，都十分有趣，透着机械理性的美。

吃着饭、逛着街、看着电影，一个电话就被叫回诊室或手术台；凌晨3点，睡意正浓，“上台换人”的召唤一来，必须立刻打起精神到医院，进手术室。这样的事情对于许多医生来说是常态，同样的辛苦、劳累，对于喜欢的人来说，他们记住的是病人逐渐康复的笑颜，是实现理想的幸福；对于不喜欢的人来说，是一次次被迫中止休闲的折磨，是半夜里喝咖啡提神的苦涩。

喜欢自己的工作是一种什么样的体验？如果你有幸感受过，就会知道真正的喜欢是骗不了人的，就好像喜欢一个人一样。

对于一份不喜欢的工作，你或许需要N个理由去接受并努力做好它，而对于喜欢的工作，全身心投入是不需要理由的。

当你不喜欢时，每天望眼欲穿等待下班，多待一秒都是煎熬，对加班更是一肚子怨念；当你喜欢时，上班时间稍纵即逝，即便工作到深夜也甘之如饴。

当你不喜欢时，可能即便是一件小事也会让你纠结万分，陷入痛苦的“拖延症”；当你喜欢时，再大的挑战都如游戏攻关一般充满乐趣，你会立刻行动起来。

当你不喜欢时，一次挫折、一句贬损、一点质疑都可能“劝退”你；当你喜欢时，再苦再累再多外界的杂音都无所谓，对你来说：弱水三千，只取一瓢。

你不喜欢的究竟是什么

工作占据了一个成年人大部分的时间，即便是铁打的 8 小时工作制，一周 5 个工作日里也有三分之一的时间是在工作。喜欢并享受自己的工作，这是何等幸福的事，但对于大多数人来说，却并不是那么容易做到的。在 2015 年盖洛普发布的一项全球民意调查中，只有不到 6% 的中国员工喜欢并“积极地投入”他们所从事的工作中。英国市场调查公司 OnePoll 也做过相关调查，30% 的受访者认为他们的工作“非常无聊”，还有 35% 的人甚至认为自己的工作“毁灭灵魂”。

不喜欢，甚至讨厌自己的工作，不但浪费时间，更影响心情，影响生活质量。那你为什么不换个工作呢？这又是另外一个复杂的问题。也许我们要先弄清楚的第一个问题是：为什么不喜欢？

（1）“工作”还是“岗位”

你为什么不喜欢自己的工作？听到这个问题，你可能会脱口而出：“工作很无聊、没意思。”先别急着抢答，仔细想一想，你不喜欢的是这份工作，还是目前的岗位？有一个年轻人，在一家大公司实习时，他的工作几乎就是影印文件、发放资料、买下午茶等琐碎事务，极偶尔参与项目会议，也只能旁听，或被派一些资料收集、数据统计等烦琐的基础任务。同期的其他实习生都因为受不了这样的工作内容而离开了，只有他留了下来，申请见习并顺利通过试用期得到正式录用。但作为职场新人，他面临的依旧是更多的琐碎工作。

“你喜欢现在的工作吗？”

“一点也不喜欢。”

“那为什么还坚持？”

“不喜欢才更要坚持，换个公司也要从这些事做起，努力做好目前的工作，才有机会不干这些事，才有机会做自己想做的事情。”

对于这个年轻人来说，他不喜欢的只是当下的岗位，而在他所从事的行业、领域以及公司内有他想做的事情。秉持这样的态度，他参与的项目越来越多，所负责的内容也越来越具有专业性，工作几年后，他完成了从“打杂小弟”到“项目负责人”的蜕变，充满挑战和创意的工作内容让他保持着饱满的工作热情。

某种程度上，这其实是一个普遍的现象。多数公司有着明确的分工，但未必有均等的工作分配，在你的“能力值”“经验值”没有达到一定标准的时候，是无法获得相应的工作内容的。用积极的态度和方式“熬”过了此时的“不喜欢”之后，可能就会迎来你所“喜欢”的工作内容，这可以说是一种“延迟满足”。那么，你是否会为了吃到更多的糖果，得到更长远、更大的利益，忍受眼前的无聊甚至折磨？

（2）“工作”还是“上班”

我们经常能听到这样的调侃和抱怨：“每个月都有三十几天不想上班”“上班就像上坟”等等，可问题是，这里说的到底是“工作”还是“上班”？知名画家、作家陈丹青在一档谈话节目里曾提出这样的观点：人们讨厌的也许并不是工作，而是讨厌上班。譬如他自己，不喜欢上班，却可以一醒来就工作到深夜，可谓不舍昼夜。

“工作”和“上班”是两个极易混淆的概念。上班，是一种契约行为，是员工和用人单位之间达成的某种“交易”。公司给你薪酬、待遇，而你必须付出时间和劳动，并遵照公司的规章制度办事。而工作，是一个人在社会中的角色定位，并通过它实现社会价值和自我价值。换句话说，上班是被动的，是为别人做事；工作是主动的，是为了自己。如果这两者的界限变得模糊甚至被完全消除，那么恭喜你，你一定爱着自己的工作。只可惜，大多数人拥有的并非真正的“工作”，而是与“上班”捆绑的工作。

讨厌上班，这种情绪在“职场老人”身上出现的概率往往高于“菜鸟”。工作越久，初入职场的热情逐渐被消磨，他们会觉得上班更多的时候是为了生存，一个人想要生存就必须想办法换取金钱，而上班赚钱也成了约定俗成的事。

越来越便利的通信、互联网环境，也让上班族逐渐失去了“下班自由”。许多人被工作“绑架”，电话 24 小时 on call，随时待命，QQ、微信等社交工具在工作之后都成为工作传声筒、汇报器。不仅下班时间，即便是在海外休假，领导、客户都可以随时随地“骚扰”你，让你修改或提交一个新的方案。于是你就算是吃饭、逛街、晒日光浴，甚至在医院输液，都需要手机、电脑不离身。面对这样的高压和不自由，想要喜欢的确不容易。

既然不喜欢，为什么不换一份工作

心理学中有个有趣的实验：一群大学生被安排从事了整整一个小时枯燥无味的工作，他们把线轴从托盘里拿出来，放在桌上，然后再放回托盘里，循环反复30分钟；把一块木板上的48个方桩顺时针旋转90度，循环反复30分钟。毫无疑问，大家的体验都是消极的，但实验者将被试者分为两组，分别给他们20美元、1美元作为奖励，让他们告诉接下来要参与测试的学生，这是个充满乐趣的实验。最后访谈阶段的反馈结果出乎意料：相比于得到20美元的学生，有更多得到1美元奖励的学生肯定了这个实验的趣味性，表示实验有意思，自己愿意参加类似的实验。报酬高的遵从内心说实话，报酬低的选择“骗自己”，改变态度。

为什么会这样？来看看心理学家利昂·费斯廷格提出的认知不协调理论（即认知失调），它的前提是每个人都试图努力让自己的内心世界没有矛盾，然而所有人又无法达成无矛盾的状态。得到20美元的人撒谎可以归因为“为了钱”，但要是为了1美元这么干就“太傻了”。为了寻求内心和谐、摆脱认知失调带来的困扰，这些人不得不说服自己改变态度，否则就可能不停地问自己：我是傻了吗？为什么给那么少的钱就做那么无聊的事？

这也能在一定程度上解释为什么有些人不喜欢现在的工作，却并没有立即行动起来换一份工作。可能是工作薪水很高、待遇够好，能够满足自己某方面需求，对于这些人来说，坚持一份不喜欢的工作可以解释为“做这份工作就是为了赚钱”，或“因为看起来光鲜亮丽，有面子”等，这样合情合理，也就不会有认知失调。而对于那些工作待遇不足以成为坚持理由的人来说，他们可能会“骗”自己“其实是喜欢这份工作的”，或者至少不讨厌目前的工作，以此免去内心的矛盾。对于不少人来说，朝九晚五，没有激情，待遇一般，但却没有勇气做出改变，只能告诉自己“工作还凑合”。这部分人通常是缺乏自信的，不认为自己能够找到更喜欢、待遇更好的工作，他们会想：“万一这个工作也没了，岂不是更惨？”还有一部人，由于并不知道自己想要什么、喜欢什么样的工作，也就得过且过。

喜欢或不喜欢，都是主观认知。事实上，任何一份工作都不是单一性的，它可能是多任务、多面的。很多情况下，你喜欢工作的一部分，却不喜欢它的另一部分。即便面对再喜欢、再满意的工作，也可能会有N次“老子不干了”的想法。

有心理调查发现，许多人都把工作当成痛苦的事情，特别是自己不喜欢的工作，但一旦发现自己没任何事可做时，他们并不会感到轻松、愉悦，反而加倍痛苦。喜欢不能当饭吃，不喜欢也不等于不能干。

你是否认真思考过，你不喜欢的具体是哪个部分？是核心、重要的任务，还是次要、辅助性的任务？它们所占据你的时间比例如何？是否影响你的生活状态、情绪、生活品质？你不喜欢的部分是否可以通过一定方式得到调整？

积极面对，找到你的“二叶草”

心理学家卡罗尔·德韦克认为，人在面对困难时会有两种思维：固定型思维和成长型思维。前者认为能力和天赋是固定的，后者认为一切困难、挑战都是对自己的测验，即便失败了也会带来成长。在面对枯燥、无聊、不喜欢的工作时，具有成长型思维的人也能从中看到意义，他们会试图去寻找可以挖掘、提升的空间。

这不是在灌输“要去热爱你的工作”“工作使你快乐”的心灵鸡汤，而是在你无法做出颠覆性改变的时候，可以尝试从“不喜欢”中榨取价值。

一份无聊的工作中也可能存在提升自己的机会，譬如一位公司新人手头的所有工作就是数据录入和整理，但他并没有简单地按照指示重复机械地工作，而是在思考这些表格的设计是否合理，有没有可能改进并更高效地完成工作。他边工作边学习，很快重新设置了新的模板，减轻了超过一半的工作量。即便是最无聊的工作，也可以去探索其中的逻辑，寻求最佳解决方案，锻炼、提高自己的能力。带着积极的态度、高效的思维方式和工作方法，他成了同期升职最快的员工。

如果一份工作中大部分是你喜欢的，那么可能某些不太喜欢的部分也是可以接受的，就像尼采说的，一个人知道自己为什么而活，他就可以忍受任何一种生活；又或者当你用积极的心态面对时，你很可能会重新发现工作中的闪光点，甚至培养出对工作的喜爱和热情。

如果一份工作中的大部分内容都是你无法忍受的，甚至影响到了自己的情绪和生活状态，对自己的发展没有意义，那么即便有某些诱人的条件，也大都没有继续下去的必要。当然，无论在哪种价值体系中，因为不喜欢就拍脑袋辞职、跳槽的行为都是不被鼓励的。盲目地说不干就不干，说干就干，很可能只是从一份不喜欢的工作换到了另一份不喜欢的工作。

做好眼前的工作，高效完成，你还可以为自己争取更多的时间，用它来思考接下来该怎么做。是否要“逃离”？需要做哪些准备？喜欢做什么、想做什么、适合做什么？机会在哪里？怎么才能做到？

著名生涯规划师古典提出的“职业生涯三叶草模型”或许能够帮助你找到合适的、喜欢的工作。“三叶”指的是兴趣、能力与价值：兴趣能让你找到自己喜欢的行业、想从事的工作；能力会帮助你得到心仪的岗位，胜任负责的工作；价值是你所看重的、想要从工作中收获的东西，可以是物质、生存上的，也可以是心理上的需求，它能帮助你筛选适合的工作环境，包括工作方式、同事等。一个好的工作，应该是你感兴趣，并且有能力做到的，还能从中收获想要的回馈。

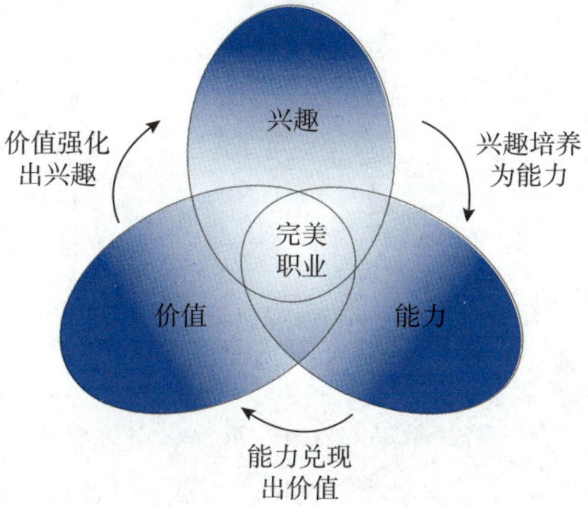

职业生涯三叶草模型
古典（2011）

兴趣、能力与价值还是彼此推动的关系，当你有能力从事某种感兴趣的工作，并通过它换取回报时，会强化兴趣，进入良性的循环。你也可以寻找新的兴趣点，把兴趣发展为能力，用能力兑现价值，用价值强化兴趣，让你的三叶草“转起来”。

第9课 是“爱一行干一行”还是“干一行爱一行”

在所有关于工作的迷思中，是先有热爱再去从事一份工作，还是在工作的过程中慢慢喜欢上自己的工作，可能是最让人难以索解的。因为在那些取得成就的人中，这两种情况都存在，很多名人的观点也相互冲突。有人说“追寻内心的声音”最重要，如果没找到命中注定的那件事，就要继续找；有人说“优秀到不能被忽视”才是最重要的，你在工作中表现出色，自然会爱上工作，之前是否有激情无所谓。那么我们到底应该遵循哪一种理念来开启职业生涯呢？

爱一行干一行

对于老一辈人来说，有一个“铁饭碗”是最重要的，收入可能不太高，但稳稳当当，生活平顺，娶妻生子，退休养老。毕竟，逢年过节，七大姑八大姨都会问你：有男 / 女朋友了吗？工作了吗？结婚了吗？生子了吗？二胎了吗？没人问你：这一年你过得开心吗？你喜欢自己的工作吗？你对生活有激情吗？

应该说，因为受客观环境和物质条件所限，老一辈人无暇关注生命的质量。中华人民共和国成立初期，百事待举，物资匮乏，吃得饱穿得暖，有一份稳定的工作就是特了不起的事了。根据马斯洛需求层次理论，人的需求从底往上分别是生理、安全、社交、尊重和自我实现。只有最底层的需求先满足了，才能往上走。而现代年轻人，已经有条件去实现更高层次的需求了。

发展心理学家艾尔金德认为，人生的金三角是“热爱”“努力”和“玩耍”。他把热爱放第一位，认为只有在热爱的基础上才能更好地工作，不虚此生，兴趣是我们一生最好的老师。

北宋哲学家张载说过：“人若志趣不远，心不在焉，虽学无成。”每个人的热爱是不一样的，找到自己的热爱，并为此奋斗一生是一件很美妙的事情。大家应该听说过“北漂”，除了“北漂”其实还有“横漂”。什么是“横漂”？就是漂泊在横店影视城，虽然只能演演路人甲但依然抱着明星梦的年轻人。

我的一个艺考学生，高二厌学，找不到人生的目标，便辍学打工。一天晚上，月黑风高，点开一部电影——《末代皇帝》，深受触动，决心也要当一名电影制作者，非北电和中戏的制片专业不上。家人也特别支持他，为了请老师多次北上。两年后这个学生终于把专业课考过了，就差文化课了。他来找我的时候距离高考只有两个月，加上他又两年多没有接触课本，可以说是零基础，但凭借着这个心中坚定的目标，通过两个月的不懈努力，硬是迈过了北电的文化课分数线。

在最后的冲刺阶段，他每天只睡 5 个小时，记枯燥的单词、看地图、背大段大段的文字。每次给他上课，都能看到一桌面的数学草纸。对于艺考生来说，数学最困难，但他总能抓住每天的碎片时间能做多少是多少，这种拼劲是特别珍贵的。在大学期间他和同学创办工作室，混得风生水起，朝着自己的电影梦不断前进。

既然热爱如此重要，那我们应该如何找到心中所爱呢？

兴趣是热爱的前提，热爱是兴趣的发展和行动。如果对一个事物认识不深，就不会产生情感，进而不会产生热爱，身心也不会愉悦。比如，你喜欢中国画，想要欣赏、评鉴、收藏、模仿，那就必须踏踏实实地下功夫，研究绘画技艺、当时的历史背景、绘画的发展、画家的风格，等等。

我有一个初中同学，英语成绩一直非常优秀，但平时上课也没见他特别认真听讲。后来才知道，原来他经常听英文歌曲，喜欢几位外国歌手的歌，只要他们出专辑就会购买正版的 CD（当时还没有现在这样发达的媒介）。一拿到 CD 便爱不释手，单曲循环里面的歌曲，并对照歌词去记忆。遇到生词、词组自己主动去查阅、钻研，做着自己感兴趣的事的同时，提高了英语水平，而英语能力的提升又帮助他更进一步地了解这些歌曲表达的情感。

因此，爱一行中的“爱”不是脑子一热，爱来源于对某个事物深入了解与对自身的判断。因此，找到你所爱的事物并不一定是刚好被上天砸中，更重要的是一种学习能力，去主动探索和了解。

那么我们如何将热爱与工作结合，做到“爱一行干一行”呢？

这个过程可以总结为三个步骤：第一步，找到你的热爱；第二步，趁着热情还未消退，尽可能学习更多的知识与技能；第三步，利用知识和技能，愉快地实现人生价值。

比如，我作为一名地理老师，第一步，我喜欢地理，我也喜欢教地理，我为能帮助学生提分而感到幸福。

第二步，我要进一步提高我的教学能力。我曾经问过身边的同事，他们的教学能力或者学科功底是上学期间就储备好的，还是工作后慢慢培养起来的。回答无一例外，都是在工作中不断得到提升，教学相长。有人问我为什么要备课，既然讲了这么多年了，只要重复就好了。但我不允许自己这样，我每年的课程都在不断完善，适时调整。

第三步，把我的地理教学融入我的生命、我的三观，我的成就感、认同感都来源于此，当然还能给我带来物质上的回报。

苹果公司创始人乔布斯在2005年受邀到美国斯坦福大学做毕业演讲，他说："你要找出你的所爱，选择爱人时如此，选择工作时同样如此。工作是生活中很主要的部分，唯一让自己真正满意的方法，就是做自己认为有价值的工作。做有价值工作的唯一方法，就是热爱你所做的工作。如果你目前还没有找到，那么请继续找，不要妥协。就像其他一切需要用心灵去感受的事物，当你找到的时候，你会知道的。"

乔布斯的演讲振奋人心，全场起立鼓掌，演讲视频风靡网络。演讲中"追随自己的激情""听从内心的声音"等理念也成为很多学子的人生信条。

干一行爱一行

接下来让我们看看硬币的另一面。

只要找到了自己的激情，就可以拥有梦寐以求的事业了吗？你只听到了乔布斯说"所以内心的声音"，但你是否关注到他做了什么？他是如何启动苹果帝国的？

事实上，乔布斯年轻时是个文艺青年，对高科技、商业都不感兴趣，而是喜欢西方历史、舞蹈和禅学，还一度辍学去印度进行禅修——这些热爱看上去与后面的高科技产业相去甚远。直到后来，他被老朋友沃兹尼亚克拉去赚点外快，才开始接触科技和商业。假如乔布斯仅仅是追随自己内心的激情从事自己感兴趣的工作，就不可能有后来的伟大成就，最多只是成为一名优秀的禅修教师。所以，一份职业的成功是多方面的，除了听从自己的内心，还要不断磨砺、转变、修炼自己。

日本著名哲学家、实业家"经营之神"稻盛和夫，27岁建立京都陶瓷株式会社，52岁设立第二电信（日本仅次于NTT的第二大通信公司），这两家企业都是世界500强企业。他提出这样一种工作观："好好活，就要好好干。工作是提升心志、磨炼人格的‘修行’。劳动不仅是在追求业绩，更重要的是完善人的内心。”

应该说稻盛和夫并不是一个天才，据说他在读书时常常不及格，原本的理想是当一个医生，却被人介绍到陶瓷厂工作。但是，当时经济不景气，陶瓷厂面临倒闭，工资都发不出来了。跟他一起入厂的毕业生都纷纷辞职，只有他留了下来。当时的他没有技巧，缺乏经验和设施，却埋头苦干，终日在实验室钻研，吃住都在实验室里。最终，奇迹发生了，并不是科班出身的他，经过边学边研究，竟搞出了全球尖端的发明，使公司转危为安。1959年创立京瓷以来，他一直是企业的科研带头人。稻盛和夫的经历告诉我们，只有踏踏实实，全力以赴于手头的工作，才是最有力的修炼自我的方法。

稻盛和夫提出的工匠精神，值得我们所有人学习。他认为，精于一业，一门深入，寻根究底，才能一通百通，获得真理。如果只是各行各业都略通一二，等于什么都不懂。在工作中，要不畏艰难，日日创新。特别是年轻人，这行做一段时间，再转行，这也不能做，那也做不好。只有历经千辛万苦，把工作当成终生的事业，全力以赴，不断反省，从而改造性格，突破极限，使人格在工作中不断得到磨砺、完善。当一个人做到只问耕耘，不问收获的时候，无私的精神更容易在他身上得到展现。不问收获，不等于不要收获，而是相信收获会自然而然地获得。

美国畅销书作家卡尔·纽波特在《优秀到不能被忽视》（*So Good They Can't Ignore You*）一书中提出，工匠思维胜过激情思维。激情思维关注世界能给自己带来什么，相反，工匠思维关注自己能给世界带来什么。很多人都只会用前一种思维来对待自己的工作，然而地球不是围着你转的，这种思维会使人长期处于不满足的状态，遇到困难永远不从自身找原因，因而无法取得进步，更谈不上做出什么成就。他提出，想要成就一番大事业，就要强迫自己拥有某项技能，没有人天生就会走路，婴儿是通过多次爬行与摔倒练成的。**会正确地工作比找到正确的工作更重要，并不存在为你量身定做的工作，而是需要胜任某项工作后，找到工作的激情**。只是爱上某件事情算不上什么激情，真正的激情应该是让你有足够的热情去完成工作并不断完善技能，这才是你工作的动力。单纯地依靠虚假的激情，一定不会坚持太长久。要找到职业的幸福感，不是通过获得一份完美的工作，而是以一种更好的方式完成工作。

在电影《蜘蛛侠》中，彼得·帕克原本是一个普通的学生，由于一次意外获得了超能力。他最初十分苦恼，处处不适应，通过不断的练习才熟练了飞行和吐丝。后来，他利用超能力帮助弱者，追到女朋友，渐渐体验到快感。天将降大任于斯人也，必先苦其心志，劳其筋骨。叔叔的死对他打击很大，“能力越大，责任越大”的理念开始在他心中生根发芽。这些都不是一蹴而就的，都是通过不断磨炼逐渐形成的。

正如职业生涯规划师古典所说：“热爱的事情不一定重要，所以学会让重要的事情变得有趣，才是关键。”

某年元旦，我在各个校区做关于中考地理的讲座，不同讲座的内容基本一致。那段时间，连续半个多月，我心里特别难受，一会儿空落落的，一会儿跟针扎似的，一会儿急匆匆的，一会儿觉得人生无望，很像产后抑郁症，走在回家路上都觉得特别凄凉。虽然没有任何不顺利的地方，家长和学员的反馈也特别好，可我一点都高兴不起来。事后回想，可能是因为我短时间内同样的内容重复太多次了，哪怕是对我热爱的事业都会产生倦怠感。从此，不管是上课还是做讲座，我都想方设法让它不一样起来，就像拆开一个个未知的礼物一般。就像每当我不想洗碗、洗衣服的时候，我就开一集剧，一边干活一边看剧，工作之余反而期待起做家务来。

除此之外，一个人热爱的事，不一定符合时代的发展趋势。这种时候我们不能再执着于唯一的热爱，而是要不断拓展自己的兴趣半径和能力半径。人的可塑性很强，一个人热爱的事不可能只有一件。

假如一个人喜欢开车，那么在二十多年前，做一名司机是比较体面的工作，因为当时汽车比较稀缺，只有有钱人、政府公干才开车，工作轻松稳定，是很多人羡慕的职业。但是如今网约车盛行，城市公共交通持续发展，私家车数量不断增加，电动车、共享单车随处可见，人人都是“司机”了。这种情况下，一个刚进入社会喜欢开车的大学生，再把司机作为理想职业就是不明智的了。不是说当司机不好，只是我们要顺应时代的变化，不能把某一项热爱当作唯一重要的事情。

现实与理想

罗曼·罗兰提出：“缺乏理想的现实主义是无意义的，脱离现实的理想主义是没有生命的。”追随自己的内心还是先向面包低头？这取决于你现在最迫切的需求是什么。我在中学时代的最大爱好是看影视剧，作为对枯燥学习生活的一种调剂。按理说我应该走上艺考之路，选择一个相关的专业。事实上，我甚至上大学时还说毕业后想去影视类杂志社工作，这样就可以接触到憧憬的台前幕后了。但最终我却没有这么做。我想把我最喜爱的东西摆放在心中最美好的位置，不用以此谋生，永远作为精神慰藉。后来我做了地理老师，在岗位上业务能力不断得到提升，也积累了很多社会经验，越来越看清自己想要什么了，依然觉得当时的选择是正确的。

到底是“爱一行干一行”还是“干一行爱一行”，其实是理想与现实之间的选择，从长远来看，它们之间并不是二选一的关系。理想与现实，本质是未来的现实和现在的现实，只要你在现在的现实中朝着未来的现实去靠近就好。

爱一行干一行，是你现在干的刚好是爱的那一行；干一行爱一行，是你现在干的是未来可能爱上的一行。因此，不必纠结于毕业后找的工作是否一定要契合大学的专业或当下的热爱，职场中所用到的执行、沟通、决策、运营、管理等能力一通百通，只要稳扎稳打、每天进步一点，不断提升自己的能力，把自己修炼好了，假以时日，无论是最终有了选择热爱的职业的能力，抑或是爱上了眼前的这份工作，“爱的一行”与“干的一行”二者终将统一。

第 10 课 你在为谁工作

对于“你在为谁读书”“你在为谁学习”这样的问题，随着心智的不断成熟，很多青少年都有了一个共识：不是为了父母，不是为了老师，归根到底，都是为了自己，为了自己有更美好的前程，为了自己有更璀璨的未来。但是走出校园、进入社会后，大家很可能会遇到一个更为复杂的问题：你在为谁工作？是为公司、为子女、为父母、为家庭、为梦想，还是为了钱呢？对于这个问题的回答，将决定你会为工作付出什么，以及从工作中得到什么。

刚刚离开象牙塔，瞬间被丢进工作的涡轮中。好不容易找到工作，干了一段时间，又开启了一番新的思考：这工作到底适不适合我？我是否是要一辈子为别人工作？在搞清楚这些问题之前，我们先来认识一下日本的“寿司之神”小野二郎。

现年 94 岁的他在东京银座开设了一家寿司店，店里只有 10 个座位，顾客需提前 1 个月预订，消费 3 万日元起，不能随便点餐。每天小野二郎只采购最好的食材，醋米的温度、腌制食材时间的长短、按摩食材的力度，他都有着严苛的要求。他会根据食客的个人情况安排餐食，并随时调整。他对学生的要求也可谓“极致”：睡觉戴手套保护重要的双手，米饭降温需人工扇动蒲扇，初期训练要学习拧烫手的毛巾，年复一年，才有可能料理鱼。凭借这种孜孜以求的精神，这家餐厅被评为米其林三星餐厅——这是美食界的至高荣誉。正是老板小野二郎对工作的极致追求，才成就了他的“职人”精神，成就了他“寿司之神”的美誉。

不是每个寿司厨师都能像小野二郎这样，对工作有着如此高的要求，每个人对待工作的不同态度，反映出的是不同的工作层次。

第一种层次：谋生手段

这是对工作认识的最低层次。处于这种层次的人，对工作并无多少喜爱，但也不能轻易拂袖离去，只因这是养家的饭碗。任何老板遇到这样的雇员，都会为公司的未来担忧。因为这些员工不会为公司投入心血，甚至不愿意对自己的职业发展投入太多心思。

他们对这份工作最在意的就是稳定和薪水。很多人甚至在选择职业之初，没有太多考虑自己的专业、特长等因素，只是单纯参考了公司开出的条件自己能否接受。在这种层次中，他们往往会呈现下面这些负面的工作状态。

无主人翁精神

不具备主人翁精神的员工大多斤斤计较，为工作职责划定了一个小小的方框，并且告诉自己绝不跨出这个方框一步。他们极度计较得失，尽享工作上得到的便利之处，比如所有的充电设备必须在工作时间全部充满，个人文件也要在办公室打印完毕。

无成就感

内心明白是为别人工作，所以不会投入太多事业心。每日布置的任务无须尽快完成，只要在截止日期前上交即可。如果领导没有给出明确的时间节点，就说明不是重要的任务，便拖到最后一刻。他们通常对任务完成的质量也并不上心，不合格的话就再返工。

易抱怨

虽然对工作没有投入太多心力，对工作的不满之处倒是知无不言。比如，工作时间太长，太辛苦；假期还要调休，太折腾；为什么要加班，剥夺人权。稍有不顺心的事情都会为他们所诟病。

第二种层次：获取内在认可或为外在原因奋斗

这是对工作认识的中间层次。在这个层次，工作即使达不到完全游刃有余，也相对上手，并且开始获得小小的成绩。此时，内心的满足感逐渐充溢，同时又希望获得更多的职业认可。根据美国著名心理学家马斯洛提出的需求层次理论，处于这个层次的人在职场上的需要便是“尊重的需要”。

首先，由于自我能力的提高，在职场上能够胜任一定的工作，获得了自我尊重。于是，内心开始呼唤更多来自他人的尊重，希望得到领导的赞誉、客户的信赖，良性的职业成长就此开始。从这一层次开始，职场人士不再单纯地满足工作提供的条件，而是开始主动获取。但凡对更高的层次有所追求，就势必伴随着不断学习和自我成长。职业发展就形成了良性的驱动。

很多职业对上岗有着资质要求，比如医师需要行医执照，老师需要教师资格证等。而在职业发展阶段，职场人士也需要进一步考取各类证书，不断充实自我。比如英语老师就可以考取剑桥教学证书 TKT、CELTA、DELTA 等，或是获得国内教育体系评定的一级、高级、特级教师职称等。终身学习，才能立于不败之地。

而这个层次的另一种状态是为了某些外在因素而奋斗。为家人幸福生活而拼搏，为令父母骄傲而奋进，为回报领导的知遇之恩而努力。例如，好的雇主能发现你的才能，并提供相匹配的职位。他们愿意花时间、精力、金钱栽培你，许诺更大的成长平台。被寄予厚望的你也会投桃报李，一方面为公司贡献自我价值，另一方面获取更大的自我提升。

新东方的企业文化是包容的，给老师足够的空间发挥各自特色。所以坊间一直对新东方老师的印象是风趣幽默、能言善辩，堪比教育界的“德云社”。其中，给大家留下深刻印象的就有这么一位老师——周思成。现在还能在网上搜到他的早期课堂视频，他为学生跳舞，舞蹈动作精准到位，放到现在的选秀节目中，C 位出道也是有可能的。这位思思老师发音标准，单词讲解独特，题型重难点概括全面，这样的老师专业素质过关，个性丰富，谁能不爱？不仅学生爱，综艺节目也常常邀请他作为嘉宾，《奇葩说》《快乐大本营》都曾出现过他的身影。新东方创始人俞敏洪老师也发现了他的闪光点，曾多次邀请思思老师参与“梦想之旅”全国宣讲会。

思思老师在为别人工作的讲台上，已经实现了经济独立、个人成长，甚至到了圆梦的阶段。2018 年，在新东方干了整整十四年的思思老师，写下了一篇名为《我曾以为，我永远不会离开新东方》的长微博，宣告离开新东方，开启了为自己工作的职场新阶段。

第三种层次：实现梦想

这个层次对应了马斯洛需求层次的第五层——自我实现的需要。通过工作，温饱问题解决了，也因工作能力的增长，获得了更多的认可。此时荷包充盈，内心饱满，于是开启新的追求。

这个时候，如果本身从事的职业正是自己的梦想，那就可以继续在这

习缺乏兴趣，也没有强大的外因支撑，状态也只是停留在得过且过而已。坐在课堂上，却没有认真听讲；准时上交作业，却没有走心去做。额外的练习任务更是天方夜谭，每天都是“做一天和尚撞一天钟”的状态。这就是学习的第一种层次。

这种学习层次所凸显的负面状态，也和工作第一层次中的负面状态类似。因为并不认同学习是自己的事情，所以毫无主人翁精神，只应付完成该做的作业，只求勉强通过考试，不为自己设立更高的目标，也没有投入更多的精力。任何不顺心的事情都可以成为他们不学习的借口，总是抱怨自己的辛苦，而没有付出真正的努力。

有些学生进入了第二个层次，他们在学习中找到了成就感，开始设立更高的目标，如考进班级前十名、考进年级前十名、考进重点中学等。在一次次朝着更高目标的进发中，他们获得了成就感，也更愿意为之努力。还有一些学生，虽然并没有直接体会到成就感，但是他们愿意为了父母学习。他们理解父母培育自己的辛苦，了解日后的竞争压力，所以他们愿意为了外在的因素，再努力一把。

达到第三种层次的学生并不多，因为能够在学生时代就明确自己未来梦想的学生毕竟还是少数。学生时代忙碌而充实，需要不断学习，参与活动，锻炼社交能力，并完善自己的认知水平。他们对梦想的理解大多还是粗略的、宽泛的、抽象的，但是也有一些学生能够明确自己的目标，并为之而努力。周总理当年那句“为中华之崛起而读书”就是一个绝好的示例。

对于暂时还没有踏入工作环境的青少年来说，其实也可着手建立属于自己的“职业观”。目前的职业身份即“学生”，所以在面对“学习”这份工作时，大家可以自问：到底是在为自己工作还是为别人工作呢？和一些同学交流时，他们的回答大多是：我是为了父母才学习的。这其实就是在为别人工作。就像前文分析的一样，也有同学能够在父母的“逼迫”下努力学习，终有所成。著名钢琴家郎朗就表示小时候也是在父母的严格要求下，才苦苦练琴，最终达到今日的高度。但如果能早一点意识到学习是自己的事业，就会有更大的动力。

心理学把动机分为内在动机和外在动机。由于外在动机而去做事情，往往不会持续太久。比如父母为了鼓励孩子做家务，给予金钱奖励，每洗一次盘子或者每扫一次地支付 1 块钱。孩子确实开始做家务了，但是金钱刺激一旦终止，这样的行为就很可能停止。而出于内在动机做的事情往往可以一直持续下去。比如一些健身爱好者，每周坚持去健身房，不为减肥，不为比赛训练，只是单纯享受挥洒汗水的感觉，他们更能把这个习惯一直延续下去。所以，同学们还是去努力发掘自己的内在动机吧，越早把学习当作自己的事业，就能越早享受到追求知识的乐趣和成就感。

那么应该如何激发自己的内在驱动力呢？下面是几条建议，供大家参考。

为自己设立目标

没有目标的人生就如同行尸走肉，有了目标，就有了努力的理由。目标不一定是很大的、遥不可及的，相反大家可以建立一个个虽然小但是可以实现的目标。目标也不一定都是做加法，比如我要提高 10 分，我要减肥 5 公斤，也可以是减法，比如我要一周不看电视，我要 30 天不吃糖果等。渐渐地，你会发现对自己的人生有了更多的掌控力。如果不确定建立怎样的目标，也可以及时和父母、老师沟通，听取他们的建议，建立适合自己的目标。

多阅读书籍

在这个时代，大家都习惯于碎片式的阅读方式，刷刷微信、微博就知天下事。但这一切都无法取代深度的阅读。看看国内的经典名著，读读国外的获奖小说，翻翻通识教育的书籍，你会发现这个世界是那么大、那么美。身未动，心先行，从阅读开始，开启你的全球旅行。

多和优秀的人沟通交流

注意，这并不是要你去区分对待他人。“三人行，必有我师焉”，善于发现他人的优点也是一项技能。在和优秀的人交流时，你会感受到和自己平日里不一样的视角，你会被他们感染，想成为和他们一样优秀的人。内驱力就这样被激发了。

总的来说，为别人工作和为自己工作都可以创造价值。做出哪种选择，首先要问清自己，你目前处于哪个阶段，你的内心是否对所处的阶段感到满意。如果内心和现实能够平衡，那就好好干吧，无论在哪儿，都可以获取满足感和成就感。如果内心和现实不能达成妥协，那就要做出选择，是“你用真情换此生”，还是“我拿青春赌明天”。潇洒走一回固然美好，但是选择背后的代价只得自己承受。

Chapter 02

主动探索自我

第 11 课 如何发现自己的兴趣

兴趣在很多成功人士的生涯中扮演着重要的角色。找到自己的兴趣，做自己喜欢做的事，是人生成功的关键。但很多时候，我们却为不知道自己的兴趣是什么而烦恼。那么我们应该如何发现自己的兴趣呢？

“高中时我曾经对数学充满了兴趣和热情，常常乐在其中，因为解题而废寝忘食是常有的事。但在高考前却被网络游戏所俘虏，沉浸其中不能自拔。虽然后来考上了大学，并且选择了数学系，但却再也找不回对数学的热情，没有了努力的方向。我怎样才能发现自己的兴趣所在呢？”类似这位大二数学系男生赵亮的疑惑，你有没有呢？我们该如何找到自己的兴趣呢？

兴趣的本质

要找到自己的兴趣，就得先了解什么是兴趣。兴趣是一种意识倾向，表现为一种选择性的态度和积极的情绪反应。当人们投身于自己感兴趣的事情时，注意力会高度集中，并伴随着愉快的情绪，甚至忘记了时间、空间和自己。有心理学家把这种状态称为“心流”（flow），也称为福流、沉浸体验。

我们以上面提到的数学系男生赵亮为例，看看他在寻找兴趣的过程中都经历了什么。

赵亮上高中之前对学习不是很上心，成绩一直不理想，勉强考上高中后，成绩处于年级中下游，对于数学也没有特别的兴趣，考试、测验不及格是常有的事。改变是从他邂逅一本书开始的。

高一上学期的某一天，赵亮在班级图书角翻到一本名为《数学家的故事》的书，其中阿基米德的故事深深打动了他：阿基米德把数学知识与其他学科知识结合起来，发明了很多机械并应用在生活中——提水器解决了尼罗河流域农民浇地难的问题，抛石机和抓船机成为保卫阿基米德祖国叙拉古的利器。阿基米德的故事让赵亮觉得课本上的知识一下子鲜活有趣起来了。

公元前214年，罗马人进攻叙拉古，阿基米德设计和研制的防御系统，有效地把敌人阻挡在城外长达一年多。后来，由于叙拉古人内部出现了叛徒，内应打开了城门，叙拉古城沦陷，侵略者闯入阿基米德的住宅，对正在地上作图的阿基米德举起了屠刀。阿基米德严厉地呵斥士兵："你们不能毁坏我的图形！"但还没等他说完，士兵就杀了他。赵亮说他看到这段文字时，心里涌上一股既悲愤又敬仰的情绪。也因此，赵亮对数学产生了好奇，开始尝试认真听课。渐渐地，他发现数学并没有他想象的那么难学，数学题也没有那么让人讨厌了。在不断深入学习的过程中，他发现数学真是一门有趣的学科，解决数学问题过程中的峰回路转、柳暗花明，常常让他乐此不疲。他的数学成绩也在一天天进步，从不及格到及格，再到高一下学期全市期末统测拿到150分的满分，赵亮在数学学习上实现了从学渣到学霸的蜕变。

高二整个学年，他把学习数学的热情和方法迁移到了其他学科上，他形容自己真的是"沉迷学习不能自拔"，他兴致勃勃地做各学科的思维导图，在自己的iPad上收藏了许多各个学科的课程，还购买了不少相关的课外读物，他感觉学习为他打开了一扇又一扇知识的大门。他每天晚上学习到深夜，但他乐在其中，成绩也飞速提升。

高三开学，他估计自己按这样的趋势发展下去，拿年级第一名是没有问题的，他给自己定下了香港科技大学数学系的高考目标，并设计、喷绘了一张香港科技大学的校园图，张贴在自己的房间里，还为自己每一个学科制定了提升的目标和措施。

然而，高三第一次模拟考试，他仅仅前进了 2 个名次，没有实现自己前进 10 名的目标，他为此感到非常焦虑。他开始投入更多的时间学习，缩短了晚上的睡眠时间，同时在上学路上、锻炼的同时练习英语听力，与同学的交往也减少了。他开始觉得疲惫，效率也没有以前那么高了。虽然成绩还在提升，但是离自己的期望值还是太远，他开始担心能否实现自己的高考目标，晚上睡眠质量越来越差，还不时出现胸闷、头痛、血压升高的情况。

三月的全市第三次模拟考，他的成绩还略有下降，身体的状况也每况愈下。于是他更紧张了，时不时请假在家休息。

四月的一天，他放学经过一家网吧，带着让自己放松一下的想法，他走进网吧玩起了网络游戏，不曾想这一进去就再也无法从网络游戏中走出来。他在网吧待的时间越来越长，无法再回到学校正常上课。

在两个月后的高考中，他只考上了一所普通的大学，选择了数学系。在大学里，他渐渐对网络游戏也没了兴趣，对数学的热情也没有了，这一切让他感到迷茫无助。

我们用一个示意图来表示赵亮高一时对数学产生兴趣的过程：

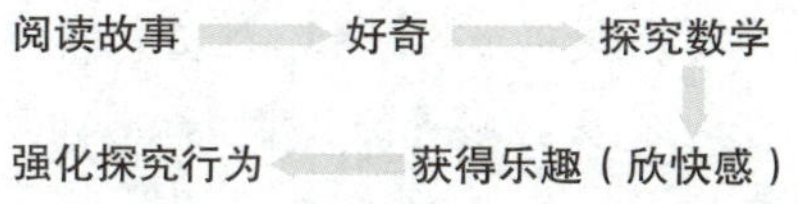

赵亮在探究数学知识过程中获得的欣快感，从生理的角度来说，是因为他在学习数学时，大脑会分泌一种叫作多巴胺的神经递质，它会传递让人兴奋及开心的信息，从而维持、强化了赵亮的行为，使他保持对数学学习的兴趣，形成了一个奖赏回路。

心理学的研究发现，奖赏回路的激活，依赖一个非常关键的要素：期望差。用公式表示就是：

奖赏回路强度 = 实际收益 – 预期收益

也就是说，促进多巴胺释放的，并不是“行为的收益”本身，而是“预期和实际的收益之差”。这个差值越大，对奖赏回路的刺激就越大，激发出来的多巴胺浓度就越高，我们感受到的快乐就越强烈，对所进行活动的兴趣就越浓厚。

我们可以用下图来表示赵亮的情况：

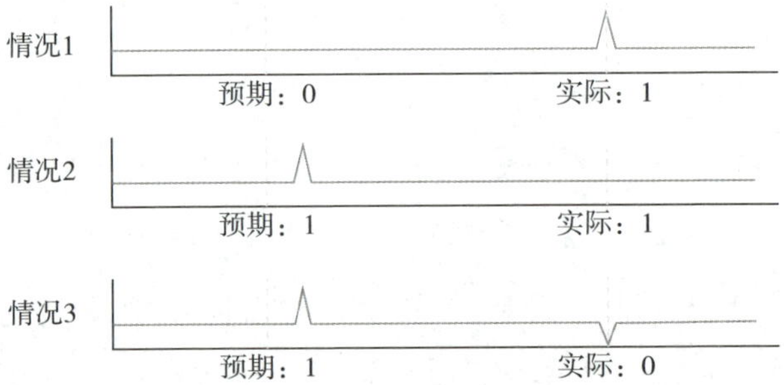

注：纵轴为多巴胺神经元强度，横轴为时间。

情况 1 是赵亮高一、高二年级的情况，作为“学渣”的他，对成绩的提高没有很高的期望值（预期收益为 0），快乐来自对学科知识的深入认识及同学、老师的欣赏和鼓励。成绩的进步是探索行为的自然结果（实际收益为 1），给他带来了不期而遇的快乐。这是一种健康的奖赏模式——通过一系列的行为，缓慢地激活奖赏回路，再缓慢地平息下来。这时，赵亮的行动是聚焦于探索行为本身的，他充分体会到学习过程的快乐，并且不时沉浸在心流体验中。于是，赵亮对学习开始产生兴趣。

情况 2 相当于高三上学期的情况，这时，赵亮的关注点开始聚焦于考上目标学校（预期收益为 1），赵亮知道努力学习可以使他不断进步，不断接近考上香港科技大学的目标，但由于没有达到预期的阶段目标（前进 10 名），即使进步了 2 名（0< 实际收益 <1），也不能很好地激活奖赏回路了。这时，学习成为满足其考上大学这一目标的途径，赵亮对学习结果的关心超过了学习活动本身，因此，赵亮对学习开始失去兴趣。

情况 3 则非常特别，当你认为你的行为会带来某种奖励，但实际上并没有时，不但不会分泌多巴胺，反而会抑制多巴胺神经元，从而减少多巴胺的分泌。这时候，人产生的不是与快乐相反的痛苦情绪，而是对回到快乐状态的超常“渴求”。这时候，人会想方设法提高自己的欲望，努力寻求能够激活奖赏回路、分泌多巴胺的行为。

当赵亮在第三次模拟考失利、学习成就没能满足欲望的时候，网络游戏对成功的及时回馈，使赵亮在网络游戏中轻易获得了成就感，这对他形成大量的新鲜刺激，促进多巴胺呈现一种井喷式的急剧分泌。如下图所示，随着这一过程的不断反复，大脑对网络游戏的“预期”会不断调高，实际收益和预期收益之间的差值会不断减少，实际快感会不断降低。这种变化会促进大脑去渴求能够使多巴胺恢复到正常浓度的事物——更多的刺激。这时，只有提高频率、加大刺激，才能得到同样的感受。一旦离开了刺激，多巴胺水平下降到“预期”之下，你就会感到厌烦、枯燥、无聊、浑身难受，直接的后果就是形成不健康的奖赏模式，导致成瘾行为。这就是为什么赵亮会迅速地沉迷于网络而不能自拔。

从赵亮的案例中，我们可以得出关于兴趣的三个结论。

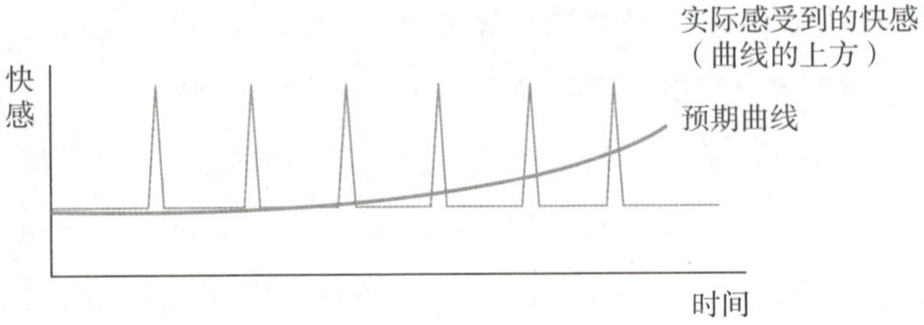

首先，兴趣并不是天生固有的，而是在与外界交互的过程中获得了刺激，从而打通了奖赏回路而慢慢形成的。比如赵亮就是因为无意中看到了《数学家的故事》这本书，从而开启了奖赏回路，对数学慢慢产生了兴趣。而实际收益和预期收益的期望差会决定奖赏回路的强度。很多长期的目标并不能获得及时反馈，常常需要我们“延迟满足”，这时候管控好自己的预期，合理拆分目标，循序渐进，可以有效维持奖赏回路的强度，不至于因为受到挫折而半途而废。

其次，兴趣本身是中性的。一个人既可能对学习和运动产生兴趣，也可能会沉迷于网络游戏不能自拔。事实上，游戏的成瘾机制正是建立在及时反馈、快速激发奖赏回路的基础上。因此，我们要有意识地审视自己当下的兴趣，到底是更有利于目标的达成，有利于身心健康，还是仅仅为了抵消挫败感而选择的自我逃避。如果对不良的兴趣长期上瘾，必要的时候，需要专业人员和机构进行干预。

最后，一个人如果想拥有广泛的兴趣，就需要获得更多与外界接触的机会，吸收更多的内容，获得更多的刺激，这样才能增加奖赏回路启动的概率，从而拥有更多的兴趣。

如何找到兴趣

在了解了兴趣的内在机制后，一个大家更关心的问题就随之而来：我们应该如何建立健康的奖赏模式，找到自己的兴趣所在呢?

首先，要善于倾听自己的心声，发现自己的独特之处。每个人的兴趣都可能与别人的不同，也可能随着个人的成长而发生变化。倾听来自内心的声音，观照自己的想法，更容易找到自己的兴趣。在这方面，人本主义心理学杰出代表、美国心理学家罗杰斯就是一个典型的实例。

罗杰斯生长在一个宗教性和伦理性很强的家庭，12 岁的罗杰斯立志要当一名农夫，读大学时选择了农学。他之所以做此选择，是因为那时他只熟悉这些，在父亲的严格管理下又缺乏人际交往。读大学的时候他参加了基督教小组，人际交往多了，才发现了生涯的无限可能性，于是想做“世界上最快乐最好的工作”，力图做一名优秀的牧师。之后他顺利被神学院录取为研究生，其间做过短暂的牧师。

到研二的时候罗杰斯接触了一些心理学课程，觉得助人是件好事，并认为在特定的单调环境下的工作并不适合自己，于是他决定转学去进修教育与咨询心理学。在他的心理治疗体系中，非常强调倾听的重要性，这与他的童年经历有关。罗杰斯在他具有自传性质的著作《论人的成长》中提到，能够真正倾听他人可能是自己的固有特质之一。在读小学的时候他就发现，当同学问老师一个问题，老师常常会给出一个完美的答案，年少的罗杰斯则敏锐地感觉到老师的回答并不是问题的答案，他常常因为老师根本没有听清学生的问题而痛苦和愁闷，他同时感受到，由于沟通不畅导致孩子绝望的现象很常见。他能敏感地体会到真正的倾听给人带来的快乐，并凭借直觉知道其中的原因。他钟情于深度倾听，善于发现他人隐藏的内心诉求。这个一直存在于他内心的声音引导着他去思考、探索，由此创立了“当事人中心疗法”（person-centered therapy），这一疗法通过人为地创造一种绝对的无条件的积极关注气氛，使就诊者能够修复自我实现的潜力，重新走上自我完善之路。1963 年，罗杰斯加入西部行为科学研究中心，他的年薪是两万五千美元，但每次他都捐回给该中心，他的捐回意味着他对目前的工作超级满意和兴奋。到了晚年，他不只没有领薪水，还自掏腰包投资自己感兴趣的研究领域。罗杰斯因为遵从自己内心的感受，找到了感兴趣的领域，并努力做到了极致。

其次，听听别人的评价，发现自己不确定的长处。有时候，我们会发现，周围人的眼光更客观，他们好像比我们更了我们自己。五年前，我有机会从一名老师转行成为一名心理教研员，我也曾犹豫了很久，要不要从一个自己很熟悉、工作起来游刃有余的领域跨越到另外一个新的领域，把原来的业余爱好转化为职业。后来，我与家人、同事、朋友做了多次深谈，了解他们对我的感受，并且把他们的评价做了一个归纳总结，他们认为我的优点是喜欢挑战，有很好的协调、沟通能力，策划意识强，善于倾听，这些都是成为一名心理教研员需要具备的基本素质，这坚定了我改行的决心，由此也翻开了我职业生涯的新篇章。

最后，建议大家开阔视野，在行动中明确兴趣。创新工场董事长李开复以自己年轻时求学的经历为例，建议没有找到自己的兴趣的大学生们："给自己最多的机会去接触最多的选择。"他自己刚进卡内基梅隆大学的博士班时，学校的机制允许学生挑选老师，并为新生提供机会接触不同教师的课程，这样的机制让他在入校后的短时间内进入到很多风格各异的教师。最终，李开复与他的导师瑞迪教授对上了眼，从而有了后面选择他感兴趣的博士项目"语音识别"的机会。他建议年轻人要主动拓宽自己的接触范围，了解不同的学校、专业、课题和老师，在尽可能多的领域中接触并选出自己的兴趣。"唯有接触你才能尝试，唯有尝试你才能找到你的最爱"。在尝试中接触不同的人、事、物，不断拓宽自己的视野，形成自己的经验，直到与自己的兴趣相遇。

第12课 如何发现自己的优势

在学生时代，一门成绩出众的学科，一项拿得出手的才艺特长，不但能让我们获得更多的自信、肯定和瞩目，还能进一步激发我们热情和潜能。等到进入职场，一项不可替代的优势技能，不但能让你在工作中如鱼得水，还会为日后开辟自己的事业打下坚实基础。然而，正所谓当局者迷，我们很多时候意识不到自己的优势是什么，很多人都觉得自己一无所长。那么我们该如何确认自己的优势特长呢？

一个“巴漂”的励志故事

现在我们知道有很多“北漂”“上漂”“广漂”“深漂”的年轻人，在大城市里努力寻求自己的梦想。但你听说过“巴漂”的故事吗？很多年以前，有一个年轻人在巴黎过着清贫潦倒、一无所成的生活。无奈之下，他只得去求助父亲的一位老朋友，希望他能够帮自己找一份工作。

父亲的老友问他：“你想找一份什么样的工作？你有擅长做的事情吗？比如会记账、会修理什么的。”

年轻人万分羞愧地低下了头：“我觉得自己好像没有什么擅长的事情。”

父亲的老友想了想，递给他一张纸：“好吧，那你先把你的名字和住址写下来，我想想办法，帮你找个活儿做。”

年轻人写下自己的信息后，转身想走，却被父亲的老友大声叫住：“孩子，你怎么说自己没有特长呢？你看你的字写得多好啊……”

“字写得好也能算特长？”年轻人不敢相信。

“那当然了。一个人的字可以反映他的修养和内涵……”父亲的老友语重心长地说，“在找到工作之前，你先要找到自信，发现自己擅长的能力，并尽力地发挥它……”

听了父亲老友的一番话，年轻人感到醍醐灌顶。后来，他找了一所学校教法文，虽然一开始过得并不轻松，但也正是从那时起，年轻人发现了自己在文学方面的独到天赋，开始努力发挥自己的特长，之后他写出了《三个火枪手》《基督山伯爵》等举世闻名的经典巨著。是的，这个“巴漂”年轻人就是我们所熟知的法国18世纪著名作家——大仲马。

这个故事与诸多励志书里的千万个故事一样，有一个“俗套”的快乐结局。可这世间哪有那么多无名之辈摇身一变成龙成凤的传说，更多的人都只停留在了故事的前半段，觉得自己似乎一无所长。不过，这一切，难道一开始就是这样的吗？

是谁偷走了那个“天才”的你

回想我们小的时候，家长和社会对我们好像总是很宽容、很友善，学会唱一首歌、学会跳一支舞、搭积木搭得最高、吃饭吃得最香都能得到一句“你真棒”的赞扬，我们也都曾觉得自己应该是个天才。而随着我们渐渐长大，会做的事情越来越多了，做得越来越好了，可好像不管是在父母心目中还是在自己眼中都变得越来越“笨”了。

其实，这是因为社会对我们的评价标准变了——变得越来越单一了，变得似乎只有在学校教育，确切地说在应试教育中取得成功才能证明你是“聪明”的。而其他的能力充其量都只能算是有点“特长”。更狭隘的是，人们对于“特长”的定义，也大多只局限于一些能够当众表现的技能，比如唱歌、跳舞、弹钢琴、打球等。

于是，你只能努力地按照标准化的方式学习，人家刷题你也刷题，人家背范文你也背范文，人家用思维导图你也用思维导图……

也许结果也还可以，虽然辛苦点，分数也够上一所还凑合的大学，可等到开始报志愿时，你蒙了。那么多专业，要选哪一个呢？这时候，你的老师和家长可能会说，自己擅长什么就选什么吧。好吧，那我擅长什么呢？你开始思考。那浩如烟海的专业名录，有很多专业你之前根本连名字都没听说过，更不知道毕业以后是做什么工作的。这时候有人就想：那就选个物理系、中文系、数学系什么的吧，毕竟中学学过，知根知底。

也许结果也还不赖，你不逃课也不挂科，普普通通读了四年大学。但是在找工作时，你又蒙了……这么多职业，我要做什么呢？也许又有人会跳出来对你说，你擅长什么就做什么吧。可是我到底擅长什么呢？我只是一个成绩中等的普通大学生，不巧又没有任何 “特长”。到那时候，你可能就和当年的大仲马一样，觉得自己一无是处。

人生就像一个杠铃，两头宽中间窄，在幼年时期，世界能看到你多种多样的可爱、无限可能的未来；而到了学生时代，就只能欣赏你心无旁骛、专注学习的样子，而且还要求你科科都要得“优”才是“聪明”的，但你以为一直专注学习就万事大吉了吗？你错了，等你毕业走入社会，世界却又会丢给你千千万万种选择，让你必须要在学校打造的通用模子里雕刻出属于自己的特色花纹，从而确定自己到底是一个什么样的容器，是适合用来盛可乐、奶茶、咖啡还是豆浆？这是道没有标准答案的选择题，不管你擅长的是什么，其实都能有适合你的职业选择。而那时，最怕的就是你既不知道自己擅长什么，也不像大仲马那么幸运——没有一个父亲的好友会跑来告诉你“字写得好也是一种特长”。

命运馈赠的礼物早就与众不同

如果你也认为自己是一个一无所长的“平凡人”，那么这里我要给你介绍一位伯乐，他会告诉你，其实命运赠予你的礼物早就与众不同了。他就是来自哈佛大学的教育心理学家——霍华德·加德纳（Howard Gardner）。

这位教授写了一本非常有名的书，叫作《智能的结构》（*Frames of Mind:The Theory of Multiple Intelligences*）。在这本书里，他首次提出了一个颠覆人类对智力理解的观点。加德纳认为，所谓仅凭几道问答或逻辑题就能测出人的“智商”的做法实在是有失偏颇，用单一的 IQ 测试来判断一个人智商的方式既片面又不科学。在他眼中，人类有着完整的智能“光谱”，而不只是传统的智力或能力倾向。这是什么意思呢？在加德纳看来，人类智力的基本性质和结构都是多元的，每个人并不是只有某一种能力，而是拥有一组能力，而且各种能力是以相对独立的形式存在的。他总结出了语言智能、逻辑智能等八种智能类型（后来有学者在加德纳研究的基础上又进一步发展为九种智能结构。所以如果你觉得你在已知的智能领域都没有表现出特长，别担心，那可能只是因为你擅长的智能还没有被研究者发现），这一理论被称为多元智能理论（The Theory of Multiple Intelligences）。

多元智能理论认为，这些智能在每个人身上都是同时存在的，只不过不同的人会有不同的智能配置组合，所以每个人的智能都各具特色。

看到这里，你一定很想知道，究竟这几种智能分别有什么样的表现，我又怎样才能知道自己的“配置参数”呢？你可以根据下面对八种智能类型的描述，初步判断自己的优势智能。

❶ 语言智能

指有效地运用语言及文字的能力，即听说读写能力。语言智能较强的人对语言和文字特别敏锐，擅长用语言或者文字来表达观点、抒发情感。

- 常见的兴趣爱好：阅读、朗读、写诗、讲故事、玩文字游戏等
- 偏好的学习风格：记笔记、列提纲、教别人、用代号等
- 大学的对应专业：文学、教育学、社会学、法学、新闻学、外语、哲学等
- 适合从事的职业：作家、编辑、记者、播音员、主持人、律师等

❷ 数理逻辑智能

指通过数理运算和逻辑推理等进行思维的能力。逻辑智能较强的人对数字、推理、运算等比较敏感，擅长运用比较、因果和逻辑等思维模式来处理事物间的相互关系。

- 常见的兴趣爱好：拼图、棋类、猜谜、看侦探小说等
- 偏好的学习风格：提问、分类、分析、比较、做实验等
- 大学的对应专业：计算机、工程学、经济学、医学、化学、物理学、信息与通信工程等
- 适合从事的职业：程序员、工程师、数学家、会计、律师等

❸ 空间智能

指准确感知视觉空间，并把所感知到的形象表现出来的能力。空间智能较强的人对空间和方向特别敏锐，擅长运用平面图形或立体造型表现线条、形状、结构、色彩和空间关系。

- 常见的兴趣爱好：摄影、涂鸦、造型、设计等
- 偏好的学习风格：观察、思维导图、视图、彩色笔记、涂鸦等
- 大学的对应专业：视觉设计、工程、建筑、地理等
- 适合从事的职业：画家、建筑师、电工、设计师、摄影师、飞行员等

④ 身体动觉智能

指擅长调动身体来表达想法和感受，灵活运用双手来改变物体的能力。动觉智能较强的人能够较好地控制自己的身体，这类人喜欢自己动手制造东西，喜欢户外活动，与别人说话的时候喜欢用手势或其他肢体语言。

- 常见的兴趣爱好：打球、游泳、魔术、舞蹈等
- 偏好的学习风格：做动作、打手势、触摸、表演、做模型等
- 大学的对应专业：体育学、临床医学、交通运输工程、护理学等
- 适合从事的职业：运动员、外科医生、舞蹈家、赛车手、手艺人等

⑤ 音乐智能

指感受、辨别、记忆和表达音乐的能力。音乐智能较高的人对音高、音色、节奏、旋律等比较敏感，擅长通过演奏、歌唱等音乐形式表达自我。

- 常见的兴趣爱好：唱歌、听音乐、弹琴等
- 偏好的学习风格：唱歌、吹口哨、哼唱、在音乐环境中学习等
- 大学的对应专业：戏剧与影视学、音乐与舞蹈学等
- 适合从事的职业：歌唱家、作曲家、乐师、指挥家、音乐评论家等

⑥ 人际智能

指与人相处和交往的能力。人际智能较强的人能够比较敏锐地觉察别人的情绪、情感和意图，并做出适宜的反应。在群体中，他们擅长组织、动员与协调，能够有效排解纷争，容易交到朋友，善于合作。

- 常见的兴趣爱好：交友、运动、团队游戏、志愿服务等
- 偏好的学习风格：小组学习、教学、角色扮演、讨论等
- 大学的对应专业：管理学、教育学、心理学、社会学、法学、人力资源管理等
- 适合从事的职业：销售、教师、律师、公关、行政、HR、主持人等

⑦ 内省智能

指认识和反省自身的能力。内省智能较强的人能够较好地控制自己的情绪，善于进行自我分析，能比较清楚地认识自己的优劣势，喜欢独处，对自己的生活有规划，有较强的自尊、自律和自制的能力。

- 常见的兴趣爱好：科研、调查、规划、写日记等
- 偏好的学习风格：设定目标、制订计划、自我激发等
- 大学的对应专业：哲学、教育学、战略学、宗教、民族学、社会学等
- 适合从事的职业：心理学家、教师、政治家、哲学家、作家等

⑧ 自然智能

指认识植物、动物和其他自然环境的能力。自然智能较强的人喜欢待在自然环境中，擅长观察自然中的各类生命形式。

- 常见的兴趣爱好：养宠物、野营、户外活动、栽花种树等
- 偏好的学习风格：使用感观、观察和隐喻、建立活体模型等
- 大学的对应专业：考古学、天文学、地质学、大气科学、生物学、园艺学、环境科学与工程、农业资源与环境等
- 适合从事的职业：生物学家、考古学家、兽医、宠物店老板、环保工作者、人类学家、农民、探险家等

发现你的“配置参数”

在了解了多元智能理论后，是不是对自己有了不一样的看法？还要告诉你一个好消息，那就是在多元智能理论看来，所有的智能都是平等的，并没有哪种智能比其他智能的地位更高、更重要。**因此，世界上并不存在谁聪明谁不聪明的问题，而只是存在每个人在哪一方面聪明以及怎样表现聪明的问题。**

也许有的同学对照了这些说明后，还是无法判断自己的优势智能到底在哪些领域，好像自己在每一项智能领域中都表现平平。别着急，加德纳

指出，其实“多元智能”在每个人身上都是本来就存在的，只是我们发现并证实它们需要经过很长时间。大脑的每一块区域都对应一种能力，但一个人究竟哪种能力更强，哪种能力相对弱一些，更擅长将哪些能力组合起来解决问题，是需要长期的观察才能做出准确判断的。

下面，就给大家介绍一些能够帮助你发现自己的优势智能，也就是所谓的“天赋”和“潜能”的小方法。

1 回忆你的成就事件

请你回忆一下在你的生活中，最让你有成就感的那些事件，并对其进行分析，看看自己在其中运用到了上文所说的哪些智能。这些事件并不需要是什么惊天动地的大事，它可以是为好友策划了一场生日宴会，可以是为父母做了一顿饭，当然也可以是赢得了一场比赛，在考试中取得了好成绩，等等。**选择的标准只有两条：一是你喜欢在做这件事时所体验到的感受；二是你为自己完成它后所得到的结果感到自豪。**

在选择好成就事件后，可以自己分析或和你的同伴一起讨论，看看在这些事件中你都运用到了哪些智能，哪些智能重复出现得最多，这些重复出现的智能就是你最倾向于运用也最擅长的智能。

2 探寻你的成长记录

问问你的父母，你小的时候是否有一些与众不同的表现，下面列出了一些可以参考的线索：

你是不是从小就特别会模仿别人？

你是不是喜欢拆装玩具、做手工？

出去玩时，你是不是总能记住沿途的标记，比如会告诉父母：“我们曾经到过这个地方……”

你是不是总是很喜欢根据大小和颜色给自己的玩具分类？

在看电视的时候，你是不是总是能很快看出哪个角色是坏人？

你是否从小就对大自然很有兴趣，喜欢收集标本、饲养动物、种花植树等？

……

想一想，这些童年记录对应的是哪些智能，这些特长是否一直延续到了现在？

3 绘制你的多元智能图谱

当然，除以上的方法之外，你也可以尝试去做一些专业的多元智能量表测试。然后根据测试的结果绘制你的多元智能图谱，从而帮助你全面了解自己的能力，更好地发掘自己的潜能。

在了解了多元智能理论，测出了自己的“配置参数”后，你对自己是不是又重新充满信心了呢？原来之所以觉得每道关卡都那么难打，很有可能只是因为你选错了地图而已。

最后还有一个好消息要告诉你，那就是国家也已经认识到不能给每个学生安排同样的主线任务，**从实行选科制的高中课程改革到积极推动职业教育发展，我国的教育改革正在给每个学生提供越来越多元的人生发展选择**。

当然，不论是专业还是职业的选择，仍然需要综合多方面的因素来考虑，但是多元智能理论可以帮助你发现自己擅长的领域。在中学阶段，从这个角度切入，你可以顺畅地将自己的学习风格、选科、优势和专业选择串联起来。愿你们都能在人生的打怪道路上一路“开挂”，轻松升级，圆满通关，在最适合自己的地图上逆袭为王！

第13课 如何了解自己的职业倾向

从小到大，我们受自己的性格、接受的教育和周围环境的影响，会对某些工作有特殊的偏好。比如，很多人小时候会向往科学家、医生、教师和警察等职业，到了中学时代可能会想成为电影明星、偶像歌手、企业大佬那种众星捧月式的人物。总之，在各种因素的作用下，我们喜欢、认可一些职业胜过另一些职业，而这种倾向会成为我们未来选择职业的重要参照。那么我们该如何发现这种潜在的职业倾向呢？

一个接受过高等教育的年轻人一般会在22岁左右走出高校，进入职场，开启人生的新征途。随着我国正加速进入老龄社会，为了应对劳动力逐渐减少的情况，在未来一段时间内，国家将逐渐延长退休年龄，男性将在65岁退休，而女性则在60岁退休。这也就意味着一个人一生至少要工作38～43年。在这么长的职业生涯里，社会变化非常大，职业的变化也很大，我们当中绝大多数人都将会有跳槽的经历。跳槽一方面是因为薪资、待遇、福利等因素，另外也和公司的发展情况、同事关系、企业文化有关，还有很多人跳槽是为了改变个人职业的跑道，对自己职业发展的方向进行重新规划和调整。

职业倾向是个人职业规划的重要组成部分，指的是个人对于职业发展的偏好，以及由此带来的行为导向。它是个人在择业方面很重要的指导依据，一方面指导我们择业，另一方面对于我们是否能够发展自身潜能起着重要的作用。

一般来说，我们会在个人职业倾向的基础上做个人的职业生涯规划，有些人即便没有明确的职业生涯规划，也会有意无意地依据个人职业倾向来找工作，并发展自身的职业能力。在职业选择方面，人们一般会根据以下几个因素进行思考，这些因素往往会综合影响一个人的职业倾向。

第一，对工作的看法决定了一个人把职业放在什么样的位置。有的人认为工作就是为了赚钱，因此追求收入是第一诉求；而有的人则希望通过工作去实现个人的理想和抱负，因而会更加勤奋地工作并有强烈的奉献精神。对待工作的不同看法决定了人们在择业时不同的关注点，有的人关注职位、薪资、福利、待遇、权力、汇报关系等，有的则关注培训机会、未来职业成长机会、公司未来发展潜力等。

第二，人在不同时间段的需求差异。人们在不同时间段的需求是不断变化的。按照马斯洛需求层次理论，个人的需求主要包括以下几个层次。

1. 生理的需要。每个人都有吃喝拉撒睡等基本生理需求，与之对应的职业上的需要就是基本的工资保障以及在合理范围内的工作时长，这也是每一份工作的基本诉求点。

2. 安全的需要。人与生俱来有安全需要，与之对应的职业上的需要就是工作的稳定性，以及薪资与福利等带来的安全感。寻找一份稳定的工作是很多人找工作时的出发点，也是父母亲经常给孩子灌输的就业观念。

3. 情感和归属的需要。人是社会性动物，人是在人际关系中存在的。人们期待拥有良好的人际关系，能够被群体接纳，拥有归属感，与之对应的职业上的需要就是拥有良好的同事关系，被同事接纳。在阿德勒的个体心理学理论中，人际关系是人烦恼的根源，也是喜悦的根源。因此，被别人认可和接纳是一种真实的需要。

4. 尊重的需要。人们期待获得尊重和成就感，与之对应的职业上的需求包括被认可，拥有相应的社会地位，获得大众关注。尊重及被尊重都是我们在人际交往中非常看重的东西，在择业中，很多人也倾向于选择社会地位高、收入丰厚、创造的价值容易被大众感知与认可的工作。

5. 自我实现的需要。俗话说“人往高处走”，人们拥有自我成长的巨大需要，其中不仅包括能够获得学习的机会，还包括能够发挥自己的潜能，实现自己的理想，与之相对应的是职业上的发展需求，包括公司的发展潜力、明确的上升通道、自我价值的实现。这是马斯洛需求层次的最高阶段，也是每个人的终极梦想。

马斯洛需求层次理论说明人们在不同时间段会有不同的需求，这就要求把职业发展和自身需求挂钩，仔细审视自己的现状和需求，不同的需求会带来不同的职业选择。

第三，自己的兴趣爱好。人们常说，如果从事的职业正好是自己感兴趣的，那就是完美的职业。兴趣是最好的老师，因此如果将职业的选择和自身的兴趣相关联，就会产生巨大的能量。对于自身感兴趣的事情，人们会刻苦钻研，坚持不懈，而这样的敬业精神也将让我们在专业化发展道路上快速前进。

第四，自己的专长。一个人的专长来自长期的学习和经验的积累，这些专长会成为一个人的职业“护城河”，一个人职业的立身之本。我们需要认真考虑自己的专长，只有建立了自身的职业“护城河”，才可以在职业生涯中立于不败之地。一个人的专长对于职业选择有重要的引导作用。如果我们选择的职业能发挥自身专长，我们会在工作中得到更多的认可和尊重，而尊重和认可又会反过来激励我们更好地发挥自己的专业技能，从而让职业发展更上一层楼。

通过上面的说明，我们了解了职业倾向是什么，以及影响职业倾向的几个重要因素。如果我们可以了解自己的职业倾向，既可以让自己的才能得到最大限度的发挥，也能对公司及社会有更大的贡献，同时还实现了职业和自身兴趣爱好、专业技能的有机结合。我们越早了解自己的职业倾向，就能够越少走弯路，为自身的职业发展提供有力的保障。反过来，如果我们不能正确了解自己的职业发展倾向，很可能就会在一次次的择业中迷失自己，而每个人的职业发展黄金期都是有限的，一直在苦苦纠结和不断迷失的人，最终很有可能一事无成、碌碌无为。

那么，我们要如何了解自己的职业倾向呢？

我们可以先做一个简单的测试。在下面的题目中，前十题为A组，后十题为B组。每一题中认为“是”的打1分，认为“否”的则打0分，然后比较两组的分值。

1. 看推理小说时，你是否常在作者揭露答案前就知道哪个人物是“坏人”？

2. 你是否在发信息前会检查一遍？

3. 你是否宁可出去闲逛也不愿待在家里？

4. 看到椅子没有归位，你是否想去将其归位并摆正？

5. 你是否常谈及自己的过去？

6. 你是否宁可读工具书也不愿看小说？

7. 你是否更愿意把少数的事情做好，而不想做更多的事以至于做不好？

8. 你是否喜欢打游戏？

9. 你是否做消费计划？

10. 你是否喜欢研究事物背后的原因？

11. 你是否喜欢一成不变的生活方式？

12. 你是否闲暇时比较喜欢户外运动而不是待在家里打扫卫生？

13. 你是否认为理科不是很难？

14. 你是否喜欢和年轻人在一起？

15. 你能否列出五个你认为关系紧密的朋友？

16. 对于别人的请求，你是否会提供帮助？

17. 你是否喜欢关注细节？

18. 你是否可以快速阅读？

19. 你是否相信“小心谨慎”是对的？

20. 你是否喜欢新朋友、新事物？

测试结果分析：

1. 若A组分值比B组高，表明你是个思维缜密、有耐心、注重细节的人，适合从事谨慎和研究型工作，诸如医生、律师、科学家等。

2. 若B组分数高于A组，则表明你是一个有创新意识，喜欢新想法和新事物的人，你喜欢有人来帮助你实现自己的想法，适合从事顾问、教练、演员等工作。

3. 若A、B两组分值大致相等，则你既能够从大处着眼又可以从小处着手，表明你可以专心处理琐碎的事，同时拥有一定的思维高度和格局，适合教师、商人、艺术家、政治家等工作。

上面只是一个简单的测评，为了帮助自己选出适合自己的职业，对自己有更清晰的认识，我们往往会借助专业的测评工具。相关的测评工具有很多，常用的主要有两种：一个是霍兰德职业兴趣测试；另一个是MBTI职业性格测试。

首先，我们先来看一下霍兰德职业兴趣测试。

霍兰德职业兴趣测试是比较全面、权威的测评工具。这个测评是依据你的兴趣、能力、价值观综合进行的。测评的第一部分是你所喜欢做的事情，即个人兴趣的体现；第二部分是你所擅长和能够胜任的活动，即职业能力的体现；第三部分是你所喜欢的职业，体现的是你的价值观。

约翰·霍兰德是美国约翰·霍普金斯大学心理学教授，他认为职业兴趣与人格类型存在很高的相关性。他把人格分为六种类型，包括研究型（I）、艺术型（A）、社会型（S）、企业型（E）、常规型（C）、现实型（R）。

接下来就各个类型的情况做简要说明。

1. 社会型： 社会型的人比较注意和他人的链接，注重人际关系，喜欢结识新朋友，善于沟通和交流，比较适合从事提供信息、启迪、帮助、培训、开发或心理治疗等工作，如教育工作者、社会工作者以及服务业人员等。

2. 企业型： 此类型的人积极追求个人权力和物质财富，他们具有领导才能并喜欢竞争。他们能够承担较大风险，敢于面对困难，并有自己的远大理想。企业型的人具备经营、管理、组织及领导才能，适合在政府及企业工作。常见职业包括项目经理、业务人员、管理人员、政府部门官员等。

3. 常规型：此类型的人尊重权威和制度，喜欢按章办事，做事细心而有条理，但较为缺乏创造性，不喜欢冒险和竞争。常规型的工作包括一些要求细节、具有系统性和条理性的工作，比如秘书、财务、助理等。

4. 现实型：此类型的人能从事各种操作性强的工作，动手能力强。他们能够独立完成任务，沟通能力偏弱，不善言辞且较为保守。他们有强烈兴趣了解事物是如何运作的，并且能够将手头的事情完成得尽善尽美。常见的职业包括专家、运动员、研究员等。

5. 研究型：此类型的人是思想家而非实干家，他们有较好的格局观，有较强的前瞻性思维，能够突破性思考，但是他们更多关注思考而不是行动。他们理论知识丰富，但是动手能力和意愿都比较弱。研究型的职业包括抽象的、分析的、独立的调研任务工作，要求人员具备抽象分析的才能，并能够进行观察、估测、衡量，形成科学理论，最终完成调研工作。比如科学研究人员、规划师等。

6. 艺术型：此类型的人有比较强的创造力，喜欢个性化的事物，做事追求完美。他们一般具有一定的文学艺术创作才能和独特个性，内心比较敏感，思维比较细腻。艺术型的人有创造力和艺术直觉，他们可以将其能力用于语言、行为、声音、颜色等各种形式，具备一定的创作能力。适合的工作包括艺术家、音乐家、画家、作家等。

每个人都是多种职业兴趣的结合体，这些职业兴趣越相似，相容性越强，在选择职业时所面临的矛盾冲突就会越少。为了更好地理解这种情况，霍兰德将这六种不同的职业兴趣类型分别放置在六边形的一角，相邻的两个类型相同点比较多，相隔的次之，相对的两个类型共同点比较少。因此，我们除了可以通过测评来明确自己的职业兴趣外，也可以通过排除那些自己明显无感的工作，不断缩小范围，最终确定自己职业的大方向。

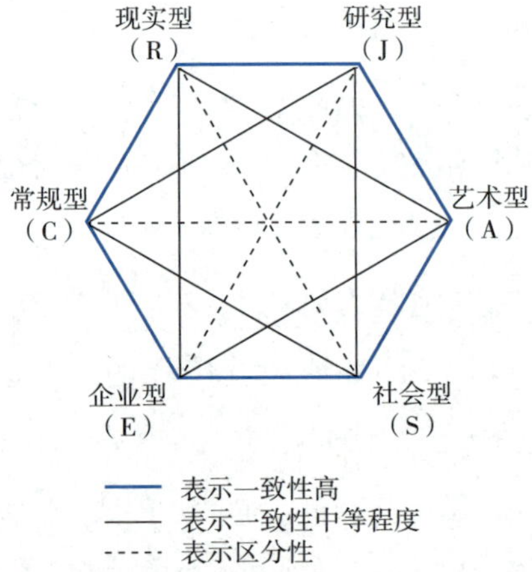

除了霍兰德职业兴趣测评外，另外一个常用的工具是 MBTI 职业性格测试。MBTI 是世界上最流行的性格分类工具，它是以瑞典心理学家荣格的理论为基础，通过进一步丰富完善形成的职业性格测试量表。

MBTI 包含 4 个维度，每个维度的两端就是一种性格倾向，总共 8 种倾向：

外倾（E）和内倾（I）

实感（S）和直觉（N）

思维（T）和情感（F）

判断（J）和知觉（P）

这 8 种倾向根据得分的不同，共有 16 种组合，我们最终的测试结果就是这 16 种组合中的一种，如 ENFJ、INFJ、ESTP、ISTP 等。

这 4 个维度是从不同层面来体现性格特点的。

第一，外倾型还是内倾型。外倾型的人喜欢和人沟通，在与人沟通的过程中能获得能量，喜欢和人交流及分享；而内倾型的人不喜欢和人沟通，喜欢独处，喜欢通过自己思考来获得能量。

第二，实感型还是直觉型。实感型的人通过具体的事物来获取信息，他们以自己看到的、听到的、感触到的事物为基础得出结论；而直觉型的人则喜欢通过抽象的想象、自己的概括及创造来获取信息。

第三，思维型还是情感型。思维型的人会按照规章制度办事，他们不喜欢感情用事；而情感型的人则会更注重人际关系，他们更具同理心，会更多从情感角度来面对和处理事务。

第四，判断型还是知觉型。判断型的人做事情有条不紊，逻辑清晰；而知觉型则比较随性，没有什么计划，顺其自然，即便有计划也不会拘泥于计划中。

尽管测评工具能帮助我们更好地认识自我，但是在职业选择中，个体并非一定要选择与自己职业兴趣或职业性格完全匹配的工作环境。之所以如此，主要有以下两点原因。

第一，我们都是多种性格的结合体，而且性格和偏好都不是一成不变的，很多性格“短板”也可通过练习来弥补，无须被测评结果所束缚。我们在择业过程中，可以参考多种测评工具的结果，来了解自己的兴趣和性格适合什么样的工作，但不必拘泥于此。

第二，影响职业选择的因素有很多，不能完全依据兴趣和性格，还要考虑人生阶段、职业需求和时代发展等因素。因此在选择时，我们常常会做出妥协。当然，如果我们选择的工作与职业兴趣和职业性格相差太远，也可能很难适应，难以获得工作的快乐，甚至会觉得痛苦。很多人在工作一段时间之后，发现自己的性格并不适合当前这份职业，而是更喜欢某某类型的工作，本质上就是这个道理。

值得注意的是，做上述两种测评以及其他专业测评时，为了确保测评的准确性和解读的科学性，建议在专业人员的指导下进行，因为对测评结果的正确理解需要丰富的专业知识，普通人很容易对结果产生误读，从而做出错误的选择。

那么，我们在了解了自己的职业倾向之后要怎么开始行动呢？

下面笔者以自己的职业生涯为例，来拆解后续的行动步骤。总的来说，可以按照以下几步来进行。

第一步，设定目标。我们做任何事情，首先就是设定想要达成的目标，没有目标就很容易随波逐流，迷失方向。这就好像航海一定要有一个目的地一样，否则船是不可能到岸的。

我在大学时就读的是电子工程专业，之所以选这个专业，是因为我在高中阶段物理和数学的成绩较好，并且对电子信息类知识很感兴趣。毕业之后的第一份工作是在一家电子公司的新品设计开发部门工作。每天的工作包括研究市场上的新产品、新科技的应用，再把这些知识运用到电子产品的设计当中。这个过程需要利用电脑进行 CAD 电路设计并进行大量的实验，实验之后把各个部分进行组装并进行样机测试，直至可以成品出样并大规模生产。

在做这份工作的两年当中，我渐渐发现自己更喜欢做调研工作，调研工作可以学习大量新的知识，并在市场上找寻有关的产品并进行拆解学习，而这个过程中需要和人打交道。虽然我当时并没有做过任何职业倾向测试，但是我知道自己喜欢和人打交道，而不是和机器打交道，喜欢市场调研多过面对电脑进行电路设计。因此，我给自己做的职业规划就是从一个技术人员向销售人员转变，进而向职业经理人方向发展。这其中的原因既包括自己的兴趣爱好，也包括对于薪资的追求。同时，我发现很多管理人员都是从财务和销售开始做起的，财务有一定的门槛，相对来说销售人员门槛低，主要需要外向的、有较强沟通能力的人员。因此我将自己的目标写下来，放在床头，并逐步坚定自己的职业发展规划。

第二步，了解相关能力需要。树立了职业发展目标之后，需要做的就是去了解实现这一目标需要的能力和知识。

我大学读的是电子工程类专业，加上在学校期间参加过市场相关的兼职活动，也做过班长、班委等班干部，对于产品、管理、市场、销售有一定的了解。通过自己的观察和学习，对于销售岗位的能力需求有了自己的理解，其中包括沟通能力、销售技巧、产品知识、财务知识。而如果要成为管理人员，则需要在领导力、沟通能力、财务知识、激励、表达、培训等方面进一步提高。通过自己的摸索，以及日常对这些岗位认识的不断积累，我对于职业发展所需要的能力有了明确的认知。

第三步，寻找和目标的差距。在清楚地设定了目标，也清楚地了解达到这一目标需要的能力之后，就可以对比自身的情况来反思中间的差距。这一步非常重要，如果不了解差距，不认真看清自己的现状，就无法弥补这些差距。差距就在那里，关键是我们是否愿意去承认这些差距并弥补差距。

在确定了销售岗位的目标，并了解了销售岗位的能力需求后，我继续做技术人员的工作。但与此同时，我开始主动去参加一些面试，行业没有特别限定。面试包括笔试、面谈，通过这些面试，我对于自己的知识技能差距就有了一定的认知，同时通过面试后人事部门的面试反馈去比较自己和这些岗位的差距。除了参加面试以外，当时还有同事邀请我去参加一些沙龙活动，我也积极参与。这些活动不但可以扩大自己的人脉圈子，也可以锻炼自己的沟通表达能力。这些积累在将来的销售工作中会有不同程度的体现，尤其是面对大众的分享能力就是这一期间锻炼出来的。我之前是一个比较内向的人，而在参加此类活动一年多的时间里，通过不懈的锻炼，公众演讲的能力得到了很大提升。

第四步，设定学习路径。比较有效的学习路径就是通过各种渠道，大量吸收相关理论知识，并努力寻找实践的机会。正如前文所述，我不断地面试，并参加一些社交活动来刻意锻炼自己的沟通能力和表达能力。除此之外，我开始阅读大量关于销售和管理的书籍。那个时候还没有微信公众号，更多的是阅读书籍和杂志。我阅读了大量的余世维和德鲁克的管理书籍，订阅《世界经理人》杂志等，通过大量的阅读掌握了一定的理论知识。在实践方面，我先是在公司内部申请转岗，申请了新品开发部的市场开发人员，严格来说算是售前工程师。这个岗位一方面需要一定的技术能力，同时需要较好的沟通能力，能够和客户进行对话沟通，准确把握客户的需求，从而提供更符合客户需要的产品。经过面试，我得以顺利转岗，开始了售前工程师的锻炼阶段。

第五步，练习及锻炼。设定学习路径之后就是大量的练习。只有通过不断的刻意练习才能提升自己的能力，从而向自己的目标迈进。

我在第一家公司的新品市场部工作一年左右，正好有个世界500强的日本电子企业的销售岗位在招聘，我前去应聘，并因为之前积累的市场知识、沟通能力从1000多名面试者中脱颖而出，从而成为一名正式的销售人员。我从基层的销售岗位开始做起，从最基本的追款、零售商谈判、店面销售、促销人员培训、进销存报表等工作开始操练。虽然做菜鸟的日子非常辛苦，但是也是自己成长最快的阶段。通过不断的训练，一方面快速积累知识、提升能力，同时也逐步调整自己的小目标，并逐渐实现自己的大目标。

第六步，不断复盘和迭代。一边学习一边及时复盘和纠偏，不断从中学习，并对照目标进行调整，甚至有时候目标也是需要微调的。

我在29岁时通过猎头招聘进入另一家世界500强的美国IT企业做销售经理，并继续按照自己的既定计划实施，在33岁成为掌管200人的部门负责人，掌管的业务范围包括整个大中华区及每年约7亿美元销售额的业务，实现了自己成为职业经理人的目标。

总的来说，了解自身的职业倾向对于每个人的职业发展都至关重要，但更重要的在于，知道了职业倾向后如何改善和提升自己，从而不断向职业发展目标靠近。这其中既要考虑自己的能力、性格、兴趣等因素，也需要考虑现实的状况加以调整，依据自己的职业目标，对照自己的现状寻找差距，并在日常工作和生活中总结反思自己，刻意练习，从而不断获得提升。这样一来，职业倾向就好像指南针一样为我们的职业发展指明了道路。

千里之行，始于足下。我们认识到自己的职业倾向之后，需要根据这一倾向去练习并逐渐摸索适合自己的发展道路。逐渐建立自己的“能力圈”和“护城河”，日积月累之后必然会形成自己强有力的职业竞争力，从而为自己人生目标的实现打下良好的基础。

第 14 课 如何选择自己的职业路径

从幼儿园到小学，从小学到初中，从高中到大学……对于大多数人来说，18 岁之前的路径都是清晰而明确的，学生时代的成长路径很少有岔路。但是大学毕业之后，情况就完全不同了。曾经伴你同行的朋友们开始做出各式各样的选择：有的人考研考博走学术道路，有的人考公务员进入体制，有的人进入企业在商海搏击，有的人选择成为自由职业者……在这如迷宫一般的复杂路径中，我们该如何确定自己的发展方向呢？

觥筹交错间，谈笑、吹捧，喝得昏天黑地后，KTV 一顿狂吼，待打车将一位位座上宾送走，回到家后，瘫倒在床，烂醉如泥。这是一个做销售的，买卖成交与否很多时候对他来说就像一场赌博，他能指望的只有让客户玩得尽兴，爽快地答应下来。他的业绩不错，但他不知道这份工作自己还能做多久，也许哪天身体就扛不住了。他也不知道如果不干了，自己还能做什么。

做问卷、访谈、市场调查，研究产品特性，埋头做出逻辑清晰、版式精美的 PPT，在一场会谈中用精彩的解说、完美的演示让在座的潜在客户频频点头。这也是一位做销售的，对他来说，了解客户需求，给出合适的产品配置，是他达成业务目标的途径。下一步，他希望能多学习一些管理、市场方面的知识，转做销售运营，在管理层进一步发展，也许有一天还能拥有自己的公司。

看似相同的工作，进行方式不同，方向不同，即将到达的地方也大相径庭。搞清楚自己是什么样的人，正在做什么，想要做什么，应该做什么，可能成为什么样的人……这些都是一个人在职业发展道路上需要思考和解决的问题。

你可能感觉自己没什么特长，不知道能做些什么；你可能对某项工作很感兴趣，但不知道该怎么开始；你可能对目前的工作驾轻就熟，但却感觉遇到了“职业天花板”，不知道是否应该转岗、跳槽；你可能面对创业热潮心动不已，却又瞻前顾后踟蹰不前……不论是职场菜鸟还是一个公司的中坚力量，都可能在职业发展的不同阶段面临选择。这时候，有点忧患意识，提前做好规划，找到适合自己的职业路径，或许能让你更加从容。

方向，四通八达

一辈子从事一份工作，一步一个脚印等待升迁，如果不能，做个小职员也无妨。这样的“无忧无虑”，对于当下的年轻人来说已然绝迹。兴趣、赚钱、身份、圈子、自我实现……职业目标可谓多种多样；转岗、跳槽、辞职、转行，向上、向内、向左右，还可以向外，职业路径可谓四通八达。

升职、加薪这种向上的路径，或许是提到“职业发展”时许多人最先联想到的。向上是一种传统的职业路径，也是企业内部最普遍、最被鼓励的职业发展方向。一般来说，在企业内部会有明确的上升通道和清晰的晋升条件，员工的职位可以在同部门或相似职责领域阶梯式攀升，从基层员工向中层、高层发展，例如：销售顾问—销售经理助理—销售经理；设计、文案—执行创意总监—创意总监；文员—行政助理—行政主管—行政经理—行政总监等。

在公司内部，每个人都会面临一步步“升级打怪”的考验，业绩、资历等都是考核的标准，级别又与薪酬水平直接相关。在国内许多大型公司内，都会有一套明确的级别标准，每年甚至每季度都会对员工进行考核，新的岗位在任命前也需进行考核，除业务能力、业绩完成情况等硬指标外，还要考察沟通、协调、领导等能力。在如今激烈的竞争环境下，向上似乎是一条没有选择的路，优胜劣汰，不进则退，很少有人能在同一个岗位一直安逸地干下去。

但如果你对管理没有兴趣，就想一门心思钻在喜欢的工作里，那么可以让自己成为更专业的人才，向内发展，让业务、技术能力成为敲门砖。典型的职业路径为初级工程师—中级工程师—高级工程师—专家—高级专家—资深专家—研究员—高级研究员—资深研究员—科学家—资深科学家。

从国内某大型企业对技术人员的分级可以看出，同样是程序员也存在“菜鸟”和“大神”的区别，水平越高，等级越高，待遇自然也越高。教师职称评定、不同领域的工程师考级等也是一种向内的发展，对于这条路上的人来说，不断学习、交流，在专业上不断提升是不二法门。从另一个角度来说，向内也是另一种形式的向上，二者都是企业所鼓励的发展方向。很多时候，这两者也可以是并行的，向上开阔视野，向内精进业务，从而获得更广阔的发展空间。

一位技术部门的研发人员，如果发现自己其实并不喜欢或不适应纯技术岗位，根据公司的相关规定，他可以向相关领导提出申请，转做技术服务、IT 培训等相关岗位或是转向销售岗位。换句话说，当你由于各种主客观原因遭遇职业瓶颈时，可以选择横向职业路径，即向左右发展。转岗，是企业内部为员工提供的另一种机会，它可以是员工主动选择的变化、挑战，也可能是竞争机制下对末位员工的被动“调岗”。在新的岗位上，通过开发员工新的潜能、培养新的能力，让员工找到更适合的发展方向，从而更好地为公司贡献效益。如果企业内部的“左右”无法满足自己的要求，那也许可以考虑跳槽、转行，谋求新的发展。

如果前几种路径都未能如愿，那么还有一种或许不是企业主喜闻乐见的职业路径可以一试，那就是向外——寻求职业之外的发展。喜欢瑜伽的小吴利用业余时间考取了瑜伽师资格证，并在一家健身机构做起了兼职。在她看来，这让她的生活更加充实，未来她也可能辞职，专职从事瑜伽培训，甚至可以自己创业，开个工作室，不仅愉悦了身心，也获得了额外的收入。但由于这种路径的重心不全在本职工作上，因此就要特别注意各方面的平衡，要是捡了芝麻丢了西瓜，那就得不偿失了。

在多元化的社会里，人们的选择也更加多元，职业路径包含但不限于以上这些。在了解了这些基本的路径后，你就有了最起码的解决问题的思路，从而根据你现有的条件和客观环境，来搭建属于你自己的职业阶梯。

为什么你会选择这条路

选择考研还是工作？先工作吧，赚钱养活自己，减轻父母的经济负担。

去一线城市闯一闯，还是留在上大学的二、三线城市，又或者回老家去？一线城市生活成本太高，光房租就够呛，还是算了吧。

是做自己感兴趣的工作，还是选待遇更好的工作？待遇好比较实际，其他的以后再考虑吧。

已经厌倦了目前的工作，该辞职吗？都做了这么久且驾轻就熟了，其他工作可能没那么容易，辞职就会有“空窗期”，不划算吧。

有一个继续深造的机会摆在眼前，但要放弃目前的薪资和岗位，怎么办？不太敢去，万一回来后被“鸠占鹊巢”就糟了。

……

当你在不断地权衡利弊，被各种选择的“性价比”所限制时，为什么身边有的人就能够那么洒脱，毫无顾虑地说干就干，说不干就不干？

一个可能的原因是原生家庭。事实上，原生家庭对一个人的职业选择有着潜移默化的影响。主要可以总结为以下两个方面。

1 硬环境

任何时候，知识、才能、体力等内在因素都是自身发展的决定因素，这点无须多言。但是有一些外在因素是我们无法绕开的，原生家庭就是其一。首先，教育资源的分配存在客观上的不均衡。不论是硬件还是软件，乡村学生和一线城市学生相比确实存在较大差距，想要达到同样的目标，乡村学生需要花费更大的精力。其次，在不同家庭环境下成长的孩子，对于工作价值的判断也会有所不同，衣食无忧的人可能会更加重视自我价值的实现，有养家糊口压力的人则更可能将薪资待遇作为衡量是否从事一份工作的首要标准。当然，也存在“穷人的孩子早当家”的情况，硬件条件的不佳会催生奋发向上的斗志，激励自己前行。

“我从我父亲那儿学到一个道理，所有事情都是生意。所以，我通过努力工作存了一笔钱，我称它为‘去你的’基金，如果拥有这笔钱，当生活中有不顺心的事情发生，或者有人强迫你或者辞退你时，你就可以对他说：‘去你的’。”华裔女影星刘玉玲2013年关于“去你的”基金的访谈内容每一次被“挖”出来都能引爆网络热议，引起人们的共鸣：有钱才能有底气，不论你从事什么工作，你的底气很大程度上来自你的资源储备。在职业发展中同样遵循“经济基础决定上层建筑”的原则，满足了基本的生存所需之后，才更有能力和机会去满足更高层次的需求。经济条件，包括原生家庭带来的，以及自己后天创造的，都可能让你在生活和职业发展中更有主动权。

34岁的娟子是上海一家咨询公司的小主管，还是单身的她在父母的介绍下和一位老家的男士相亲，在一切还算顺利的情况下，男方提出要求，希望她辞职回到老家和他结婚，毕竟男方在老家是一家公司的老板，有车有房，还可以给她提供工作机会，“这样一来一切都更安稳了”。但娟子并不这么认为，在她的规划中，在公司主业之外，她正在和几个合作伙伴筹备一个线上教育平台，开始属于自己的事业。“隐退”回老家不在她的选择范围内，“我不需要依附于谁，也不会被别人的想法左右。”十多年的努力工作、积极合理的理财让她有了数额不小的存款，并在上海购置了属于自己的公寓，这让她可以更好地坚持自己的选择，而不轻易妥协。她说：“不论是跳槽、辞职，还是创业，都应该是出于自己职业发展需求的选择，而不是被‘绑架’所做的决定。”

2 软环境

与物质经济条件等“硬环境”相比，家庭的“软环境”也许更加重要。我们常常听到某个家庭是“教师世家”“艺术世家”，父母的职业真的可能会“遗传”。一般来说，父母是孩子的榜样，在孩子的职业发展中，父母不仅会提供建议和参考，甚至可能产生决定性的影响。Facebook曾利用大数据做过一个研究，其中有不少有趣的现象：一个人的父亲在军队工作，那么这个人入伍的概率是一般人的5倍；父亲从事农业、渔业、林业等行业，子女继承这个行业的概率比总体水平高出了7.6倍。当然，这是相对的概率，事实上绝对百分比并不是那么高，如军人的儿子中只有25%会选择入伍，父亲从事农林业的子女“继承率”只有3%。

“从小耳濡目染，对这个职业相对了解，不论是学习还是就业总感觉有那么一些便利。”小杰高中毕业后上了中国公安大学，就业时也选择了海关，他的父母都在公安机关工作，小杰虽没有复制父母的轨迹，但也没有偏离父母的职业道路。父母职业带来的“便利”既有主观上更多的信息、对相关行业的理解，也有圈子、人脉等可能影响职业发展的客观因素。

当然，父母职业对子女的影响可能是正相关，也可能是负相关。譬如，小时候见多了父母在某某工作的压力下身心疲惫，于是下决心长大后绝对不从事某某工作。

在职业发展中，有时候选择比努力还要重要。尽管原生家庭会在某种程度上限制你的选择，但这种局限也是相对的，它可能影响但并不会决定你的职业发展路径。

父母都是高校教师的月月从小就生活在大学校园里，大学学习外语专业，业余时间还在父亲任教的高校实习，在可以预见的职业路径上，她也会成为一名教师或者公务员，过上父母期待中的安稳日子，但她毕业后却成了一名一度“让父母头疼”的保险销售。“我是一个爱冒险的人，受不了缺乏挑战、一成不变的工作和太安逸的生活。”月月如是说。

一个人的价值观的形成离不开家庭环境的影响，父母的态度、自我选择的自由度等都会或多或少影响一个人在职业发展路径上的选择。比如，在组建新家庭后，家庭与事业的平衡问题也会存在于不同的人生阶段，两者孰轻孰重，如何抉择，都会成为职业路径发展的影响因素。

职业路径不是一条直线

我们有 N 种选择，也就有 N 种顾虑，每一个看起来重要或不重要的因素都可能成为扭转你职业发展的关键。

谈到职业规划、职业发展，或许很多人首先想到就是职业目标。有目标是好事，但有时候过于执着于某条职业路径，反而可能会落入职业陷阱，让我们对其他职业机会视而不见。瞬息万变的世界需要我们能够及时地发现问题，静下心来，好好梳理，目标感和灵活性相结合。当你陷入选择的困境时，不妨试着“大而化小”，问自己一些小问题：

什么样的事情能让你感到兴奋？

哪类工作你想少做些，哪类工作你又想多做些？

你认为自己的优势在哪里？

你可能会有的潜力是什么？

什么样的工作 / 公司 / 领域对你有吸引力？

是什么阻挠或阻碍了你的发展？

你想要和什么样的人一起工作？

如果辞掉工作，你会做一些不同的事情吗？它们是什么？

下一步，你想要取得的成就是什么？

……

在选择职业路径的时候，我们想要的不仅是工作头衔，更是一种工作体验、工作责任以及生活方式。我们都不能确定接下来会发生什么，因为个体的差异性，任何励志故事、成功案例都无法被完全复制。当你无论如何也理不清的时候，大可寻求专业人士的帮助，尽管不存在绝对正确的意见，但可以帮助你打开思路，更好地看清现在和未来。

职业路径并不都是从 A 到 B 的线性直行，可能有弯路、岔路，但并不等于“错路”，因为你的每段经历都有其价值，如果能够更早更清晰地知道自己想去向哪里，路上会有什么障碍，哪些能力、资源能帮助自己，就可以更积极地应对挑战和改变，还可以提前做好准备。与一帆风顺相比，一个人的职业路径更多的是在不断修正中破浪前行。

第 15 课 如何平衡个人兴趣与时代趋势

很多人都希望将兴趣与工作合而为一，这样即使工作再苦再累也会乐在其中，浓厚的兴趣也会让自己把工作做得更好。然而，时代的趋势不以任何人的意志为转移。走出校园之后我们会发现，很多我们感兴趣的事，不是没办法成为职业，就是已经被时代的浪潮所吞噬。比如你十分喜欢写诗，但想要以此为生，在当今这个时代可谓十分困难。如果说时代趋势象征着机遇、财富和价值，那么我们该如何平衡“我喜欢”与“有价值”两者之间的关系呢？

“这是一个最好的时代，也是一个最坏的时代。”《双城记》中的这句名言虽然写于一百多年前，但是用在今天，依然毫不过时。

我们常常能读到这样的文章。例如，一个坚持了自己信仰和爱好的人，长年累月做自己想做的事情，抵御住了外界的压力和干扰，最后在自己的领域里做出了卓著的成果。但是这些案例都有个共同点，就是从业人员的工作类别都比较小众，比如走淳朴乡村路线的李子柒，正是因为与众不同，加上视频效果确实出众，所以收获了许多的忠实观众。如果变成了大众化的职业，这样的坚持是否还能有同样的成果呢？

最近几年，日本出了一位风靡亚洲的整理归纳大师。作为一名家庭主妇，她凭借高超的归纳技巧和讨巧的营销手段，在网络上收获了一大批粉丝，她写的书也大卖特卖，在社交网络上有十分可观的点赞量。家庭妇女那么多，爱整理的日本主妇也不少，爱分享的人也很多，但是真正做到把这个爱好变现的人，可能一只手都数得过来。

再比如，如果一个人最大的爱好是摄影，那么在这个摄影达人比比皆是的时代，想要突出重围，标新立异，打造自己的风格并且得到专业和市场的认可，已经变成非常困难的事情。很多从业者一开始都怀揣着“有风格的独立摄影师”的梦想，最后却成了婚纱影楼的摄影人员，湮没在茫茫人海里谋求生计。

不过，兴趣作为驱动学习和上进的内力，如果碰巧赶上了时代的趋势，那么效果就会无限放大。

小雪是一名美容爱好者，她从青少年时期就喜欢打扮自己，对美妆和护肤都非常有心得。自从毕业以后就进入了美容行业，先是去美容院学习一段时间，最后自己出来单干，开了一家小小的美容店，除了给客户做传统面部美容，也提供美甲、修眉等服务。就这样做了几年，业绩不温不火，算是能够养活自己。但是小雪对美肤美妆的热情并没有消退，依然热爱自己的工作，没有想过要改行。坚持了几年后，小雪发现近年来许多人对微整形和面部微调的需求大大增长，身在美容行业的她提前嗅到了这个气息，所以早早就去进修了关于微整形的一些技术，也投入了一些资金改装店面，引入了一些设备，还和一些正规医院的美容医生签约每周固定时间来做兼职。慢慢地，小雪的回头客越来越多，凭借口口相传，口碑越来越好，用了大约半年的时间就回本了，并在资金不紧张的时候开了早就计划好的几家分店。两三年经营下来，随着市场需求的增长，加上在这个行业试水较早，即便后来竞争者越来越多，但是由于客户基础打得牢固，经营得当，每年的收益颇丰，小雪也顺利地在这座城市站稳脚跟。

小雪的故事其实很平凡，一个年轻的女孩子坚持做自己喜欢的事情，在稳扎稳打的前提下，赶上了中国经济发展腾飞的大势，当人们的物质生活有了质的飞跃以后，对精神方面的需求、形象方面的需求开始变得非常迫切。小雪把握住了这个机会，并通过自己的执着和努力在短时间内实现了相对的财务自由。

然而，如果一味追逐时代的趋势，没有任何内在的坚守，事业的小船也很容易被时代的浪潮掀翻。

小欧十年前毕业于一所普通的大学，虽然学历背景一般，但是他有一个狂热的梦想，就是拥有自己成功的事业。马云是他的偶像，因为马云也不是名校毕业，也不是什么大富大贵出身。当年他毕业的时候，还是笔记本电脑等硬件行业大热的时代，智能手机都还只是概念而已。小欧当然不会错过这个时机，在学校的时候他就鼓捣着帮同学装机配机子，赚了一点点本钱，毕业的时候就在某交易城里开了一个小小的配电脑店面。凭借着同学间互相帮忙以及学弟学妹的支持，他第一年的生意还算可以，和其他刚开始在企业里打拼的同学相比，生活还算滋润。尤其是下半年来了一个给力的单子，大学有个同学在某中学入职做了计算机老师，恰巧遇上学校硬件采购，小欧也通过这个机会分了一小杯羹。经过这么一波行情，他琢磨着扩大规模，招了几个年轻的小弟来店里帮忙，也加大了资金投入，储备了更多库存。可惜好景不长，电子设备日新月异，尤其接下来几年遇上了智能手机的面世和平板电脑的入侵，笔记本电脑和台式机装机设备市场大幅度下滑，小欧的生意越来越差，在营业额大幅度缩水以后，他决定转型。

在家里研究了两个月未来方向以后，小欧决定把电脑装机服务转换成贩卖水货手机。当年正是港版和美版苹果手机最火热的时候，因为价格较低且有些客户需要刷版本，所以一段时间内他的生意十分火爆，颇有点早些年台式机最火热时的光景。他还根据客户的需求，进了一些日本的游戏机，圈了一群年轻铁粉专门来他这里买新机型。可惜好景又不长，在4G

网络大面积推广以后，买水货机的人越来越少，而且安卓手机市场也蚕食了他的生意，而游戏机如 PSP 等都能在更多的正规渠道买到。看着生意日渐下滑，他又琢磨起了挖比特币的事。小欧对赚钱的狂热驱使他每次都紧跟当下的热点，并且疯狂追赶，什么火就追什么，缺乏长远的打算和规划，看似赶上了每一个趋势，却只不过都是趋势中的小小浪尖而已，很快就被时代狠狠地甩开了。

事实上，对于很多在事业上小有成就的人来说，与其说是兴趣使然或追赶潮流，不如说是在当下谋生业务的基础上，利用最新的工具和平台，搭上了时代的顺风车。

卡卡只考上了普通的大专，毕业以后回到了自己位于三线城市的老家。卡卡的舅舅家里经营了一家印刷厂，开了很多年了。依仗着这家厂子，卡卡回去后就开了一家打印喷绘店，帮人设计一些店面门脸、做一些活动的海报。他找了个当地的媳妇，两个人一起经营这家小店。他们也尝试着开分店，头两年还到一个二线城市考察了一段时间，租了一个沿街的二楼店面当办公室。筹备了半年发现业务推广受阻，赚不到什么钱，所以就放弃了扩张的想法，一心一意经营老家这个店面。对卡卡来说，做印刷设计也谈不上是兴趣，只是因为家里有这个资源，自己学历又不好，去大城市也找不到什么好工作，自己所在的三线小城更是没什么机会，索性就以此谋生了。

某天，卡卡的媳妇琢磨着在淘宝网开个店，觉得如果能在线接一些单子也不错，反正也不需要多大的投入，抱着能多一单是一单的想法就把网店注册了下来。没曾想，网店注册没多久以后订单量竟然自己就多了起来，常常有客户咨询业务。卡卡手底下有几个会设计的小工，也同时做起了网店客服的工作。没过半年，订单量暴增，因为流量变大，网站也给予了更大的流量端口，霎时间订单如雪花般飘过来。接下来几年，他不断地扩大设计小工的规模，也有了更专业的客服团队，他甚至说服了好几个同学入伙，手把手教他们开店，帮忙培训小工。外人问他难道不怕被竞争对手抢客户吗？卡卡说，就是因为拉了同学入伙，形成了产业链，在网站上只要一搜索他们这个业务，出来的网店全部都是这个城市的，形成了一定的规模就会吸引更多的客户专门找这个地区的，从而把名气打起来。还有一个关键，正因为印刷卡片、名片等终究是小业务，大的金融投资机构看不上，小作坊已经做不过他们了，所以基本没有什么外部竞争对手。当然，他自己的网店因为经营久、规模大，算是这里的龙头，所以他根本不怕本地竞争。渐渐地，因为培训了多家网店开业，同时掌握了如何引流、如何培训、如何提高销售点击等技能，他开始做培训业务，也被另一个大培训机构邀请去做了几场培训。从兢兢业业做本地作坊，到现在发家致富，他算是赶上了时代趋势的一个大利好。对他来说，兴趣无从谈起，但是时代机会却无比珍贵。

尽管把握住时代的趋势和机遇能给人带来良好的物质回报，但也并不是每个人都能从“弄潮儿”的身份中获得幸福感和满足感。

那边，人近中年的小陈最近陷入了工作上的焦虑和挣扎。他是一个幸运儿，自小读书成绩就不错，后来顺风顺水地考入了理想中的大学。但是因为在高考时缺乏长辈的指点，自己的家庭出身也一般，父母没有什么文化，不像有一些同学的父母要么是高知分子，要么有类似于电力烟草职工这样的背景，能够根据孩子的兴趣为孩子的前途指点一二。他高考完填报志愿，虽然分数不错，也有理想的学校，但是不知道自己真正热爱的是什么，于是就选了自己高中时成绩还可以的数学专业。大学毕业后，小陈进入了一个待遇不错的大厂做算法工程师。这几年信息技术飞速发展，他也算是赶上了这波行情，虽然平时加班累，但是收入也高，对于他这种农村出生的乡娃娃也算是实现了阶级的跨越。

可是工作了几年以后，小陈慢慢觉得乏味，每天面对的那些冷冰冰的数据无法激发他的工作热情，他的内心其实更渴望和活生生的人打交道。他曾经在大学的时候组织过一次活动，自己亲力亲为，还做了主持人，那次活动的成功给他的内心带来了巨大的愉悦感和成就感。工作了这些年以后，找回当年那种感觉的想法越发强烈，好几次他都有放下手中工作的冲动，他想逃离现有的环境，去追寻内心的声音。渐渐地，工作上也有了倦怠感，没有了新人的那股热情，还被上司点名过一两次。尤其最近闹得轰轰烈烈的某大厂裁员事件让他突然有了危机感，是继续在这里做着让自己心生乏味的工作呢，还是狠下心去做自己喜欢做的事情？作为一个算法工程师，在人工智能、机器人领域都有很好的发展前景，但是从业了快十年才发现这并不是自己梦想中的工作，而且在厌倦、动力缺失的情况下，他也基本没有机会继续升职了。他迷茫了，是追随时代的发展趋势继续自己这份看似有竞争力实则是螺丝钉的职业，还是遵循内心的声音去做自己喜欢做的事情呢？

像小陈这样，在工作了几年之后，卡在“有前途的工作”和“自己想做的事”之间的人其实非常多， 他们没能很好地处理兴趣与工作之间的关系。事实上，兴趣并不一定要成为工作，有时候，让兴趣更纯粹一些其实是更明智的选择。

P小姐曾经在意大利留学过几年，主修珠宝设计。其间她深深地爱上了咖啡，并且有机会接触到很全面的咖啡文化。她利用课余时间学习各种与咖啡相关的知识，还参加了好多次咖啡文化沙龙。回国以后，她顺理成章地从事了自己学习的珠宝设计方向的工作。而和她一起在意大利留学的朋友K投资了一家较大规模的咖啡馆，主营手冲和特色咖啡豆，走的是较高端的路线。K知道P小姐喜欢咖啡文化，想拉P小姐一起创业，结果却被拒绝了。P小姐的态度很确定：自己虽然热爱咖啡文化，也学习了非常专业的知识，甚至还参加过品鉴咖啡、拉花比赛等，并且取得了不错的成绩，但是在她看来，喜欢咖啡的人太多了，自己开一家店，除了技能以外，经营能力和运气都很重要，与之相比，珠宝设计更适合她拿来做长久的事业。因为热爱咖啡，她甚至把咖啡相关的一些理念融入耳环和手链的设计中，反响相当不错，还被大牌杂志借去拍照。P小姐虽然热爱咖啡文化，但是没有盲目地投入当下开咖啡厅热潮中，而是让兴趣为事业锦上添花。

看了上面这些例子，大家觉得是兴趣更重要，还是时代的趋势更重要呢？

事实上，这个问题的答案因人而异。每个人情况不同、背景不同、需求不同，选择也就不同，结果也自然会不同。有些人的兴趣或许不一定能够满足当下的生产力需求，但是随着时代发展和个人能力的提升，可能某天会成为挽救失败的一根救命稻草。而时代趋势，是每个人都不应该错过的机会，尤其是当大趋势来临时，可能会给全民生活带来巨大的改变，里面也蕴藏着无穷的机遇。然而，时代变化很快，如果能精准地抓住大趋势而不是短期趋势，才会事半功倍，反之，则可能会让弄潮儿摔得很惨。

兴趣是什么？兴趣之所以是兴趣，其本身就是对人生活的一种贡献，能转化成为生产力固然最好，但是生而为人，假如自己的兴趣没有产出，难道就没有价值了吗？答案当然是否定的。如果你真的有所热爱，那么请坚持你的热爱，它将带给你幸福和快乐，而幸福和快乐才是无价之宝。

从另一个角度来说，即便赶上了时代的趋势，做了最热门的工作，得到了不错的收入，但是以牺牲身体和家庭为代价，加上个人资质一般，很难达到顶尖程度或者内心的目标，只能在大企业扮演一颗螺丝钉的角色，可替代性强，那么也不能算是一种很好的选择。

所以，兴趣和时代趋势这两个要素没有绝对的优劣，它们之间并不是二选一的关系。兴趣是人的内在驱动力，属于内部因素；时代趋势是每一代人都要面对的外部环境的变迁，属于外部因素。这两种因素，既可以取交集，也可以取并集。如果能够结合内外部因素，使兴趣和时代趋势相辅相成，找到二者的交汇点，当然是最好的；即便不能也没关系，让兴趣纯粹地成为精神方面的支撑，让趋势和大潮成为物质方面的来源，依然可以度过平衡而幸福的人生。

总而言之，同学们应该主动了解自己的兴趣方向，同时多读多看，主动了解时代趋势。每个人都是独特的个体，结合自己的具体情况，审时度势，因地制宜，才能给自己规划出最好的路线。

第16课 为什么在选择职业时，不应该过于看重兴趣和性格

随着人们生活水平的提升，年青一代在选择自己的职业时，不仅仅会考虑薪资、福利和工作环境等因素，自己是否喜欢、是否与自身性格契合、是否能发挥自身潜能等因素，也成为很多人选择一份工作的标准。一些家长还会带孩子去做职业兴趣测试和职业性格测试，来帮助孩子找到那份"专属"的职业。然而，过于"随心所欲"，过于依赖兴趣和性格来选择职业，真的有助于一个人的职业发展吗？

请先思考以下两个问题：

问题1：小A在一年之内，换了五份工作，每份工作都是做了两三个月就坚持不下去了。他觉得没意思，那些都不是自己喜欢的工作。他想找到一份自己热爱的事业，并为之奋斗终身。现在问题来了：小A是应该趁年轻多尝试，直到找到自己热爱的工作，还是应该先做好已有的工作，过两年再综合考虑？假如你是小A，你会怎么选？

问题2：小B如愿找到了她喜欢的新闻传媒类工作，但是很快，她就想离职了。原因是她觉得自己性格外向，擅长与人打交道，不擅长做文字表格类的工作，而她喜欢的传媒类工作每天都要写稿。现在小B也有两个选择：她是应该果断离职，去找一份与她的性格匹配的工作，还是应该在原公司继续坚持下去？如果你是小B，你会怎么选？

我们将上面两个问题再引申一下：我们要如何找到钟爱一生，并且与自己的兴趣性格相匹配的职业呢？

答案就是，请放弃这个想法吧。

我们对兴趣的误解

根据心理学上的定义，兴趣是人认识某种事物或从事某种活动的心理倾向，它是以认识和探索外界事物的需要为基础的，是推动人认识事物、探索真理的重要动机。兴趣是上帝之手，它在后面轻轻地推你一把，给你勇气进入奇幻世界，至于你身处其中是否能寻找到宝藏，就不是它考虑的范围了。比如你对音乐感兴趣，看见乐器总想摸一摸，这就是兴趣。但你是不是就一定能成为演奏家呢？不一定。你能否成功靠的是你的能力和一部分运气，兴趣并不会为此买单。有时候，我们为了给自己做不好的工作找一个合理的解释，就让兴趣出来“背黑锅”：因为这份工作不是我喜欢的，所以我才做不好。其实当你投递简历、过滤招聘信息时，你的大脑就已经根据你的兴趣做了一遍筛选，你之所以会进入到现在这个岗位，就因为在现有的能力半径内，对比其他岗位，你对这个岗位更有兴趣。诚然，当你做了自己感兴趣的事情，并且获得积极回馈的时候，你的脑子里会分泌出多巴胺，让你处在一个很愉悦的状态；但是，我们的大脑具有很强的适应能力，有意思的事情反复做，边际效应会迅速降低，愉悦感就会锐减。于是，这件本来很感兴趣的事情就会逐渐内化为一件平常的事情，这就是为什么再喜欢做的事情你天天做也会厌烦，再喜欢听的音乐天天听也会腻。**我们可以遵循内心去做选择，但是不能过于放大兴趣的重要性，甚至把它看成是选择的唯一标准。**兴趣是你注意力集中的前提，因为你对某一件事情感兴趣，所以你会比其他人更先注意到它，并且愿意走近它。但我们要特别注意的是，兴趣虽然会对人的认识和活动产生积极的影响，但却不一定有利于提高工作的质量和效果。我们不能过于美化兴趣，也不能让它背负太多无关的责任。能否胜任一件事，除了兴趣，还与其他因素有关，如努力、毅力、投入的时间和精力等。

兴趣总是笼罩在迷雾中，认知的偏差常常让我们有了一个“假兴趣”。“苹果之父”乔布斯在他经历癌症手术康复之后，在斯坦福大学做了一次公开演讲，分享了他人生中的三个故事。乔布斯的养父是一个优秀的机械工程师，生活在硅谷附近，从小他就有接触电子科技的氛围。但是当时他并不觉得自己的兴趣是电子科技，在大学休学之后，他选择了旁听当时他感兴趣的美术字书法课，认真地研究了不同字体的美感。在艺术灵魂被唤醒之后，他惊叹于简洁之美，又引发了对哲学的兴趣，远赴印度禅修了大半年。按理说，乔布斯应该成为一个艺术家或者哲学家、灵修家才对，但是在兜兜转转之后，乔布斯才发现自己真正热爱的事业，于是创办了苹果公司，并将之定义为能够改变世界的伟大事业。而他之前所有的探索并没有白费，他的艺术美感、对极简主义的追求，成就了后来的iPhone、iMac、iPad等产品。因此，在获得足够的知识之前，我们很难分清哪些是喜欢的，哪些是擅长的，哪些是背后的动机。我们常常被蒙蔽双眼，误以为某些做得好的事情就是兴趣，其实很可能并不是你喜欢这件事情，你只是喜欢被人认同罢了。而在做某些困难的事情时，畏难心理让你放弃了，殊不知若能再往前走几步，你就会发现，这才是你一辈子想要坚持的方向。

我们对性格的误解

在学生时代，我们会遇到各种不同风格的老师。有些老师的授课风格是你比较容易接受的，因此学起来效果倍增。而每次在升入新的年级、进入新的班级时，总会有一些老师的风格是你有些不习惯的，需要花一段时间去适应和接受。但是无论何种风格，只要你花时间去适应，最终都能与老师形成良好的互动。进入职场以后，我们也会遇到不同风格的工作。例如实业和互联网行业有着完全不同的气质，而国企和私企又有着截然不同的文化。我们可能会遇到处事方式不同的上司，遇到价值观迥异的同事，岗位职责也未必都能完全贴合你的性格，就如文中的小B，有着喜欢与人打交道的性格却做着与文字打交道的工作。我们没有办法“定制”一份工作，使一份工作从内容到接触对象都与你的性格相匹配。哪怕你是自由职业者，也依然要面对形形色色的客户。

那我们要怎么解决这种性格不合的矛盾呢？一个字——“忍”。忍到你有足够的业务能力来争取自己的话语权，忍到你凭实力得到大家的尊重，忍到自己能够独当一面，有下属来分担你不喜欢做的工作。著名心理咨询专家郝滨先生认为：“性格可界定为个体思想、情绪、价值观、信念、感知、行为与态度之总称，它确定了我们如何审视自己以及周围的环境。它是不断进化和改变的，是人从降生开始，生活中所经历的一切总和。”性格既受个体生物学因素的影响，同时也是在社会生活中逐渐形成的。**之所以劝你“忍”，是因为性格是可变可塑的，它会随着你阅历的增长而变得更加完善，更加具有包容性。**我们常常把“不适应”，误以为是“不适合”。

小C姑娘厌倦了大城市的束缚，向往大理的无拘无束，于是辞掉工作、卖掉房子，去大理开了一家客栈。客栈的租金加上装修的费用，一下就花了她一半的积蓄。大理旅游淡旺季很明显，有半年的时间是入不敷出的，只能靠积蓄贴补。就这样两年过去，小C的积蓄花光了。无奈之下，她只能转让客栈，重新回到了大城市。两年时间，导致她与职场脱节，原有的优势积累不再，行业的快速发展，也让她错过了很多风口。最关键的是，房价的翻倍，让她无力再重新买一套房了。理想很丰满，现实很骨感。每一次跳槽，诚然会有新的机会，但问题在于，你是否能够客观权衡你放弃原有工作的机会成本。这也许不是A和B的差别，而是A与BCD的差别。

阿里巴巴内部创业团队中，有一支不被看好的团队，他们由几个技术人员组成，做的是营销大数据分析项目。他们资金有限，初创期也无法招募到更多的人，被逼无奈之下，他们每个人都身兼数职，打破各自的认知边界，最终取得了项目的成功。在记者采访项目负责人成功的秘诀时，负责人说："谁说技术人员不能做商务，不能做市场，不能做销售？我们什么都做了，而且做得还很好。"他们做的项目就是现在炙手可热的阿里巴巴旗下数字营销平台——阿里妈妈。他们的成功充分证明了，没有什么工作是只能限定某种性格的，也没有什么性格是只能做某种工作的。一支部队之所以战斗力强，是因为来自天南海北性格迥异的人都放下各自的个性，以共同使命为己任，以服从命令为天职。我们要接受个体的独特性，但也要尊重这个世界与你认知的差异性，求同存异，彼此适应。

职业选择的正确打开方式

不谈兴趣不谈性格，那么当我们谈职业的选择时是在谈些什么？鲁迅先生最早从医，后来弃医从文，是因为他的兴趣从医学变成文学了吗？还是因为他的性格不适合从医，更适合从文呢？其实不然，他做的这些职业选择，都是因为一点，鲁迅先生想要拯救中国人。他先是想要通过从医减轻大家的病痛来实现，后来通过从文拯救人的思想来实现。鲁迅先生的价值观一直都没有变过。**我们讨论职业选择时，讨论的是你的价值观和能力属性的结合，我们必须要不断地澄清、挖掘我们对某件事狂热背后的根本原因：推动我们这么有激情、这么执着的到底是哪个点？**价值观是在成长过程中逐渐形成的，初期你可以通过不断追问自己一些问题来了解自己的价值观，比如你五年后理想的职业状态是怎样的？你为什么想要达到这样的状态？你想通过什么途径来达到理想职业状态？为了达到理想职业态，你现在需要做些什么？

所有职业大体可以分为两类：一类是门槛不高，但实践经验大于知识学习的职业，比如销售、市场、产品、行政，虽然门槛不高，但是想做好必须要有丰富实操经验；另一类是需要大量完整的专业知识积累才能胜任的职业，比如医生、律师、科研这些需要数年的专业训练才能进入的领域。若你想做的职业是第一类，那么不管你是什么性格、有怎样的兴趣，请在你可接触的范围内选择一个岗位，然后开始操练起来。在你做的过程中，你会逐渐发现自己想要的职业状态，以及长期的奋斗目标。这些是在初期规划中无法做到的，你必须先走几步，才能看见更美的风景。若你选择的是第二类职业，那么请做好花大量时间学习、积累大量专业知识的准备，自己选的路，含着泪也要走完。在整个职业生涯中，我们都在与工作一起跳探戈。有些时候是我们跟随，主动适应工作；而有些时候是我们领舞，工作配合我们。**无论是哪种类型的工作，在工作初期，毫无疑问，一定是我们跟随工作，先适应，再发展。**

你喜欢的事情可能很多，但是你真正能够做好的事情却未必有那么多。**比知道自己喜欢什么更重要的是，知道自己能实现什么结果，能做成什么事**。我们将可以将能力分为四个不同的象限，分别是喜欢并且擅长的能力、喜欢但是不擅长的能力、擅长但是不喜欢的能力、不喜欢也不擅长的能力。我们应该重点去发展喜欢并擅长的能力，它是我们实现自己理想职业状态的最佳路径。将擅长但是不喜欢的能力作为我们谋生的第二通道，让它们来解决我们生活的后顾之忧。将喜欢但是还不擅长的能力作为我们的潜在发展区，在有了足够的积累之后，也许能在这一象限发展出斜杠事业。最后，摒弃我们不喜欢、不擅长的能力，聚焦长板，借助外力来补充短板。

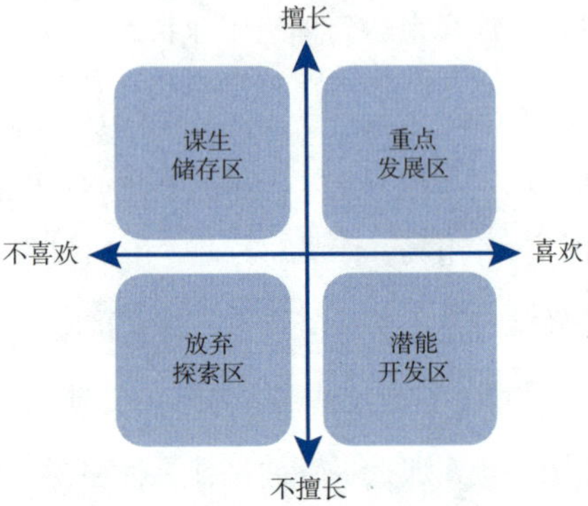

能力四象限图

这个世界没有捷径，若你能够学会苦中作乐，在自己摇摆不定时，适当提醒自己延迟满足，那么终有一日，你将穿过认知的迷雾，真正看清人生的方向。愿你爱你所做，做你所爱。

第17课 怎样才能成为“霸道总裁”

试问：如果一个男演员出道很久，却一直不火怎么办？答曰：让他去演霸道总裁。“霸道总裁”作为一种如今喜闻乐见、本质上却根植于人类基因密码的设定，不但让广大女同胞们收获了各种荧幕“男友”，也让众多男同胞们对“人生赢家”有了更具体的想象。那么，如果想成为一个未来有可能成为霸道总裁的潜力股，现在的你，应该努力修炼哪些方面的能力呢？

“霸道总裁文”是网络小说里经久不衰的一种题材，它既满足了女性对完美伴侣的幻想，也满足了男性对完美形象的憧憬。霸道总裁的典型的人设如下：

他是龙翱集团绝对的一把手，他的每一个决定都影响着市场的走向，在集团里没有一个人不对他感到深深的钦佩，不只是因为他那极大的影响力，更因为他那迷人的人格魅力。

他每天的穿搭永远是那么简朴而不失大气，衣服上的条纹看似简单却无不透露着高度的设计感，没人知道这其中蕴含着设计师多少的灵感结晶。

出入各大重要场合，必要的时候还装一装神秘，有一个非常好的兄弟，还有一群跟在身边的狐朋狗友，但是他清楚地知道每个人的目的，他还有一个爱而未得的女人。

在机缘巧合下遇到女主并发生了肢体接触，他冷静道歉，从容离开。在产生爱情火花后经历各种巧合，各种为女主解围，各种撩，无论是有意还是无意总能让女主心动不已。他对这个女人非常好，可是她却仅仅是因为钱和某种目的而接近他。各种虐心、各种怀疑、各种试探，最终爱上了女主，和女主一起经历了很多苦难，最终女主怀孕，完美大结局。从此，“霸道总裁”回归小家庭，成为“妇男”。

然而对于这种几乎完美的霸道总裁人物设定，现实中的总裁似乎不是很感冒。比较典型的就是陌陌总裁王力之前在微博上发表的一段话：“中国的文学和影视作品普遍对霸道总裁缺乏正确的认识，我以身作则给文艺创作者们提供一个模板。首先，我是货真价实的500多亿市值的上市公司总裁。其次，我是狮子座，非常霸道，性格狂野，连唐岩也不放在眼里。”

他还形容了现实中霸道总裁的样子：“因为业绩压力过大而干枯分叉的头发、因为长期睡眠不足而迷惑无神的双眼、因为过度焦虑紧张而蜡黄起痘的皮肤、因为植物神经紊乱而严重发福的身材、因为疲劳困顿而四仰八叉的坐姿，以及加起来不到300块钱的优衣库T恤和无印良品短裤。”

如果说王力为我们勾勒出了现实中“霸道总裁”外在的样子，那么他们的内在又有怎样的特质呢？有人根据苹果的创始人之一斯蒂芬·沃兹尼亚克在一次演讲中讲述的乔布斯的故事，将成功人士的特质总结为：**心怀梦想、有野心，能够持之以恒地向目标努力，做事专注，独立，有主观能动性，有责任感，勇于反省自己，善于把握机遇，果敢决断，有创新能力，善于用人、与人合作，拥有强大的人格魅力。**

我们可以将上面这段描述更为精练地总结为七大特质：领导力、抗压力、能力、情商、人生追求、运气与气场。有责任感、勇于反省自己其实都可以归结于领导力；心怀梦想、有野心可以归结到人生追求；做事专注、善于把握机遇、果敢决断、有创新力可以归结到能力；善于用人、与人合作可以归结到情商。一个成功人士不一定拥有所有这些特质，但是如果你的目标是成为类似小说里的霸道总裁那样的人的话，这几样特质将是你达到目标的重要条件。接下来我们就讲一讲这些特质的要点。

领导力

为什么第一个说的就是领导力呢？因为领导力是霸道总裁的首要特质，缺少了领导力，“霸道”又何从体现呢？

说到领导力，其实许多人都对此理解不深。很多人将领导力错误地理解为下属对领导毕恭毕敬，在一群人讨论对策时能够“一言堂”等。然而，这并不是真正的领导力，这反而体现了其格局之小。用美国领导力大师马克斯韦尔的话说就是：“如果我必须界定人们对领导力的头号误解的话，那就是认为领导力只是来自一个职位或者头衔。”

那么什么是领导力？对于这个问题，管理学大师彼得·德鲁克曾经有过回答：“领导力不是头衔、特权、职位或金钱，领导力是责任。”

对，是责任。你能扛起多大的责任，能解决多大的问题，你的领导力就有多强。这个要解决的问题不是那种你一个人就可以解决的问题，而是需要你带领大家共同解决的问题。一个真正拥有领导力的人，他可能在公司没有职权，但是他却能够作为一个公司或者一个部门的核心，所有人都听从他的号令。因为在所有人的心中，他是那个可以带领大家迈向更高的台阶、获取更大的利益、攻克难关的人。

因此，想成为霸道总裁，必须要具备的就是领导力，即扛起更大的责任，带领众人解决更大的问题，成为众人的思想核心，带领团队朝着更高的目标迈进，在遭遇困难与危机时，能够动员群众，解决难题。

抗压力

霸道总裁作为一个公司的老大，必须要拥有很强的抗压能力，如果看起来如同一个不堪一击的懦夫，那么他凭什么让众人相信他可以带领大家走向巅峰呢？

压力时常伴随在我们身边，作为霸道总裁，无论公司发生任何事，都能做到“泰山崩于前而色不变，麋鹿兴于左而目不瞬”。问题越是突如其来，越是严重，作为一个团队的核心，越是要沉着镇定面不改色，这样才能给你的团队吃下定心丸，让他们能够用坚定的决心，在你的领导下，去解决危机与困难。

中美贸易战，在华为被美国列入黑名单之后，谷歌、高通、英特尔等各大国际芯片制造商、服务商陆续暂停与华为的商业往来。面对如此高压的态势，作为华为核心领导者的任正非表示华为不害怕，只是把“钢”打得更结实了。这就是核心领导者的抗压能力。所以无论是国家、企业还是一个家庭，作为核心人物，我们要让那些追随我们的人相信，这个危机，我们是可以度过的。

有人说，抗压能力就是很强的心理承受能力，两者有相似之处，但不尽相同。对于抗压能力，我们可以理解为抗压能力是人在面对外界压力的情况下对各类事务的处理能力。其本质还是对各类事务的处理能力，只不过外界环境或者条件不同。例如，在恋爱期间，带着自己心仪的对象回到家中，但是父母不同意。面对这样的压力，最终打破重重困境，达成自己的心愿，与所爱之人步入美好的婚姻生活，这体现的是抗压能力。

心理承受能力是指个体对逆境引起的心理压力和负面情绪的承受与调节的能力，主要强调的是对逆境的适应力、容忍力、耐力的强弱。这就好比我们参加了一场考试，原本以为自己可以得 100 分，但结果却只得了

50 分，自己在心理上产生了一种压力，但是又不得不背负着这种压力继续前行。

所以抗压能力是我们在外界因素的影响下，把自己原本设定的情景改变后，我们还可以一如既往地采取措施，去让事情朝着我们的意愿方向发展；而心理承受能力是我们遭受挫折之后，重拾信念，整理心情，继续前行。

抗压能力作为霸道总裁必备的第二种能力，是他在逆境中领导众人解决困难、绝地求生的法宝。

能力

能力决定了我们能够做什么，决定了我们怎样领导下属，领导得如何。能力的高低决定着我们的绩效，决定着我们对下属的影响力。能力越强，越能做出科学的决策，越能知人善用，充分调动下属的积极性，从而带领组织成员解决遇到的问题，推动组织不断发展。

这里所说的能力，大概可分为九种：科学决策能力、洞察思维能力、沟通协调能力、选人用人能力、大胆授权能力、管理冲突能力、应变创新能力、化解危机能力和统揽驾驭能力。在影视剧中，霸道总裁总是给我们一种可望而不可即的感觉，浑身散发着谜一样的色彩，但是归根结底，是这九大能力作用的结果。无论他们在做着怎样的决策部署，无一不涵盖于这九大能力之中。

情商

情商的重要性是不言而喻的。无论你是不是霸道总裁，日常生活中，我们时时都需要运用情商。总裁作为一个公司的领导核心，他需要做出科学的决策，领导下属，积极应变，所有与工作相关的决定都需要情商作为引线。可以说，情商就是那个穿起糖葫芦的木签。无论是在影视剧还是在小说中，我们可以看到，霸道总裁与一个个想要动摇他公司发展的“坏人们”斗智斗勇时，无一不体现出他作为第一领导人的超高情商。

情商的重点就是感受情绪、控制情绪，这个情绪有自己的也有他人的。说到情商，就不得不说李嘉诚，他的财富帝国有多庞大就不用多说了，他算得上是霸道总裁中的霸道总裁，但是他却让人感受不到有一点架子，无论谁在他那儿都能感受到他对你的重视与尊重。

著名企业家冯仑就讲过他会见李嘉诚时的情景。在和李嘉诚会面的场地，排桌座位按名片抓阄决定，不让人因为座位顺序产生想法。他还会每桌轮坐交谈十五分钟，让人觉得备受尊重。谈完后，他还会跟每个人握手，整个过程都让人感到心里舒适，让人对他的敬意更深一层。高情商正是李嘉诚无往不利的一个重要原因。

人生追求

霸道总裁的人生追求肯定是非常高的，如果他像普通人那样，只想过平平常常的生活，那么他又怎么会成为一个领导者呢？

一个人的追求决定了他能够走多远。拿破仑的名言“不想成为将军的士兵，不是好士兵”如今被用在很多领域，其实就是告诉我们要有人生追求，所谓有了梦想，就有了目标，有了目标，我们才能带领着我们的追随者去攀爬人生巅峰。

我们最熟悉的例子莫过于马云。当初他说“我要改变世界”，后来世界真的因他而改变。

可能大家会说，这句话我也说过，为什么世界没有因我而改变？我想说，其实世界一直在因你而改变，无论是一个多么小的动作，它都在变化着，因为我们，因为你们。你需要做的，就是通过努力，让这种改变变得更明显，创造更大的价值。

所以，人生追求是决定一个霸道总裁眼界高低的重要因素，它决定了你能够带领你的员工飞得多高、多远。然而，人生追求并不是好高骛远，人生追求要建立在资源和能力的基础上。霸道总裁的人生追求是高于现实目标，但能够实现的追求。

运气

运气时常是伴随着努力而存在的。霸道总裁表面上总是走在众人之前，但私下里每天伏案工作到深夜。很多人几乎是住在办公室的，所以运气也时常伴随在他身边。

正如《牛奶可乐经济学》中所说，我们现在所处的这个社会，不管是美国还是中国，大体上都是一个精英社会——人们对于财富和地位的获取不再像历史上那样基本靠家庭出身，而是有机会依靠自己的天赋与努力去获取。不过，如果你认为精英们的成功全是因为他们的天赋和努力那也是不对的，其实成功在很大程度上有运气成分。比如说比尔·盖茨，他的成功很大一部分也是运气造就的。在他退学之际，刚好遇上 IBM 需要个人电脑的操作系统，后来又在因缘际会下获得了创业的第一桶金。在一系列的意外或者说是运气的作用之下，成就了我们现在眼中的世界首富。

但是这并不是说，我们的成功只是依靠运气，运气是我们成功之路上一个偶然的机会，它可以让我们成功，也可以让我们失败。运气常常是与努力相伴的，所以只要我们努力，即使失败九次，哪怕仅有一次运气降临，也会铸就我们的成功。所以说，我们要树立正确的“运气观”。

气场

霸道总裁的气场总给人一种军临城下令人想要俯身膜拜的感觉，那是一种既远离又亲近的无形外在。

气场，在今天具体表现为，我们遇到冲突时，对方并不能强令我们做某事。一切“碾压”本质上都是“说服”的过程。在争论冲突的过程中有两种能力最为关键：一种是说服对方的能力；另一种是不被对方的话术套路影响的能力。这两种能力的有机结合就造就了你的气场。

那么为了提升自己的气场需要具体培养哪些能力呢？具体包括以下六点：少数对抗多数的能力、破除对关系破裂的恐惧、保持适度的偏见、克制下意识的攻击性、对声音的控制、对外在形象的打理。做到这六点，在外人的眼中，我们就是一个拥有气场的人，至少一见面，就会让他人敬畏三分。

在小说中，西装革履是霸道总裁在世人眼中的典型形象，然而让人又爱又怕的气场，并不只是体现在外表，还体现在总裁的言行中。他总是那样的出乎意料，让人捉摸不透，就像宫廷剧中的皇帝。人们常说“君心难测”，总裁类似君王，不能让下属时时揣摩到其真实意图，等事情真相大白之后，下属们会惊叹于霸道总裁的高瞻远瞩，进而紧紧跟随。这就是气场的魅力。

当然，在培养气场的时候切勿走偏，最忌走向高度自恋，否则散发的气质将会是“油腻”。

霸道总裁的养成需要内在与外在的结合，具体的修炼方法，就是不断磨炼上述的七种特质。不过，真正能够把这七种特质融会贯通的人，应该是为数不多的存在，但即便仅仅实现了其中的几种，也大概率会成为一般人眼中的优秀人才、成功人士。

事实上，霸道总裁只是优秀人才的一个具象指代，讲了这么多，不是要让你一定成为霸道总裁，而是希望你要有一颗想要变优秀的心，并了解变优秀的方法。

第 18 课 在快速变化的时代，如何规划自己的未来

很多人都把“不忘初心，方得始终”作为座右铭，鼓励自己不忘昔日的梦想。言下之意，梦想仿佛是恒定不变的，是雷打不动的。然而，随着我们对自己和世界理解的不断深入，随着社会的快速发展，我们常常会发现，曾经脑海中的美好蓝图已然沧海桑田，换了人间。那么在这种快速变化、充满不确定的时代，我们该如何设定目标，又如何规划自己的未来呢？

1992 年，57 岁的黑龙江人蒋开儒毅然放弃了县城文联主席的职位，揣着 2000 元南下深圳。他在报纸上发表了一首小诗：“既要往前走，就别为丢失脚印心碎；既要奔明天，就别为告别昨天流泪。这世界不问你当年勇，只问今天你是谁。是金鹿你就跑，是银燕你就飞，海阔天空想怎么美，你就怎么美。”

后来，他写了一首名为《春天的故事》的歌，献给改革开放的机遇之城，献给即将到达耳顺之年却依然勇敢的自己，献给每一个不断改变、不断尝试的英雄。

条条大路通罗马，每个人的心中都有一个罗马。

成长，是一件极为有趣的事情。躲在温暖的被窝里畅想未来将要经历的一切，是每个年轻人的必修科目。在那些充满了安宁与期望的夜晚，天马行空的少男少女们总是会产生这样的想法：不忘初心，方得始终，既然条条大路通罗马，只要依据我最初的愿望不懈努力，就一定能够到达期望

的未来。

但事实往往是残酷而尖锐的，通往罗马之路并非开阔坦途。换言之，人生是一场漫长的旅途，你无法在最开始的时候就决定你未来将要成为的样子。

急速变化世界中的选择

2019年7月，位列八大投资银行之一的德意志银行在一夜之间解雇了1800名交易员和分析师。毕业于牛津剑桥、哈佛耶鲁的精英们被要求在三个小时内收拾东西离开，伦敦金融城酒吧的早间席位被西装革履的人全部占据。于每一个人来说，经过深思熟虑，不知道在脑中回放过多少遍的未来畅想，可能随着某种突如其来的变化而迅速分崩离析。伴随而来的一定是措手不及和哭笑不得，以及难以避免的迷茫心态。

如今，我们正处于一个急速变化的时代，未来的不可预测性和当下见识的局限性，直接导致了我们在人生初始所规划的图景具有内生的滞后性，即一个人总是难以按照自己一开始的规划过完这一生。21世纪是信息爆炸的时代，技术发展的步伐迈得太快，互联网贯通全球，我们追逐信息时代的溪水，直至它汇成洪流。大数据、人工智能、量子计算等新名词正处于生命周期的最前端，新技术的快速部署极大地改变了我们的生活方式。如果更细致地观察这一问题，每个人都会哑然失笑：在几年间，现代人的日常生活里就已经罕有纸质货币的踪影，而下一个消失的将会是什么？

出生在技术爆炸的快速发展年代，惊喜或阵痛将贯穿我们的一生。根据摩尔定律，当价格不变时，集成电路上可容纳的元器件的数目，约每隔18~24个月便会增加一倍，性能也将提升一倍。换言之，每一单位货币所能买到的技术性能，将每隔18~24个月翻一倍。看得见的自动化机器与看不见的人工智能加剧了行业内外的快速迭代，它们凭借着更加先进的生产力和程序化、智能化的思维方式，以更低的资源消耗高效地完成加倍的工作任务。生产力的发展引发的社会变革将潜移默化地强迫我们修改自己的设想。

纵然从人类群体的宏观角度看待这一问题时，我们会得到积极的结论，但对于生活在社会群体中的个人而言，这些无法忽视的变革永远是把双刃剑：从有利的角度而言，我们的生活质量和工作效率得到显著提高；而这也就意味着技术革新带来的社会变革是不可避免的，当下我们所熟悉的生活和准则都会发生巨大变化。因此，当下见识的局限性使得某个时间点做出的决定可能并不适合未来的自己。换句话说，当下所具有的见识和阅历是有限的，用这些知识根本不足以预测迷雾一般的未来。随着见识的提升，当下的规划在未来甚至会被完全打翻。

要认识这个问题，需要我们回到人与世界沟通的基础机理上来。正如儿童心理学家让·皮亚杰在谈到一个人认知系统的发展过程时指出的那样，作为社会系统的一分子，每一个人都依靠一种名为“同化”的方式来获取周边的信息，从而尝试认识这个世界。这种沟通机制基于一个人已有的认知框架，当一些全新的体验或是不熟悉的事物出现在自己的身边时，一个人将会通过类比自身已有的认知储备，调整既有的知识框架来理解陌生的信息。而这一过程结束之后，我们的认知系统的储备又会得到相应的扩充。也就是说，这些新的信息被同化成了我们自己的一部分，**我们的成长过程就是不断打破旧框架，建立新认知的过程。**

在面对全新的信息时，决定一个人是否能够做出最优选择的因素，除去其自身的态度和行动力，便是这个人当下所具有的认知储备。当这一条件变得压倒性不足时，个体在过去所做出的规划会具有鲜明的不现实性。**比如，离开了学校，却还不知道职场是什么样的大学生，往往会回过头来**

后悔自己当年的专业选择。具体来说，迷茫总是产生在认识框架的被动迭代过程中。这是一种特殊的人生状态，它代表着一个人对自己初心的怀疑，不确定自己的未来是否存在一个结果，甚至不确定自己是否想要一个结果。这是一种普遍而又特殊的状态，往往会导致一个正常人失去信心、变得焦虑并丧失行动力——这恰是我们最想避开的生活状态。

时代是上涨的江水，我们都是两岸的移民。人生本无定式，通往罗马的通衢大道一直在变化，有时候，我们的“初心”会成为微妙的障碍，阻塞我们前进的脚步。我们的固执往往便是我们眼前的海市蜃楼。

人生规划的动态调整

有人说：自由和固守，恰恰如同硬币的两面，当世界的大潮在沉默中滚滚而来时，最先被踩踏的就是那些困守原地的人。的确，虽然属于我们这一代人的变数越来越多，但拘束也越来越少。虽然不再习惯规定好的生活，但我们必须学会如何动态调整我们的选择。

根据数学界泰斗贝尔曼在多阶段决策过程的研究，我们可以了解到，将整个长区间转化为一系列单阶段问题并进行逐步优化的动态规划过程，能够最大限度发挥出整个系统的效率。**也就是说，在人生路上，保持对人生选择的时刻思考并进行不断调整，远胜于一开始就固守“自己未来想要成为什么样的人”这一缥缈的愿景**。在自由与固守的硬币两面，我们必须选择最灵活的处置方式——动态寻找可行的目标，并放弃无谓的坚持。

动态寻找可行的目标是一个丰富而持久的过程，它是我们在整个人生之路上不断发现自己并选择最优道路的过程。只要保持对身边各种选择的思考和甄别，我们的信念和计划自然会随着我们的成长而变得成熟。

动态的人生规划需要注意以下几点。

首先，我们必须知道哪些目标是值得坚持的。一个正确的、值得坚持的目标，需要符合正确的自我认识。只有满足了这一基础条件，我们才能够依据现状设定具有强可行性的目标并为之努力。这需要我们时刻把握自身的价值观，价值观作为我们内心的准绳，是我们进行决策的重要依据。试想，如果一个人所追求的本来是人生的乐趣，那么如果他一味追求权力和荣誉，所付出的时间和精力将会变得低效而无用。被迫朝着不符合自身价值观的目标奋斗是令人不快的，只会产生无穷无尽的痛苦。

其次，将目标付诸行动之前，我们还必须充分了解自身的能力和行为模式。了解自身的能力自不必说，它们是我们决定努力方向的主要参考。而行为模式对于一个人来说是有迹可循的，无论环境或心境发生了怎样的变化，它都会保持一定范围内的稳定性。例如，面对风险的处理方式是趋向于退避三舍还是直接面对，面对巨大挫折时是缓慢恢复还是迅速走出，等等。这一模式由一个人的性格特征决定，与自己行为模式抵触的目标将很难成功。

最后，不要忘记检查目标的可行性，循着错误的目标一意孤行，将会消耗一个人的动力，陷入可悲的自我欺骗中。这样的人往往认为自己超凡脱俗、坚持梦想，但事实上只是在浪费时间。

完美的人是不存在的，没有任何人能够保证自己的选择和行为时刻都保持着合理性。但属于一个人的资源和时间是有限的，所以在现实状况下，放弃无谓的坚持，也是我们在进行人生的动态规划时所必须具有的能力。

坚持，一直以来是一个高尚的名词，绝大多数时候，我们的坚持都能够为我们带来预期的收获。但凡事总有例外，有时候我们也要学会及时止损，学会改弦更张、弃旧求新。时刻把握所坚持事物的反馈，是一个有助于判断去留的好方法。比如，你想成为一名作家，但是你的投稿连连被拒，这或许证明了这并不是一条值得坚守的道路。在收集阶段性反馈时，我们要谨慎地进行筛选，也就是说在我们进行决策分析的时候，不能主观地选择那些达到自己预期的信息，而选择性忽视了违背自己价值观的信息。这也需要我们时刻注意他人的建议和立场，对自己的选择进行修正。

逆境下的坚持是可贵的，但是生活中总是存在无法逾越的逆境，这亦是阻碍我们走向终点的海市蜃楼。名为毅力的坚守有时仅仅代表着徒劳，而基于理智的放弃并不意味着失败——放弃有时候只是为了切换更合理的选择。

无拘更需无惧

人生的随机性带来了无限的可能性，潦草的梦想需要既无拘又扎实的计划和努力。在很多人看来，自己所要迈出的重要一步，就是改变自我拘束的现状，重估一切价值。

但这一步无比艰难，因为主动尝试改变相对于被动面对现状更需要勇气。

身边总有人发出感叹："虽然我知道这样不对，但是我总是改变不了自己。"看似无奈的表述，其实潜藏着深入骨髓的胆怯。**一个人，无论在何时，身处于何种环境，都可以进行改变。**无法改变的理由有且只有一个，因为缺乏改变的勇气和决心。

"跳出舒适圈"是一个老生常谈的话题，因为舒适圈不总是真的舒适，而是在稳定的表面下潜藏着未来可能难以承受的巨大风险。舒适圈中的生活不仅隐藏着危机，更重要的是麻痹人心，使人放弃了时刻的自我修炼，一旦遭遇风险，我们将失去挣扎的力气。

每个人都是天生的理想主义者，时刻向往远方，憧憬自由；但是每个人同时也是天生的现实主义者，即便内心深处有着说走就走的勇气，也在不断考虑着“走得出去还要回得来”这一问题。在这两种思想的交错下，我们需要做的仅仅是倾尽全力，努力生活，无拘更需无惧，做一个现实的理想主义者或者理想的现实主义者。切莫忘记，“历经岁月仍不屈不挠的精神终将带来真正的希望”。勇敢的人们自当怀着热情来承担起生活将要表达的一切。纵使一切都是悬而未决的，我们也必须做出选择。

请牢记，世界在晦明交替中规律运转，每一个长夜都将结束。穿过海市蜃楼，我们才能到达罗马。

不，穿过海市蜃楼，我们终将到达罗马。

第 19 课　人生是一场赛跑，还是一张画布

很多人从上学的那一刻起，就被灌输了这样一种人生脉络：考上一个好大学，找到一份好工作，然后结婚生子，成家立业。一代又一代的学子沿着这条路径前赴后继，竞相追逐，仿佛人生是一场赛跑，我们唯一的目标就是比别人更快抵达终点，取得更好的成绩。一旦中途放弃，或者跑慢了，就会被打上"失败者"的标签；一旦离开跑道，另辟蹊径，就会被定性为"离经叛道"。然而，真实的人生就只有这一种可能吗？

小时候，我们每个人都畅想过自己的未来，关于"理想"的作文在学生时代也写过很多次。现在想想，当初语文老师强迫我们"遇见十年后的自己"，班主任老师让我们在班会上表演"二十年后再相逢"的话剧，这些良苦的用心不都是在让我们思考未来吗？虽然我们在成长过程中，不断地向我们的朋友、长辈描述着自己的未来，但绝大多数人事实上对自己的未来并没有一个清晰的认识。未来这个东西似乎在我们的感知能力之外，够不到，抓不着。未来的我会是什么样的呢？将来要过什么样的生活，成为什么样的人呢？我的理想工作是什么呢？恰同学少年，成长中的你们想必偶尔也会思考这些问题。

未来的颜色

有人希望自己成为发明家，发明一种时空穿梭机，可以去任何他想去的地方；有人希望自己成为一名白衣天使，妙手回春，救死扶伤；有人想成为一名建筑师，将智能的理念融入建筑设计，当一个人走进客厅，会根据他的心情放出他此刻需要的音乐；也有人想成为一个企业家，创建一家私人火箭公司，让那些有着太空梦的人们实现自己的梦想。未来有那么多种选择，可还是有许多人处在焦虑和迷茫中，并不知道自己想要什么样的人生，过着随波逐流、逆来顺受的生活。看见别的同学报了课外班，你低头思考，要不要也报一个，没准靠补习能考个“985”或“211”；看见回母校做分享的学姐考取了中国传媒大学，并且已经在主持界小有成就，你在想：要不我以后也学播音主持，万一我也出名了呢！未来似乎充满了未知和不确定，那么我们又该做些什么来掌控自己的未来呢?

彷徨迷茫的时候，让我们先看看别人的故事吧。日本企业家孙正义在最初创办软银（Soft Bank）的时候，包括孙正义本人在内，公司里面一共才 3 个人，但是他内心一直有着公司未来发展的愿景。一天他突然跳到箱子上，对他的两个同事讲：“我们的公司成立了，它将来一定会成为一家伟大的公司，我们也必定会成为富豪！”这个画面是不是非常熟悉？没错，创建了阿里巴巴集团的马云，当年也是这么给他的 18 位弟兄们勾画未来蓝图的，大家看到了未来才死心塌地跟着他一路走下去。因此，每个人都应该给自己的未来定一个航向。人生就是不断突破舒适圈，不断实现自我的过程。在这个过程中，我们会体验到生命的意义感和自我的价值感。

未来需要我们去设计

美国斯坦福大学是一所世界闻名的高等学府。在这所学校里，有一门非常受学生欢迎的“人生设计课”。这门课的创始人不是生涯规划师，而是两名电脑设计师——前苹果公司员工比尔·博内特（Bill Burnett）和戴夫·伊万斯（Dave Evans）。博内特曾经为苹果笔记本电脑设计出耐用的铰链，戴夫则研发了苹果电脑的第一款鼠标。他们经常受邀为硅谷的员工们讲解设计理念，帮助别人做出具有创意的产品。二人尝试着把这种设计思维运用到自己和客户的人生中。比如，工作中我们在研发新的产品之前，通常需要先做市场调研、项目计划、年度计划，然后再进入研发阶段。按照这个逻辑，我们也可以把自己的人生作为“产品”去认真地设计、开发和执行，并在不同的阶段进行更新和迭代。二人利用这种设计思维帮助很多人找到了生活方向，甚至帮他们做出了重大的人生决策。

博内特和伊万斯认为，“人生并不存在唯一的最优解，人生也不可能被完美规划”，但是在生命成长的过程中，每个人都需要利用设计的思维模式，通过不断向内觉察自己，向外了解世界，找到自己的生活目标，并努力为自己创造更多的可能性，通过刻意的修行练习学会控制自己的情绪和情感，加强辨别能力，获得内在的自我成长。当然，这需要我们在生活中保持好奇心并敢于不断尝试，遇到阻碍时能重新定义问题，积极寻找解决方案，然后专注地走下去。

2019 年大火的一部动画电影《哪吒之魔童降世》在刷新着各种票房纪录的同时，也刷新着我们对命运、对理想的认知。除了影片中的主人公哪吒“逆天改命”的精神外，本片导演饺子本人对生命的认识，对人生、对未来的思考以及他的“改命”过程也值得我们学习。饺子导演从小酷爱绘画，但是 2000 年高考填报志愿时，他放弃了梦想选择了生存，他报考了四川省著名的华西医科大学药学院。药学一直是一个热门专业，毕业后不愁找工作，但是饺子依然感到迷茫。他的生命似乎在等待某个时机的到来。

2002年，上大三的饺子接触到了Maya软件，他心中梦想的火花又开始燃烧起来。回忆起当年陪他走过枯燥的高中生活的漫画，他内心又掀起了波澜。“拿着‘医生’这张保险单，我并没有踏实稳妥的感觉，相反我隐隐感到憋闷，有东西在跳，有火在烧，仿佛一头猪在地震来临前想要拱圈。它不知道是什么将要来临，但就是浑身不对劲。”站在人生的十字路口，饺子导演开始思考当下和未来。经过一番理性分析和市场调研后，他重新设计了自己的人生——他决定弃医学动画。这一选择可谓是破釜沉舟、背水一战，用他的话说：“不成功便成仁。”这里我们需要格外留意的是，作为自己人生的设计师，饺子并不是一时兴起、心血来潮就开干了，而是通过各种渠道和资源调查和打探动画行业的真实情况。他最后确认：CG动画行业的市场需求缺口不小！

2002年，CG影视动画在沿海地区已经发展得相当之快，单是很多游戏公司和建筑景观公司外包出来的建筑动画和人物建模，利润就已经比较丰厚了，更不用说完整的商业项目。他也知道自己毕业后面临找工作的问题，知道在这行找工作的门道就是看作品。于是他在大四的时候，利用假期时间，自学软件创作了一部作品。看作品说话的时代一直存在，因为提前准备好了作品，饺子才得以顺利入行。

饺子导演对自己人生的重新设计无疑是成功的，今天的他已经成为国产动漫领域的著名导演。所以对待自己的未来，我们需要有设计者的心态。当我们设定的目标我们用尽全力仍无法到达时，我们需要检验在目标设定环节是否出问题了，是否是由于对事物和自身了解的不全面，导致设定了不可能完成的目标。如果确实如此，就该先破后立，重新设计。**每个人都在不断地成长与变化，根据个人的现实情况和实践中的试错，进行个人目**

标和前行方向的调整，保持生活的弹性，比起不忘初心，或许是更好的选择。 当我们拥有了设计人生的理念后，我们该如何去设计自己的人生？需要考虑哪些角度？如何确定我们的设计是最适合自己的呢？

斯坦福大学人生设计课中介绍的设计思维有五个核心要素：好奇心、努力实践、重新定义、专注和深度合作。你可以利用它们设计生命中的一切，包括你的生活目标、你的工作路线。虽然预测未来是不可能的，但是我们可以设计未来并朝着这个方向前进。

饺子导演是如何找到他的人生方向的呢？饺子初次接触动画是在大三的时候。那一刻，就好像在人群中看到了自己的心上人一样，仅仅是那么一眼就让他动心了，于是他在内心深处悄悄许下了一个愿望：将来我要做动画。这就是兴趣的力量。饺子的这些想法，在普通人看来可能是不干正事、不走正道。兴趣能够当饭吃吗？兴趣可以抵得上自己四年的学医资历吗？踏踏实实地当个医生，也许才是正道。但是当你所选择的事业符合自己的兴趣时，你会发现自己会真心地投入其中，去创新、去奋斗，即使每天加班加点也不会感觉枯燥。当然了，光有兴趣和爱好显然是不够的，因为任何一份工作和事业都不是好玩的，都会有煎熬和忍耐的时候，此时你就要学习饺子导演那股坚持与迎难而上的精神了，如果动不动就放弃，那么你永远都不会有出头之日。

你的生命有什么可能

人生从来都不是一条道走到黑，我们会遇到很多种可能，会遇到很多个意想不到的岔路口。也许你是学习工科的，但是这也不妨碍你当个美妆博主；也许你已经事业有成，但是这也不阻碍你学习深造；也许你在学业上没有天赋，但是这也不代表你一无所成。随着我们不断地成长、成熟，自己的能力视野不断改变，我们会发现许许多多可能适合自己的选择。**斯坦福大学人生设计课会让学生写出未来五年的三个版本的人生计划**。有多种方案的人生，就不会遇到只有一条路可走的情况，思维也会更加开阔，生活也有了更多的期待和更多的可能性。最佳的人生状态是：发现很多适合自己的选择，并且决定从某个选择开始先试试看。

我们一起来看一个关于未来的故事吧。故事的主人公是深圳大学优秀毕业生曾镜锵，他在大学期间获得了广告学、经济学双学位，并连续四年获得学业奖学金。毕业后，他成为深圳市人人壮科技有限公司的创始人。也许是因为家庭有经商背景，他从小的目标就是成为一名商人。最开始曾镜锵的专业是广告学，**当他把广告专业所有未来的职业思考一遍后，发现没有自己真正想从事的工作，便决定辅修经济学，让自己的未来多一条路。**修双学位确实是一件很辛苦的事情，最悲惨的就是考试周的时候，室友都回家了或者实习找工作了，曾镜锵依然一个人在宿舍背书。平时课表很满，考试的那一周更是从早到晚都在考试。他说在那一周他每天大概只睡两三个小时。等修完双学位再次对职业前途进行规划的时候，他又发现：我不想从事本科毕业后的那些工作，这条路太传统，我以后想创业，不过现在还需要读研究生提升一下自己。

在权衡比较了香港和内地研究生的情况后，他决定去香港读研。为了去香港读研，他需要考雅思。曾镜锵并没有像大多数人那样选择报班学习，而是自己准备了一整个学期，把剑桥雅思的11套真题完完整整地做了5遍，还认真看了一遍答案。在香港理工大学读研期间，他的英语能力大幅提高，为以后的国际性交流奠定了良好的基础。后来，他开启了自己的创业道路，成立了"人人壮（健康盒子）"，实现了他的创业梦想。

曾镜锵虽然最开始就确定自己要做企业家，但是他也是在探索中前行，踏实地考虑自己专业的未来，考虑毕业后的前景，为自己的未来多准备了一条路，并一步一步坚定地走下去。事实上，不骄不躁，多走几步，并不会算浪费时间，因为人生中没有白走的路。当我们每个人对当下的自己有了清晰的认知，对外部世界做了充分的调研时，我们才能理性地设计自己的未来，在今后的生活和工作的抉择中，做到扬长避短，充分发挥自己的优势能力。

讲到这里，未来人生的神秘感似乎已经揭开了面纱。我们不必执着于预测未来，当我们拥有了设计人生的思维时，未来就已经掌握在我们的手里了。**你的人生不可能只有一种活法，你可以对自己的未来进行多次设计，所有设计的目的都是为了打造一种充满创造性、具有无限希望和意义的生命之旅**。相信同学们都能找到自己的指南针，设计好自己的人生蓝图，坚定地走下去，活出你想要的样子！

Chapter 03

主动思考专业

第20课 理科生和文科生，谁的明天更美好

很多人面临的人生第一次重大选择就是高中文理分科，由此而来的关于文科生和理科生的讨论也绵绵不绝。随着新高考的逐步推行，文理壁垒将被打破，选科制将逐渐成为主流。饶是如此，在大学阶段，学生依然要面临着人文科学、社会科学和理论科学、工程技术科学的专业选择，本质上依然是文理之间的抉择。那么在当今这个快速变化的时代，学文科和学理科，哪一种选择未来会有更好的发展呢？

文科简单，读理科的比较聪明！

理科学不好，所以选文科吧！

文科太简单无趣了，不就是背书背书再背书吗？

选理科吧，选择更多，机会更大，更有前途！

选文科吧，将来稳当点！

……

选文科还是选理科？似乎成了高中生必须面对的一大“亘古难题”。在文理分科的高考制度下，许多人做的人生第一个重大选择，便是文理之分。向左走还是向右走？犯了选择困难症的纠结分子，多希望此时能有一顶“分院帽”来决定去向，但很可惜，高中不是霍格沃茨魔法学院，没有人能替你做决定。

理科生的“骄傲”

大学专业分文理，高考也分文理，文理分科由来已久。尽管从2017年起，上海和浙江开始尝试取消文理分科，并且随着高考改革的不断推进，文理科之间的鸿沟似乎也在慢慢变小，但就大部分地区的现状而言，不论是高中教育、高考制度还是高等院校的专业，确实都存在文理之分。即便是在新高考“3+3”的模式下，也依然存在“偏文”与“偏理”的选科组合，而部分省份的“3+1+2”模式，要求必须物理和历史二选一，很大程度上也是一种对文理倾向的划分。

对于文科、理科的区别和选择，一直存在着不同程度的刻板印象，钱钟书先生在《围城》里描述过高校学科鄙视链：理科学生瞧不起文科学生，外国语文系学生瞧不起中国文学系学生，中国文学系学生瞧不起哲学系学生，哲学系学生瞧不起社会学系学生，社会学系学生瞧不起教育系学生……类似的偏见到现在还或多或少存在于一部分人的认识里。

那么理科生的“优越感”从何而来？

有人说，从人口基数上，理科就完胜文科，尽管每个学校略有不同，但普遍来说，在一所高中里，同年级理科班在数量上占绝对优势。再看看高考志愿的填报选项，理科生可选的院校、专业是“大部头著作”，文科生的选择则是“小册子”，一些偏文科的专业，理科生也可以报考，但理工科专业的大门则对文科生紧闭。大学校园里，理科生们上课、做实验、做项目、搞竞赛、写论文忙得不亦乐乎，文科生们的课程则给人“没干货、好逃课、容易过”的印象，不少院校里坊间流传的“N大闲系”大都是人文社科类专业。

“你的文科成绩那么好，实科成绩不好，为什么还选择实科？”

“我不知道，我只知道……最好的学生都在实科。”

电影《无问西东》中就读于清华大学的吴岭澜也曾陷入这样的迷思，这也是长期以来人们对文科生、理科生的误解之一：理科生更聪明，能够攻克数字、几何、各种方程式，文科生则靠死记硬背，不灵活。

大学毕业要找工作了，依然是理科生路子多。俗话说得好，“学好数理化，走遍天下都不怕”，虽然这句话有一定的时代局限性，但现在看来似乎也不假。吃的、穿的、用的、住的，人们赖以生存的各个生产线的基石都是理科生的技术成果，想要拥有更好的，也得靠技术来革新。金融、医学、建筑、电子、人工智能……理科生们活跃的领域不仅选择范围大，看起来也高大上、高精尖。而文科生则多在行政、销售、管理、语言等领域，通常来说，入门工资也相对理科生较低。

都说未来是人工智能的天下，“智能”靠的是什么？不就是理科生们的代码、运算吗？所以很多人认为，科技是第一生产力，舍理科生其谁？未来是属于“程序猿”的。理工科类的工作岗位不仅比人文社科类的多，还会不断增加、细化，教育资源更偏向理科生也是时代所需。

文科生的“逆袭”

照这么说，理科生真的比文科生有更好的发展？文科生有可能走入穷途末路吗？

从职业生涯的角度来说，确实存在理科生的入门工资高于文科生的现象。但另一方面，在工作十年、二十年后，这个差距不仅逐渐缩小，而且往往出现文科生岗位、待遇普遍高于理科生的情况。有人从经济学角度分析认为，理工科学生的知识专业性更强，在讲求实战而非经验的入门、技术性岗位上更占优势。而文科相应的岗位往往需要经验也更具复杂性，善于学习的文科生能快速成长，在工作中积累经验，适应不同挑战，职业生涯也可能更长。

不仅如此，在另一波人看来，文科生才是世界的未来。

美国纪实作家乔治·安德斯在2017年出版的《你可以做任何工作："无用的"自由技艺的惊人力量》（*You Can Do Anything: The Surprising Power of a "Useless" Liberal Arts Education*），也被译为"人文学科的逆袭"。在这本书里，作者试图阐释的观点可以概况为：在这个看似由科学技术主导的世界里，最被渴求的其实是文科人才，在大数据时代，更需要人文素养。也就是说，文科生可能更容易找到好工作。

乔治·安德斯在书中指出，真正的文科思维是"自由技艺"。顾名思义，"自由技艺"是相对于"固定技艺"而言。固定技艺是针对某一问题的解决方法，多具有技术性，是可以有标准答案的，譬如某个化学、生物等领域技术难题的攻关。而自由技艺是针对复杂问题的解决方案，通常更加灵活、没有标准，看起来"无用"。这和许多人固有印象中的"学哲学有什么用""学历史有什么用"等观念倒也贴合。只不过，无用之技艺往往最有用。看看中外历史上那些纵横捭阖的政治家、思想家就知道，关键时候靠的还是"无形"之招。当然，这首先建立在真正理解文科思维的基础上，而不是简单的文科硬知识。政治、历史、社会，学习这些文科类学科的究极目的是透过现象看到复杂事物背后的联系和本质。

自由技艺即便是在科技领域也有用武之地。你或许不知道，像IBM这样典型的技术驱动的企业，也聘请了许多文科领域的人才，譬如社会学家。这样的人在一个IT企业能做什么？他们可以帮助人们更好地理解和运用科技，解决技术在社会大环境下可能面临的复杂问题。举个最简单的例子，在大数据时代，"猜你喜欢"等信息的推送不仅仅是运算的结果，也是心理学、社会行为学等对用户心理、行为等分析的结果。

科技是一把双刃剑。一个新科技产品的诞生，不仅要考虑它带来的技术性革新，更要考虑背后潜在的社会影响。大数据带来便捷的背后是用户信息的安全隐患，网络自由的另一面可能是网络暴力带来的伤害。每一次在新需求呼唤下产生的新技术，也可能带来新的问题，很多时候还涉及社会道德层面。人类创造的所有科技产品和服务，都应该服务于人，那些已经存在或是在影视、文学作品中所“预见”的，人和人工智能之间可能存在的冲突和矛盾，也将是社会学、人类学等学科需要面临和解决的关键问题。

《时代》周刊曾发文称，如果只有呆板的理工科思维，那么带来的后果将是短视的创造，这也要求所有重视社会道德的科技公司聘用一些具有人文社科知识背景的人才。事实上不论中外，不少 IT 界大佬本身就有着文科相关背景。苹果公司创始人乔布斯在瑞德学院时修读了许多与哲学、心理学、书法有关的课程；曾担任惠普公司 CEO 的卡莉·菲奥莉娜的大学专业是历史；Pinterest 的联合创始人本·希伯尔曼在耶鲁大学时学的是政治学；阿里巴巴创始人马云大学读的是英语专业；美图公司创始人兼 CEO 吴欣鸿曾经在中国美术学院学习……

更普遍的现实是，文科生可能比理科生更容易融入高科技公司的环境。根据领英的数据显示，越来越多的文科毕业生进入高科技公司，从事的工作包括但不限于销售、市场、软件开发、项目经理、客户服务、公司公关、IT 支持、咨询、商务策划师和人力资源。

不仅如此，在 2017 年，BBC 基于剑桥大学的数据体系分析了 365 种职业在未来被 AI 淘汰的概率，其中 IT 工程师被淘汰概率高达 58.3%，而概率最小的三个职业分别是教师、心理医生、酒店管理者，这些领域里往往有文科生的大半壁江山。跨领域推理、抽象能力、审美、情感……这些 AI 的短板往往是文科生所擅长的。

有数据显示，从 2012 年到 2016 年，美国创造了超过 1000 万个新增岗位，其中与互联网、计算机有关系的只有不到 10%，剩下 90% 的岗位大部分都和文科有关系，譬如咨询、教育、娱乐业等，其中“市场研究员”四年内新增了55万个就业岗位，它们的共同特点是需要和人打交道。

可以说，理科生们创造了现在以及未来人工智能社会的基石，而未来的世界将十分看重说故事的能力、沟通的能力、解决问题的能力、综观全貌的能力。相对而言，这些是文科训练更加重视的方面。

能文能理才是王道

文科、理科，孰强孰弱？这不是一个能轻易辩清的话题。所谓文理分科，某种程度上来说是一个伪命题。文理并不能分类所有的知识，很多学科也没有办法用文理来区分，如地理在长期的高考文理分科中被划为文科，但在大学学科体系里，却属于理科；历史大概可以明确为文科，但考古学却依赖生物、化学、物理等诸多理科知识和技术手段；经济学离不开数据、计算，但也依赖文史学科对社会、人类、历史、心理等各方面的研究；建筑学带着数理的严谨，也有人文、艺术的美感……

从长远来说，不分文理是大趋势。我们谈论文理，更多谈的应该是思维上的差别，而不是学科上的。那么两种思维到底有什么不同？

有这样一个有趣的段子，一个文科男生问一个理科女生：“这位美丽的姑娘，你是什么座的？”

女生回答：“细胞做的。”

这个例子虽然简单粗暴，却也能反映普遍观念中的文理差别：理科生偏理性，文科生偏感性；理科生偏向左脑思维，强调连续性、延续性、分析性，看问题更直接、理性，重视结果；文科生偏向右脑思维，偏向无序性、跳跃性、直觉性，容易“感情用事”，同时也更重视思辨。

很难说哪种思维在解决问题时更有优势，也没有限制说一个人只能有一种思维方式。未来社会的发展既需要专业知识、技术的支撑，也需要人际、情感等的维系；既需要缜密、严谨，也需要思辨、发散。

事实上，任何人都是文理兼备的，只不过长期在特定知识体系的训练下，某种思维方式占据了上风。真正优秀的人才，往往是综合型人才，他们的学科素养并不停留在知识层面，而是能够掌握这些学科背后的观察、思考、判断的方式。真正重要的不是你掌握什么样的知识，拥有什么样的技能，而是你如何思考，能否一针见血地发现、解决关键问题。这就需要我们去培养和锻炼探索新事物、获得洞见、选择和决断、理解他人、影响他人的能力。

当然，希望每个人都成为文理全才有点不切实际，但至少，我们每一个人都可以对文科、理科更加包容，不排斥任何学习的机会。埋头解题、做实验之余，别忘了欣赏文学、艺术来调剂一番，醉心文史哲也不耽误探索自然和宇宙的奥秘。文科生懂点技术，理科生了解点文史，不仅为未来增添更多筹码，生活也可以变得更加有趣。

对于年轻人而言，未来充满无限可能，高中选的文理科，不代表以后就从事某一方面的工作。文理的选择应该建立在充分了解自己的基础上，根据自己的特点做决定，而不要被所谓的“前途”所左右。

在实际操作层面，首先要看的是兴趣，它能成为你最好的老师，驱动你学习探究知识。一个人很难在毫无兴趣甚至反感的领域有所成就。其次，还需要从性格、能力等各方面判断自己是否合适。相对而言，阅读、理解、记忆能力强的人，学文科有优势；而对数字敏感、逻辑能力强的人，可以更好地驾驭理科。如果你能够较早地明确未来想从事的工作，那么文理方向选择只是配合规划的一小步。

高考取消文理分科，或早或晚终会实现，你也许就是“最后一批文科生 / 理科生”。庆幸抑或焦虑都是没有必要的，打破文理的壁垒不应是社会口号，更重要的是自身的觉悟和身体力行。

第21课 学文科可以去科技公司上班吗

随着科技越发深刻地改变着我们的生活，很多国内外的科技公司正站在时代的风口浪尖。振奋人心的愿景、巨大的发展潜力、优厚的薪资待遇、开放多元的文化，都让这些科技公司成为许多大学毕业生的就业首选。在这些学生当中，大部分可能是学理工科的学生，但一些学习人文科学和社会科学的学生，也憧憬着加入改变世界的行列。那么在这些科技公司当中，是否有这些文科生的一席之地呢？

文科，狭义上讲，指的是高中阶段的历史、政治、地理等学科；广义上讲，则包含人文科学与社会科学。

在很多人看来，文科类的很多专业不够“专”，可替代性太强，社会需求又极度有限，难免显得有些“鸡肋”。不仅如此，大部分文科专业光听名字就和现在蒸蒸日上、已经成为主流的IT、互联网等行业挂不上钩。因此，很多人认为文科生去科技公司上班根本就是天方夜谭。毕竟，理工科所培养出的技术型人才具备科技公司最重要的技术硬实力，而文科的门槛则低得多，即便公司真对文化素养有要求，对理科生进行后期培养也未尝不可，因此理工科人才实用性更强，应该是科技公司招收的主流。

上述观点听上去挺有道理，然而事实真的是这样吗？

科技公司是否有文科生的一席之地

如今，在等公交的间隙、等餐排队时、工作后的小憩等场景，经常能看见有人拿着手机在刷淘宝、逛天猫。人们在坐公交、下馆子、逛市场时，不用再满身找钱，也不用为无处兑零而苦恼，只要拿起手机，“嘀”的一下，就可以直接扫码支付，移动支付正在逐渐成为主流。淘宝、天猫和支付宝等平台很大程度上便利了我们的生活，让我们即便不出门、不带钱也可以买到想要的东西。这些平台的出现无疑是一种对购物方式的变革，推动社会从实体购物逐渐往电子购物发展。开创这些电子商务平台的企业是阿里巴巴，而创办了阿里巴巴的正是一个实打实的文科生——马云。

马云毕业于杭州师范学院外语系，一开始的工作是英语教师。马云求职失败过三十多次，而就是这么一个求职时四处碰壁的文科生，创造了全世界最大的电子商务交易平台之一的阿里巴巴。

在大多数人看来，科技公司多与高精尖技术、软硬件开发、现场维护等工作相关，这些工作往往对专业技术要求很高，文科生似乎无法胜任。诚然，对于一个科技公司来说，技术部门必不可少，但并非没有文科生的容身之地——实际上，谷歌、Facebook、苹果等大公司 65% 的工作岗位都是非技术类的，如市场营销、企业管理、财务资金、人力资源等。这些岗位同样也是一个公司不可或缺的。

一个科技企业要想做好，需要紧跟消费趋势，对市场进行调研：各个产品的销量趋势是上升还是下滑？消费者有什么需求？如何满足消费者的需求？如何提高消费者的回购率与忠诚度？等等。除此之外，还需要对其他公司和整个大市场环境进行调研：别的公司都在研究哪一个领域？这个领域目前的成熟度如何？它们的科技强项和技术壁垒是什么？等等。通过这些调研的结果，来预判未来的投资方向。此类工作需要开拓各种渠道、收集大量数据、调研各个市场来进行统计，也需要倾听、理解、揣摩消费者的诉求。长期的阅读使文科生能更有效率地进行信息检索，从大量文字数据中提炼关键信息，偏感性的思维模式也使他们能更好地理解消费者的内在诉求。

除了市场调研人员之外，对于科技公司来说，管理型人才也必不可少。一个优秀的企业管理者可以最大化企业的投入产出效率，反之，一个糟糕的管理者也可以使公司一蹶不振。可以说，管理水平的高低很大程度上决定了公司的兴衰。组织能力、决策力、沟通能力和抗压力是一个优秀管理者应该有的素质。大部分文科生长期沉浸书海，阅读量较为广博。阅读能拓宽人的视野，长期的人文积累与深度思考也使得他们在决策方面更有优势。不仅如此，文科生的语言组织能力也相对更好，沟通能力较强，能更好地胜任这方面工作。

马云就是管理型人才的典范。他英语专业出身，工作时期做过翻译，成立了海博翻译社，凭借自己的英语技能阅读翻译了很多书籍。在此期间，他在与来自西雅图的外教比尔聊天时接触到了互联网，之后便凭着满腔热情开创了自己的线上交易。出众的演说才能是马云获得成功的重要原因之一，阅读使他具备了良好的语言表达能力，这使他的演说非常具有煽动性。同时，他也是一个优秀的管理者，注重团队精神。不同于大多数由董事会一手遮天的企业，马云把顾客放在了首位，其次才是员工和股东。他人性化的管理和优厚的待遇使得许多有才能的人自愿跟随他。此外，独特的战略眼光、超群的情商也都与他一直以来的人文积累有着紧密的联系。

学文科的你，能为科技公司带来什么

相较而言，文科生的思辨能力更强。理科，顾名思义，比较理性一些，一便是一，二便是二；而文科相对感性，比较强调开放性，重点培养学生以发散的方式思考问题，鼓励学生以不同的思路去探究，强调深入思考和思维创新。大部分文科生因为专业要求或出于兴趣，阅读面相较于理科生更广，知识更博杂。而博杂的知识和多角度对问题的探究，以及不拘泥于一个答案的创新精神，恰恰是思辨能力的基础。

曾担任谷歌公司首席执行官的施密特这样评价过一位女性："她的思维敏捷而大胆，令人钦佩。"这位女性就是 YouTube 的 CEO、谷歌广告业务高级副总裁——苏珊·沃西基。苏珊大学时曾就读于历史与文学专业，后致力于工商管理领域，也是一名实打实的文科生。苏珊在谷歌主要负责市场营销，她主导了谷歌的广告业务，仅仅"谷歌侧边广告"这一项产品，就为公司带来了年均 140 亿美元的广告收入。事实上，谷歌 97% 的利润都是从由她管理的部门产生的，"谷歌女财神"的称号实至名归。当初，也是"大胆"的她力排众议，说服公司花天价收购了当时才刚刚起步的 YouTube——而现在，YouTube 已经具有了全球性的影响力，2018 年在世界品牌 500 强评选中排名第 20 位。这位强大的女性也在 2019 年 9 月入选全球科技业最鼓舞人心的领导者排行榜，排名第 8 位。

苏珊是第一个谷歌涂鸦的设计者，这个小小的创意让谷歌的魅力值大大增加。现如今，用涂鸦方式来装点谷歌搜索引擎标志已经成为谷歌的重要传统——将各种有趣、好玩的元素融入 logo，可以使得其品牌标识更加独特。此举对于为公司塑造有趣、创新的文化氛围，也产生了潜移默化的影响。这位文科生的独特创意就这么传承了下来，成为谷歌企业文化的一部分。

企业文化包含三个层次，从外到内分别是物质层、制度层和精神层。其中，最核心的部分是精神文化。精神文化包括了各种行为规范、价值观、优良传统等，是一个企业必不可少的"软实力"。

文科与企业文化有着密不可分的关系。在价值观的树立方面，哲学起着不可小觑的作用。企业文化还需要文字性的表述，它象征着一个企业的精神与品质，代表着公司的形象，因此拟定者的文字功底和文学素养也是必不可少的。

“阿里巴巴”名字的诞生就有这样一段趣闻。阿里巴巴的创始人马云在刚开始甄选公司名时十分烦恼，他将未来的公司定位为面向全球的公司，因而名字也应该是国际化的，可想出这样一个名字并不容易。某天他灵机一动，找来了餐厅服务员，问他是否知道阿里巴巴这个名字。在得到“是”的回答后，马云又在各个地方反复地询问了其他人。马云发现，阿里巴巴的故事被全世界的人所熟知，并且不论语种，发音也近乎一致。“从我外婆到我儿子，他们都读阿里巴巴。”就这样，“阿里巴巴”一锤定音。“电子商务是一门全球化的生意，所以我们需要一个全球人士熟悉的名字。阿里巴巴意味着‘芝麻开门’，寓意我们的平台为小企业开启财富之门。”马云这样解释道。

再者，文科注重培养的形象思维是反映和认识世界的重要思维形式。**如果说理科是告诉我们“要怎么创造”的话，那么文科则是告诉我们“要创造什么”和“为什么要创造”**。这既决定了科技公司未来的研究方向，也与企业文化息息相关。

大量的阅读思考和文化积累使文科生对语言文字的驾驭能力和把控能力变得更强。这方面的优势主要体现在与人沟通上。文科生能较好地表达自己的想法，善于倾听他人，感知他人的想法，这些能力都有助于科技公司的公共关系和营销推广。

惠普前董事会主席兼首席执行官卡莉·菲奥莉娜大学时读的是中世纪历史专业。大学期间的宗教著作研究锤炼了卡莉提炼文章精华的能力，这为她在以后的职业生涯中迅速抓住问题的核心，用最短的时间想出令人印象深刻的口号打下了基础。卡莉有着非凡的推销及与人沟通的本领，这从她还在 AT&T 公司当实习生时就已经可见一斑。她过人的胆识和出色的演讲能力在她事业取得成功的过程中同样功不可没。

“双剑合璧”才是新的发展趋势

2011 年，苹果公司创始人史蒂夫·乔布斯在 iPad 2 发布会上说过这样一句话：“在苹果的 DNA 中，光有技术远远不够，是技术与人文学科的结合才让我们推出让心灵歌唱的产品。”

当今社会的趋势是文理结合。现如今科技产品都十分直接明了，当下的许多系统可以在不需要编程的情况下搭建起来，甚至在大量知识触手可及的情况下，编程也更容易学习了。换句话说，现在的科技公司仍然需要技术，但是这种技术的习得不再需要以往那样严格且形式化的教育，文科生也一样可以深入学习。当然，真正涉及专业领域的东西自然是理科生更胜一筹。对于一个科技公司而言，理科人才必不可少，但与此同时，根据领英数据显示，文科毕业生通常比理科毕业生能更快地融入高科技公司的环境。他们更善于从工作中学习、积累经验，更能适应不同类型工作的挑战。从某种角度来说，这也间接降低了公司培养新人的成本，而文科生的成长速度也为未来创造了更大的可能性。文有文长，理有理强，只有文理“双剑合璧”，才能不被时代的洪流淘汰。

全球领先的云资讯和执行服务公司 Bluewolf 的首席执行官埃里克·贝里奇，曾经在演讲里讲过这么一件事：十几年前，Bluewolf 曾经遇到过一个极其难搞的大客户。作为一家软件咨询公司，Bluewolf 有一大帮工程师，却没有人能满足这个客户的需求。就在他们苦闷无援、去酒吧买醉的时候，酒保杰夫提议帮忙。杰夫不是程序员，他从大学辍学时主修的是哲学专业，但他确实做到了——他完全消除了客户对编程技术的关注点，并且转移了话题，甚至改变了他们的产品目标，把话题变成了“我们要做什么，以及为什么这样做”。那个时候，Bluewolf一共有200人，公司一半的员工都是计算机背景的工程师。从此以后，他们改变了招聘方法，开始尝试招聘具有人文专业背景的员工。如今，他们一共有1000人，其中只有不到100人有计算机方面的专业背景。现在他们是市场里的领头企业，他们的软件产品业务飞速发展，年销售额达到100亿美元——文理结合的新模式效果显著。

曾经的科技市场或许更青睐理科生，但时代在变化，人文也成为科技的一部分。毕竟，科技最终面向的是人类。

第22课 新高考时代，应该如何选科

从2020年开始，新高考将在浙江、上海两个试点省市之外的地区铺展开来。在全国范围内，越来越多的高中生将要告别传统的文理分科模式，转而从物理、化学、生物、历史、地理、政治6门学科中，根据“3+3”或“3+1+2”的模式进行选科。那么在新高考时代，应该如何科学地选科？新高考带来的变化、机遇和挑战都有哪些呢？

从2017年开始逐步落地的新高考，是近年来全民关注的焦点。此次高考改革，不再只是上海、浙江几个试点地区，全面的轰轰烈烈的高考改革真的来了。此次改革推进之迅速、覆盖面之广，创造了中国自从有高考制度以来的纪录。

高考让人谈虎色变，新高考的“新”又让一些学生和家长无所适从。同时这次是“改革”而不是“改良”，学过高中历史的同学应该明白其背后的含义：高考将会迎来巨大变化。

新高考有哪些变化

根据《国务院关于深化考试招生制度改革的实施意见》，下面简单介绍一下高考综合改革后招生制度的一些内容变化。

1 新高考打破文理分科

在不远的将来，将不再有“高中理科生”和“高中文科生”的概念。语、数、外为全国统一高考科目，物、化、生、史、地、政为高考选考科目。同学们在6科中选择其中3科进行高考选考。有些省份如广东省、辽宁省、湖南省等，将会实行“3+1+2”模式，即除了3门必考的语文、数学、英语外，1门需要从物理、历史中选择其一，剩余2门从化学、生物、地理、政治中自由选择。

2 新高考总成绩仍为750分

考试科目6科，总分750分，其中语文、数学、外语3门全国统考科目每门150分（高考英语有30分为听力考试，考试时间通常安排在高三上学期期末前后），这3科的成绩将会以原始成绩计入高考总成绩。

新高考选考科目每科满分100分，考虑到不同科目得分的难易不同，为体现高考考试的公平公正性，选考科目的原始成绩将会按照等级赋分，然后计入高考总成绩。

各省等级赋分办法细节可能有所不同，包括起始赋分分值、阶段等级划分、保障人数基数等。需要留意的是，选科考试人数若少于保障人数基数，以保障基数为准，从高到低进行等级赋分，保障基数会由国家学科人才培养计划、国家长期人才发展战略、本省实际人才需求等因素决定。

3 各省继续合并录取批次

在新高考模式下，再问“省一本线、二本线是多少”这样的问题就显得外行了。二、三本合并为二本，一、二本合并为本科，这是高等教育的专业发展要求决定的。高校招生模式也会因此有所变化，比如一般高等院校将会实行专业组平行志愿投档录取的方式，在同一专业上不同院校展开竞争。减少了学校背景的加持，同专业内部竞争将会更趋白热化，一些王牌院系将会脱颖而出，一些弱势院系，即使在一个整体水平较高的学校，它们的竞争力也会明显减弱。这有利于国家教育资源的重点投放，精准扶持。

4 高考实行“两依据、一参考”

“两依据”分别为语、数、外统一高考成绩和三门等级性考试成绩，总分一共750分；“一参考”指的是综合素质评价将会成为高考录取的一个重要参考。这里的综合素质评价容易和另外一个概念“综合评价录取”混淆。综合评价录取是高考改革后的一种小范围的招生模式，仅会在很少的学校里进行小规模试点。这种模式将同学们的统一高考成绩、学业水平考试成绩、学校面试成绩、综合素质评价成绩等进行组合，综合考量选拔。

5 对普通高考和高等职业院校考试招生进行区分

并不是每一位同学都适合去高等院校进行高强度的理论研究，有些同学在个人工作定位和个人能力类型上有明确的认识和选择，所以可能会选择高等职业院校，尽早步入工作岗位。高等职业院校侧重对学生职业技能的考核，理应与普通高考侧重点不同。此次改革，将高职院校的招生与普通高校本科招生进行区分，高职院校实行“文化素质 + 职业技能”双重评价方式和选拔机制，这有利于高职院校按照职业需求来选拔和培养技能型人才，有利于人才的精准选拔和定向培养。

高考改革总结为一句话就是 “分类考试、多元评价、综合录取”。这种模式将会有效进行高考分流、提高人才与专业匹配度、提升高校选拔人才的科学度，让每一位同学未来的发展方向，能尽量匹配他们的素质模型。

对同学们选科的建议

高考改革对很多同学来说都是一个福音，在选择专业和选择高中学习科目上更加自由。比如笔者在高中时最喜欢的几个学科分别为数学、物理、历史，但是当时高考分文理，最终在纠结后只能选择理科，高考考试科目为语文、数学、英语和理综。如今，新高考给了高中生更多的选择权，比如一个想在未来学习生命科学的考生，在以前只能报名参加理科考试，现在他可以选择生物、历史、地理等组合。

以“6 选 3”为例，一共有多少种选科搭配呢？代入组合数公式就可以知道，共计 20 种之多。所以选科对很多同学和家长来说，也因种类繁多而陷入选择困难的局面。

面对选科，我们需要有明确的选科原则，主要原则有以下四点。

1 从个人擅长出发

不同的同学，因有不一样的成长环境、不同的教育环境、不一样的遗传因素，一般会有很多的能力项区别。有些同学擅长归纳，有些同学擅长演绎；有些同学长于记忆，有些同学精于推理；有些同学是视觉型学习者，有些同学是听觉型学习者；有些同学看问题容易从情感脑出发，有些同学是以皮质脑为主；等等。所以不同的同学，擅长的学科不同，因此在选科时应该扬长避短，发挥自己的长处，这样才能在学习阶段收获更多，在工作阶段做出更大的贡献。

建议长于推理的同学，可以选择物理、地理等学科；喜欢归纳总结的同学可以选择化学、生物、历史等学科。一个比较简单的判断自己擅长与否的方法，就是看在一个团体里的本学科排名。高考赋分制也是按照排名来计算最终分数的，排名前后可以较为客观地反映此同学在这个学科上是否有学习优势。比如以赋分起点分数 40 分，3%、7%、16%、24%、24%、16%、7%、3% 这种赋分制度为例，如果某同学物理考试考了 90 分，为前 2.03%，赋分后成绩将会在 91～100 分之间。计算方法也比较简单：

（此段第一名同学卷面成绩 – 此同学卷面成绩）/（此同学卷面成绩 – 此段最后一名同学卷面成绩）=（此段第一名同学赋分成绩 – 此同学赋分成绩 x）/（此同学赋分成绩 x – 此段最后一名同学赋分成绩）

利用上述公式就可以算出此同学赋分后本学科的成绩。一句话，让我们期待着跟你选一样学科的同学，都不如你更擅长。

2 从个人兴趣爱好出发

兴趣是最好的老师。有的同学虽然擅长某个学科，但是也有可能并不喜欢其相关专业，这种情况也时有发生，所以也要考虑是否对这个学科感兴趣。一般规律是喜欢物理的同学往往不太喜欢化学，喜欢生物的同学一般也会喜欢地理，等等。以前很多同学报大学专业很少考虑自己的兴趣，一般是分数能去哪个专业就去哪个专业，没有明确目标。这几年随着新高考的铺开，越来越多的同学把以后的专业选择跟自己的兴趣相结合，在刚上高中时，很多同学就有了较为明确的未来学习发展方向，这也是教育进步的一种体现。

3 从社会就业环境出发

社会就业环境能从侧面反映出社会对不同专业的需求程度。20 世纪七八十年代，国家急需提升生产力水平，所以大力鼓励理工科学习，甚至有句大家耳熟能详的口号就是那个时候出现的——“学好数理化，走遍天下都不怕。”再比如，AI 技术的蓬勃发展，使得计算机和自动化相关专业焕发活力。从社会就业环境出发，可以较大程度地将所学应用到对口工作中去，提升教育方向和就业方向的匹配度。

4 从高校专业要求出发

不同高校对学生的选考科目也有不同的要求。有些学校某些专业比较强，选择学生要求严格，所以会提出详细的选科要求，比如有些专业必须选物理这一学科等；有些学校的专业稍弱一些，在选科上会放宽为两科，比如化学和生物，这意味着两科中至少有一科为高考选考科目才可以填报该专业；有些学校自认比较弱，在选科上没有要求，可以随意选择，这样才能保证招生人数。

笔者不建议从钻赋分制的空子出发来选科。很多人说，选某一学科赋分后分数多，选那个不容易得高分，等等。其实这些都是经验之谈，是否更容易赋分得高分不是绝对的。今年这个科目报的人比较多，竞争激烈，高手如云，赋分后分数较低，下一年可能情况就有所不同。建议同学们选择选考科目时，结合个人能力、兴趣、社会需求等因素，从长远发展着手，否则只顾眼前利益，可能会吃更大的亏。

新高考带来的挑战

新高考给同学们带来了选科的自由，但是自由的背后，也有很大的改革压力和挑战。最主要的挑战可以分成以下两类。

1 师资配比的大幅调整

以前的学校在重理轻文的社会环境下，往往理科班与文科班比例在3∶1到5∶1左右，学习史、地、政的同学明显比学习物、化、生的同学少很多，故而文科老师的岗位也少很多。改革后，将会打破过去长期的师资学科配比规律。比如在已经实行新高考的地区，就出现了大致的选科量顺序，从高到低约为地理、生物、化学、物理、历史、政治。地理老师需求大幅增长，很多师资不足的学校甚至出现了师资空缺的情况，导致有些教育比较匮乏、师资抗风险小的地区出现了指定选科的情况，这样就背离了高考改革的初衷。

2 学校管理水平需要大幅提高

学生选科带来的一个管理难点就是走班，一旦开始走班，从教务设班，到课堂管理，到课下学习落实跟盯，到周测月考，都带来极大的管理难度和不确定性。新高考对学校的管理水平也是一个考验。

新高考对教育的意义

高考打破文理界限是中国教育界一个非常勇敢的变革。之前的文理分科，容易让同学们两极分化地发展自己的思维能力：理科生研究问题越来越注重逻辑推理，文科生看问题越来越容易从人文情怀出发。而实际上，科学的发现往往伴随着文化的蓬勃发展，文化的长足发展也依赖科学的工具，两者相辅相成。“学好数理化，走遍天下都不怕”的提出，是为了迎合中国在20世纪七八十年代蓬勃的科学发展需求，但是伴随着社会普遍重理轻文的浪潮而来的是文化认知的缺失，所以又出现了“学好数理化，不如有个好爸爸”。而随着社会娱乐文化的盛行，个别学生重文轻理的倾向也需要引起所有教育工作者的注意。大量的艺术类专业如美术、播音主持等开始遍地开花，不喜欢、不擅长的同学也想通过艺考方式进入心仪的大学，使得大学招生选拔变了味。

所以，新高考旨在打破文理选择的两极分化，打破科学与文化泾渭分明的固有观念，让各个学科不再被强行拆分为文科、理科，让基础教育阶段的各科能够百花齐放。新高考鼓励同学们广泛涉猎，客观地评估自己擅长的学科，找到自己真正感兴趣的学习方向，为自己之后的精研做好知识和技能的储备。

与之相匹配的是，我们可以推测在不久的将来，高考志愿填报规则也会产生翻天覆地的变化：不再唯名校是举，而是在不同领域进行精细化排名和录取。同学们将会普遍性地在刚进入高中时就开始关注自己未来求学的具体方向，同时高校不同专业的资源投放更加精准，优势专业会有更有竞争力，劣势专业将会被淘汰。在高中，同学们按照自己的擅长和爱好来选择自己所学的基础学科；在大学，同学们更精准地选择未来深造的方向，减少调剂占比。不论是新高考考试科目上的变化，还是考纲逐步取消的变化，抑或是志愿填报规则的变化，都体现了新时代中国的教育，朝着多样、包容的方向发展。

科学是客观的、冷冰冰的东西，它不以人类的意志为转移。没有哪个有权有势的人说，他可以改变一个哪怕最简单的数学公理。可是在某些历史时期里，有些宗教狂热分子认为“数学是魔鬼的哲学”，他们惧怕科学，毁灭科学，他们推行极端的文化。而历史的长河一遍遍证明：科学与文化，只有达到一个平衡，人类社会才能蓬勃发展，任何一方被制约，都可能会让人类文明的马车走偏。此次的高考改革，直接影响的是中等教育，但是也势必会对基础教育实现倒逼改革的效果，同时极大促进高等教育的蓬勃发展。

高考改革是一个指挥棒，新高考此轮变革，势必会重新定义基础、中等、高等教育的内涵。此次变革，前途是光明的，只是希望道路不要太曲折。

第23课 大学专业选择的底层逻辑是什么

如果把高考分为考试成绩和志愿填报这两部分的话，那么长期以来，志愿填报都没有得到足够的重视。至少与成绩相比，无论是学生还是家长，在志愿填报方面投入的精力都要少很多。由于缺乏对各种专业的深入了解，高考志愿的选择，也成为很多人未来发展迷茫与混乱的根源，包括那些高中时成绩非常优秀的学生。那么在填报高考志愿时，有没有什么底层逻辑，能让我们更好地选择大学专业呢？

从经济周期考虑专业的冷热

很多家长都希望孩子能学一个热门专业，毕业之后好找工作。虽然这种观点有一定的局限性，但当一个高中生对自身的兴趣、优势与发展方向都没有什么概念的时候，考虑专业的冷热、时代发展趋势、市场的供求也不失为一个选择专业的维度。但这里面涉及一个问题，即我们如何判断当前的热门专业，在学生大学四年毕业之后是否还是热门专业呢？这就需要从专业冷热的底层逻辑说起。

说到就业市场中专业的冷热，不得不提的一个词就是“经济周期”，也称商业周期、景气循环。经济周期一般是指经济活动沿着经济发展的总体趋势所经历的有规律的扩张和收缩。经济周期按照阶段数量，可以有两种划分方法：两阶段法和四阶段法。两阶段法是将经济周期分为上升阶段和下降阶段，上升阶段也称繁荣阶段，最高点为顶峰，然而顶峰也是经济由盛转衰的转折点，此后经济就进入下降阶段，即衰退。衰退严重则经济进入萧条，衰退的最低点称为谷底。当然，谷底也是经济由衰转盛的转折点，此后经济进入上升阶段。经济从一个顶峰到另一个顶峰，或者从一个谷底到另一个谷底，就是一次完整的经济周期。四阶段法将经济周期分为繁荣、衰退、萧条、复苏四个阶段。

经济的繁荣与衰退，就业是“晴雨表”，专业是“温度计”。**专业冷热的变化，说到底其实是人才市场供求态势的反映**。从需求方面来说，人才是社会经济的生产要素之一，这就决定了人才市场必然从属于产业市场，某行业的兴旺发达必然带动对人才的强劲需求，反之产业市场的不景气也必然造成人才需求的下降。因此，预测人才需求的关键是预测社会经济的发展变动。另外，人才存量与人才增量的调查也非常重要，这样才能为未来的人才市场的供求描绘出一个比较客观合理的蓝图，而不仅仅是以当年各专业的就业数据为参考。在比较成熟的市场经济态势下，绝大多数商品都表现出略微供大于求的情形，也就是人们常说的买方市场，人才市场也是如此。因此，分析市场需求将成为判断专业冷热变化的关键性因素。

我们可以将行业按经济周期的变动分为两类，第一类是随着经济的波动而显著变动的行业，我们称其为变动性行业；随着经济的波动变化不大或者基本不变的行业，我们称其为稳定性行业。

稳定性行业一般是与个人、单位或者社会的基本需求相关联的行业，比如餐饮、住宿、服装、会计、医药、社会公共服务（公务员）等，此类行业基本上不用预测就可知绝对有前景，决策者要考虑的是进入这些行业是否有竞争优势。

另一类就是变动性行业，比如家电、广告、金融、高档商品、旅游、娱乐等行业，它们会随着经济周期的波动而显著变化。同时，也要注意，这些行业的变动与经济波动不都呈正相关，有一部分呈正相关，比如广告、旅游、高档商品等，也有一部分与经济波动呈负相关，比如说教育培训，当经济高涨时，人们用更多的时间来工作，用较少时间来培训；但当经济下滑、失业增多时，人们就会考虑充电学习。另外，还有一些低端的化妆品行业以及娱乐业等，也与经济波动呈负相关关系，这在经济学中叫作“口红效应”。

因此，在选择大学专业时，我们可以根据当前经济所处的阶段，以及目标专业与经济周期变动的相关性来判断市场的需求。

从性格和兴趣看专业选择

传统的职业规划理论认为，职业认知起步于自我认知，而自我认知通常围绕两个原点进行：一是性格；二是兴趣。也就是说一个人的性格是什么样的，一个人的兴趣在哪里，他就应该去做什么工作。这样的理论听起来没毛病，但现实生活中，我们任性地跟着性格和兴趣走，它们就能为我们找到职业的完美答案吗?

要回答这个问题，你可以先看看你周围的老师。你会发现，有的老师性格开朗活泼，有的知性文艺；有的乐观大气，有的谨慎细致；有的思维发散，可以海阔天空，有的逻辑严谨，程序井然；有的非常严厉刻板，有的则温文尔雅。这些不同性格特征的人都可以在教师这个岗位上愉快地工作，换成其他的职业其实也是如此。所以性格和职业之间并不是单行线，而是多种可能、多种配搭。

美国著名心理学家堂娜·邓宁在她的《你的职业性格是什么？》(*What's Your Type of Career?*)一书中，公布了针对 MBTI 性格理论 16 种性格类型所做的职业倾向调查结果。其中，每一种性格类型的人所偏好的职业都有30～40种之多，甚至跨越几个、十几个行业。这就说明，大部分职业都可以给不同性格的人提供发挥个性优势的机会，且只有不同个性的人共同参与，这个职业才能真正富有活力。

兴趣是每个人自发形成的对某件事积极的内在体验。如果在做某件事的时候，你的内心能感受到快乐的能量，并愿意再次尝试，这意味着你对它感兴趣。兴趣是我们对生活、对社会的感性认识，它可以帮助我们探索并积极体验生活所赋予我们的灵感、冲动，并让我们从中获得满足和幸福。

兴趣是感性的，是自然人的本能，而职业则是理性的，是社会人的本能和基本特征。所以说，兴趣的宽度和深度都超过职业，它的重要性也超过了职业本身。比如超级畅销书《明朝那些事儿》的作者当年明月，本名石悦，他酷爱历史和写作，通读二十四史。当他的忠实读者、联想集团总裁柳传志见到这位仰慕已久的作者时，惊讶地发现他只有30多岁。更令人好奇的是，石悦的本职工作是广东顺德海关的公务员。当每个工作日结束后，他便开始转换角色，从公务员变成天涯论坛上的“当年明月”，写他的“明朝那些事儿”。可见，石悦的成功是兴趣的成功，而非职业的成功。

因此，想选择适合自己性格和兴趣的职业，就需要提前认清自己的性格和兴趣。但无论是性格还是兴趣，都是在成长中慢慢形成的，且不是一成不变的，会随着人生的起伏而有所变化。因此，我们应该客观看待性格和兴趣在专业、职业选择方面发挥的作用。我们可以把它们作为其中一个筛选条件，但不应该是唯一的筛选条件。关于这方面更深入的论述，可以参见本书第二章第16课《为什么在选择职业时，不应该过于看重兴趣和性格》。

转专业、辅修与双学位

俗话说“男怕入错行，女怕嫁错郎”，行业与职业的选择对一个人的影响有多大，每一个过来人都有深切的体会。虽然老话也说“三百六十行，行行出状元”，但是状元总是少数，更多的人还是要顺着时代发展的趋势，借势而行，才会有更好的未来。专业的选择，可以说“入行”的第一步，因此很多人都希望一步到位，把“入对行”直接前置到“选对专业”。

然而，作为一个整个学生时代都在为了大学的入场券而埋头苦读、对自己的未来缺乏概念的青少年来说，这种一步到位的选择其实是非常困难的。很多人都是到了大学之后才对自我、对专业、对职业、对未来的发展有了更深入的理解，但往往那个时候早就选完专业、尘埃落定了。

那这种困局就没办法打破吗？当然不是。事实上，即使专业没有选好，个人发展方向仍有一定的转换和腾挪空间。

一般来说，我们从高中到进入职场，大概会有五次选择方向的机会。

第一次是高中文理分科，对于采用新高考模式的地区来说，这次机会就是新高考选科。在新高考时代，由于这次选择直接影响到后面的志愿填报，因此困难度和重要性都要比文理分科时代更高。

第二次是高考志愿填报，这次选择的重要性不言而喻。如果这一步准备工作做得充足，选了一个适合自己的专业，那么上了大学之后就可以全力以赴地朝着自己的专业方向发展。经过本科四年的学习，专业基础会更牢固，也会少很多彷徨迷茫、重新定位的周折。反之，这一步如果因为成绩、对专业理解不透彻等原因没能进入一个适合自己的专业，那么在大学期间就要付出更多的时间和心力去调校自己的方向，以及学习一些额外的课程。

即便上了大学后才发现不喜欢自己所读的专业，也不用感到沮丧和绝望，因为还有第三次选择的机会——大一下学期的转专业。现在很多学校实行的都是宽口招生，即按照专业大类或者院系来招生，大学一年级学习通识和基础课程，到了大二再分具体的方向。经过大一一年的探索后，如果你发现自己更适合院系里的其他专业，在成绩达到一定标准后，就可以申请转专业。由于通常转专业的名额有限，因此务必保证大一年级在探索方向的基础上，拿到相对漂亮的绩点，这样才有可能把握住这次机会。

这里还存在一种更特殊的情况，即有的同学在读了一年大学之后，发现自己对所在学院的所有专业都不是很感兴趣，抑或是课程难度超出了自己的学习能力，自己更青睐其他学院的专业，希望能跨学院转专业。对于这种情况，不同的学校有不同的规则和要求，可以在大一的时候通过咨询学长、老师、辅导员等把规则了解清楚，看需要什么条件才可以跨学院转专业。如果有余力，可以去旁听一下目标专业的课程，与授课老师进行交流，确定想转入的专业确实是自己想读的，避免想当然的“逃避式”转专业，重蹈高考填报志愿的覆辙。

需要注意的是，如果跨学院转专业成功了，那么在大二的时候你可能需要补学一些该专业大一学年的重要基础课。换句话说，你可能要跟着该学院下一届的新生一起学习这些基础课。这对你的学习能力和大二一年的学习进度、知识掌握都提出了比较大的挑战。但笔者相信，既然转到了心仪的专业，这些困难都是可以通过努力和激情克服的。

然而，并不是每个学校都支持跨学院转专业，这个时候你就可以利用第四次选择机会来调整自己的方向，即在大二的时候，选择辅修或攻读第二学位。这种选择的优点很明显，你可以通过修读另一个专业，把自己打造成一个复合型人才，你的视野会更加开阔，毕业后也更容易受到用人单位的青睐。但这种选择的缺点也很明显，你需要付出更多的努力，花更多的时间学习另一个专业的内容，通过另一个专业的考试。甚至在宿舍人人都在睡懒觉的周末，你也不得不早早爬起来，叼着一块面包跑去上课。而且由于精力比较分散，本专业的成绩可能也会受到影响。因此，如果你选择辅修或者攻读第二学位，那么你就需要更好地管理时间，付出更多的努力，变得更加自律。

第五次选择是跨专业考研或出国留学。随着就业竞争的不断加剧，很多学生在大学毕业后都会选择考研深造，而那些对自己专业不满意的学生，会选择难度更大的跨专业考研。有的学生还会将第四次和第五次机会组合起来，跨考辅修或第二学位方向的研究生。至于出国留学，除了要通过必要的语言考试外，也要对就读院校的专业实力、留学成本、毕业后在哪个国家工作等要素进行更周详的考量。除此之外，在跨专业申请时，最好能体现出你在大学期间为新专业所做的准备，如相关的校园活动、项目经历、实习证明等。

专业的决策步骤

专业选择是一个层层筛选的过程，也是一个理性和感性相互平衡的过程。明确了上述专业冷热、兴趣性格、方向转换等知识后，我们把精力集中到操作层面，即评估自己的能力、兴趣以确定下一步的专业方向。根据中国教育创新研究院周丽虹老师的观点，专业决策整体上可以分成四个步骤。

第一步，根据能力评估确定专业大方向。能力评估是一个理性的过程，是硬指标，决定了专业的大方向；而兴趣分析是一个感性都过程，具有一定的弹性，决定了专业的细分方向。换言之，对于选专业来说，应该先进性理性思考，再进行感性思考。

大学专业整体上可以分为四个类别：人文科学、社会科学、理论科学和工程技术科学。高中选文科的学生，大学选专业的时候通常会从人文科学和社会科学中选取；高中选理科的学生，大学选专业的时候通常会从理论科学和工程技术科学中选择。

人文科学和理论科学属于基础学科，是偏重理论学习的专业，对人的理论研究及抽象思维能力的要求比较高；而社会科学和工程技术科学属于应用型学科，偏重技术操作，更看重具象思维和动手能力。因此，从能力的角度来说，如果你抽象思维较强，擅长理论研究，那么首选理论科学和人文科学；如果具象思维、动手能力比较强，首选工程技术科学和社会科学。

值得一提的是，大多数热门专业都是偏应用型的专业，如计算机、金融等，所以如果你擅长的是理论研究，那么比起追逐热门专业，学术道路或许是更好的选择。当年爱因斯坦之所以选择理论物理作为自己的专业，就是因为他深刻地意识到，比起动手做实验，他更加擅长抽象理论的构想。

第二步，分析兴趣确定细分专业。明确大方向以后，接下来可以根据兴趣来选择细分专业。由于兴趣是不稳定的、多元的，不依靠社会属性可独立存在的，而职业是稳定的、单一的，必须以有一定支付能力的社会需求为前提，因此不是所有的兴趣都适合当作职业，这也是为什么要把能力作为第一筛选标准，而不是兴趣。不过，如果你十分清楚自己的兴趣是什么，且该兴趣在过往的经历中表现得十分稳定，那么在能力的大框架下，你就可以根据兴趣来选择细分的方向。

第三步，确定专业的门槛。大学专业大概可以分为硬门槛和软门槛两种，软门槛专业也称为宽口专业，这类专业不对应某一具体职业，容易跨专业发展。大部分人文、理学和社会科学的专业都是软门槛专业。大部分工程技术科学专业都属于硬门槛专业，这类专业强调应用性和实操性，直接对应某种职业，毕业后也更容易找到对口的工作。

对于有明确职业目标的学生来说，可首选该职业所对应的硬门槛专业，在大学阶段努力积累专业知识，可以通过做项目、参加比赛、实习等方式积累实操经验，同时还要多多留意业界发展动态和对人才的需求。

对于职业目标不明确的学生来说，建议在本科阶段优先选择软门槛专业，而非硬门槛专业，优先选基础学科，而非应用型学科。这样对于后期探索具体的发展方向，专业的兼容性、知识的迁移性都会更强。

第四步，专业目录的减负。高校的专业目录包含500多个专业，很容易令人眼花缭乱，云里雾里。我们可以通过一些技巧，将依照上面三个步骤筛选出的专业进一步精简。常用的方法有两种：合并同类项和去掉修饰词。

比如，我们可以把在理论基础、学习内容和就业方向上具有一致性的专业进行合并，例如，计算机科学与技术 ≈ 软件工程 ≈ 计算机软件。也就是说，在选择专业时，可以大致将这些专业看成同一个专业。

除此之外，在教育市场化的背景下，很多学校为了更有利于招生，在专业名称会加上一些前缀或后缀修饰词，从而使专业看起来更加高大上。这些修饰词包括“国际”“对外”“管理”等，如国际贸易专业，本质上学的就是贸易，国际贸易和贸易在全球经济一体化的今天已经走到一起了。再比如信息系统管理，可以理解为就是“信息系统”，学的内容主要是计算机软件。

通过这些技巧，我们就可以将已有选项进一步去芜存菁，从而筛选出几个最终的专业候选，然后再针对每一个选项做进一步的研究。通过这四个步骤最终确定的专业，可以有效地平衡理性和感性，可以很好地兼顾能力、兴趣和发展前景等生涯规划的重要因素。这种决策思路不仅可以用在选专业上，也可以用在求职上。只不过在选择职业时，考虑的因素会更多一些。这方面的论述，具体可以查看本书与职业选择相关的内容。如果在操作第一步和第二步之前，想更进一步明确自己的能力和兴趣，可以参看

第二章《如何发现自己的兴趣》《如何发现自己的优势》等自我探索部分的内容。

本科主修专业的选择是生涯规划中的一次重大决策，从某种角度来说，它是未来专业学习的基石，其重要意义是辅修专业、第二学位乃至研究生专业都不可替代的。因此，选好本科专业对一生的影响不可估量。深入了解自己，广泛涉猎，在专业目录中做减法，从你的兴奋点中做加法，相信你的人生价值会是乘法。

第24课 专业对口这件事，到底重不重要

在工作中，专业能力往往是立身之本，而大学四年，正是积累这种专业壁垒、打造核心竞争力的黄金时期。然而，我们现在看到越来越多的职场人士，他们所做的工作与大学所学专业毫无关系，都属于“半路出家”，“放弃”了原来的专业。那么问题来了：在找工作时，我们要不要找一份专业对口的工作呢？如果从事不对口的专业，大学四年所学是不是就白白浪费了？我们该如何看待大学专业与工作之间的关系呢？

“你知道吗？我们女儿舞蹈培训班的老师竟然是交大毕业的，学的还是英语。”

“真的？那她的大学岂不白读了？”

……

这样的对话，听起来是不是很熟悉？

学计算机的未必当程序员，学机械工程的不一定当工程师，学土木工程的不再“搬砖”，学会计的并不都在算账……随着时代的不断更迭，许多曾经对某些专业的刻板印象已经逐渐弱化、消失。但当我们听说某名校毕业生开小吃店、卖猪肉、回家种地时，惊讶之余多少还带着点遗憾、质疑。

那么，是不是学什么就该做什么？

一毕业，就把专业弄丢了怎么办？

专业不对口，大学是不是白读了？

……

类似的问题困扰着人们，看着别人时是困惑，自己面对时则感到焦虑。

英雄问不问出处

在一项调查中，有超过半数的受访者表示正在从事的工作与大学所学专业毫无瓜葛。更有数据统计分析表明，与以往相比，现在年轻人从事的工作“专业对口”程度明显下降。譬如“70后”当年有超过40%的人第一份工作和专业对口，而“95后”毕业后的第一份工作和专业相关的比例只有28.8%。也就是说，有七成以上“95后”毕业后的第一份工作与所学专业无关，即便第一份工作对口了，在越来越频繁的跳槽中，从本专业转行的职场人也不在少数。

根据麦可思研究院对中国2018届大学生的跟踪评价，工作与专业相关度最高的前十名专业中，除了小学教育外，大都属于医学类专业，如医学影像学、临床医学、口腔医学等，相关度达到98%以上。这很大程度上是因为医学相关的工作专业性强，鲜有其他专业的毕业生来“抢饭碗”。在这些领域，可以说想要不对口比对口更有难度。你不可能指望一个没有经过系统医学专业学习的人成为医生，当然也不会把大楼、房屋的设计交给一个学医的人，这时候“术业有专攻”就显得尤为重要。医生执照、工程师证、会计师证……各行各业的专业资格考试、认证等不仅敦促着从业者不断提升专业、业务水平，在某种程度上，也是为了让人们能够安心地把那些专业性、技术性强的事交给专业的人去做。

2018届本科毕业生工作与专业相关度排名

本科专业名称	工作与专业相关度（%）
医学影像学	99
临床医学	98
口腔医学	98
麻醉学	96
小学教育	94
康复治疗学	94
护理学	94
医学检验技术	92
建筑学	90
药学	89
预防医学	88
土木工程	87
学前教育	86
汉语言文学	85
给排水科学与工程	85
全国本科	71

数据来源：麦可思-中国2018届大学毕业生培养质量跟踪评价。

那么学什么就一定要做什么吗？当然不是。“学建筑”是“盖房子”的必要非充分条件，“学医”之于“当医生”亦然。君不见早年学医的鲁迅先生弃医从文，而几代年轻人的“男神”吴彦祖曾正儿八经在美国俄勒冈大学学过建筑。在很多领域，大学专业都不是必要条件，所谓“英雄不问出处”，像海子、徐志摩、巴尔扎克等诗人、作家的专业背景都是法律；“音乐诗人”李健毕业于清华大学电子工程系；华人歌手李玟曾经是生物系学生；改变了人们购物乃至生活习惯的阿里巴巴创始人马云，不是学经贸、电子、管理的，而是英语专业毕业的；苏宁张近东学的是中文；京东刘强东学的是社会学……

都说“林子大了，什么鸟都有”，换到职场上就是“行业里的人多了，什么专业背景的都有”，在社会和个人选择越来越多元化的今天就更是如此。当然，并不是所有的不对口都能如大咖大佬般励志，风生水起的毕竟是少数，现实中的许多不对口甚至还有一些无奈。

你为什么“放弃”本专业

学不动、干不动、觉得自己不合适……一部分人离开本专业，是由于不同程度的“无法胜任”。他们或是学艺不精，在校期间由于各种原因没能很好地掌握专业知识，就业时也无力支撑相关专业的需求。这当中不排除一开始就选错专业的人，他们或是凭着一个粗浅的印象“一时冲动”，或者冲着“热门”“好就业”随波逐流，又或者依从了父母、老师的建议选择了某个专业，到了学校才发现，完全不是自己以为的样子，要么太难，要么不适合自己。“爱看律政类电影、电视剧，也梦想着自己能穿上律师服叱咤法庭，读了法学专业才发现，自己根本啃不下那些大部头的法律著作，法律是严谨的，容不得一丝错误，律师的辩护也不是辩论赛。”勉强从法律系毕业的小刘告别了自己的专业，在一家培训机构当讲师。

从另一个角度来说，这也是激烈竞争的结果，尤其是热门专业的生源普遍众多，就业机会却相对有限，在供大于求的情况下必然有人被淘汰，不得不从事其他行业的工作。“我的同行里，什么专业的都有。”新闻学专业毕业、从事媒体工作的Vivian对此深有感触。当一个人告诉你他是记者或编辑时，他可能毕业于传播学、中文等对口专业，也可能有着社会学、经济学、管理学，甚至是物理、化学等看似八竿子打不着的理工科类专业背景。“学经济的做经济新闻，学物理的做科技报道，比起新闻学来，他们的专攻领域门槛更高，也就有可能做得更深更好。”而Vivian的大学同学中有不少却因能力不济、工作压力大等原因，进不了媒体行业，或在工作一段时间后选择了离开。

有被动的无奈，也有“主动”的不对口。对本专业工作不感兴趣，或是有更想投身的领域，他们主动选择了更感兴趣或更适合自己的工作，这样的人即便没有活成前文所列举的跨界大咖，也往往在自身条件上有一定优势，能够在主动投身的行业中更好地发挥自身的能力和优势。

大学专业“没那么重要”

一场聚会的现场，有做证券的、做风投的、做保险的、做房地产的，有从事汽车销售、健康咨询的，也有小学教师、公务员等，各行各业的人会聚一堂，而这是一场同专业的大学同学聚会。有人不由得感慨：毕业多年之后，大概只有在同学聚会时，专业才会被再次强调。

初入职场时，毕业院校和所学专业是你履历上最亮眼的部分；毕业五年后，大学同窗里还从事老本行的寥寥无几；毕业十年后，几乎不会有人再过问你曾经学的是什么专业，取而代之的是你的工作经验、行业资质等。

“我凭本事考的北大，凭什么不能毕业去卖猪肉？”知乎上的高赞回答用戏谑的方式告诉你，不论从事的是不是本专业的工作，大学四年甚至更长的时间并不会真的浪费，书永远不会白念。大学之道，不限于或根本就不在于就业。

你可以试翻一个大学本科生的课程表，四年里数十门课程，真正涉及专业知识、专业技能的大概只有三分之一，更多的是通识课程和理论知识。即便是研究生，所学的也不全是专业知识。

有人调侃说，专业如果是为就业而设置，那是蓝翔而不是大学。我们可以来看看大学专业和职业的关系，它们是两个范畴的概念。随着社会分工的不断细化，劳动者所从事的活动也在不断地发生变化，有新的职业产生，也有旧的职业消失。而专业是学校的学科设置，一个专业往往对应多种职业，专业设置也在与时俱进，助产学、“一带一路”小语种、机器人工程、网络安全……新的专业的出现和火热也反映了社会、经济等的发展现状。“高校设置和调整专业，应主动适应国家和区域经济社会发展需要，适应知识创新、科技进步以及学科发展需要，更好地满足人民群众接受高质量高等教育需求。”从《普通高等学校本科专业设置管理规定》可以看出，专业设置的与社会分工相关，但又不限于此。

大学，尤其是本科阶段的教育重视培养综合素质和能力，要传授给人的不仅是某方面的知识，更是不断学习、获取新知的思维和能力。在这个阶段，对于专业的区分度甚至有越来越小的趋势。你学过的某个知识点可能很快就会忘记，但通过学习培养出的逻辑思维、创新能力、自学能力等并不会因为换了行业就丢了。从事新媒体工作的然然大学期间学的是计算机专业，虽然专业与目前职业看似不搭边，但对她来说，“计算机”不仅是她最初接触新媒体平台的桥梁，她所受过的精密、严谨的逻辑训练以及掌握的计算机相关技能，对于她后来对市场的分析、判断，形成高效的工作模式等方面都有着很大的影响。

想要工作和专业完全匹配对于大多数人来说是不太能做到的。而在招聘时，“复合型人才”也是一个近年来被HR、企业管理层不断提及的词。故宫和卖鸭脖的都能卖口红、做花露水的卖鸡尾酒、老窖卖起了香水……跨界势不可当，不仅看似风马牛不相及的商品结合了，一家公司里的某个岗位也可能需要“十八般武艺样样精通”。你以为一个人只是普通文员，但他不仅要处理各种文件，还要拍视频、做剪辑、统筹、策划、组织线下活动；一名技术员，不仅拥有工程师证，可能同时还是注册会计师……

多元化的社会越来越强调跨界、跨学科，很难有一个专业能够满足该领域未来工作的所有需求。在本科阶段，双学位、选修课的存在也为学生提供了更多的可能。一位中文系的大学生，在校期间辅选修了工商管理专业，毕业之后进入银行工作，而后成为私人理财顾问。在接受了几年金融行业的历练后，他选择跳槽到一家知名企业从事风险投资。在他看来，大学留给他的最大财富是开阔的视野、多维的思考方式和自主学习的能力，这些能力让他在陌生领域也能够不断接受新内容，而具体的工作方法、处事能力等都是在职场实践中得到训练、不断精进的。

从另一个角度来说，由于社会发展迅猛，知识更新加速，即便是从事了所学专业对口的工作，也需要不断学习，吸收其他多元内容。政府、金融、贸易、制造、教育、服务，当前不论是哪个行业，都面临着人工智能、大数据等高新技术的冲击，各公司除了吸收相关专业人才外，原有的从业者也在调整知识结构，甚至整个行业都在“转行”。

丢掉专业的“包袱”

无论是否从事与所学专业相关的工作，专业都不应该成为限制自身发展的“包袱”。如果学的是自己喜欢、适合自己的专业，那么就可以将其作为事业深耕其中，同时不让原有知识成为枷锁，在实践中不断学习、吸收多元知识。假如无法实现，需要转型时，也无须焦虑。

如果有条件，青少年应该在高中阶段甚至更早就开始对大学专业和未来想要从事的行业有所了解，并对自我有一个清晰的认识，这也需要家长、老师的配合和引导。这样在高考选择专业时才不会盲目、冲动。而在大学学习以及日后的工作中，如果发现自己不喜欢或不适合本专业，毕业后并不想从事相关专业工作，却又无法换专业时，也不必慌张。一方面，你可以多参加校园及社会实践锻炼自己的多方面能力，争取想要从事职业的相关实习机会，用经验去为自己赢得日后就业的入场券。你也可以在毕业后继续学习自己想要从事的相关专业，考取从业资格。另一方面，多数企业对于员工都会进行有针对性的培养，你可以选择先进入一家心仪的企业，然后把握好学习和转岗的机会。这样，即便一开始的岗位并不适合，也能在不断的实践中摸索到适合自己的路。

转专业、转岗位、换行业，不论是在校园还是在职场上，你都有足够的空间和机会调整自己的方向，要知道真正能够限制你发展的只有你自己。任何工作都要面临烦琐与压力，人际沟通、团队合作、自主学习、解决问题的能力以及抗压、情绪管理等软技能也越来越被重视。另外，一项企业人才需求趋势调查显示，除了专业技能外，管理者心中急需的技能包括“品牌/公关/销售/内容相关”和“管理和组织发展相关”。同时也别忘了阅读、理解、表达、创新、审美等方面的素质培养，努力成为一个复合型人才，或许是一条能够应对各种可能的方式。

第25课 选择大学专业时，有哪些注意事项

每一个学生在经历了十二年的寒窗苦读后，都希望能读一个有发展前景的专业，毕业后更容易找到待遇优厚的工作。但是选择专业时，我们常常顾此失彼，只根据表面标准来选择，如专业冷热程度、当前行业平均工资等，而忽略了一些更基本的原则。特别是在新高考时代，专业选择一定程度上被前置到了选科阶段，需要考虑的因素更多。那么在选择专业的过程中，都有哪些注意事项呢？

理解专业与学科的关系

笔者从事教育这么多年，偶尔也会有些“吹毛求疵”。有一次偶然的机会去给一家互联网企业做招聘讲座，对接我的是对方公司人力资源部门一个年轻的招聘经理。小伙子人很好也很和蔼，和我很聊得来，所以大家逐渐熟络起来。他告诉我他本科、硕士研究生都是学行政管理的，也算专业对口，拿到“行政管理硕士”后进入了现在这家企业做招聘经理。近几年公司发展很快，技术与管理人才缺口很大，所以这回校园宣讲会需要招聘一些“计算机硕士”和“财务管理硕士”等等。或许是习惯了对细节的把握，我告诉小伙子，这样的招聘需求要是写在宣传材料里，多多少少会显得有一些业余。是的，你没看错，这样的说法很业余，或许乍一看好像

没什么不妥，我们似乎对“某某专业的硕士”等学位类说法司空见惯，可是这并不对。我国的学位可以分为学术型学位和专业学位。只有40多个专业学位才存在“某某（专业）学士/硕士/博士”的说法，如翻译硕士、体育硕士、工程博士等，对于大多数学术型学位来说，均没有这种说法。

我国高等学校本科教育专业设置按学科门类、学科大类（一级学科）、专业（二级学科）三个层次来设置。按照国家2011年颁布的《授予博士、硕士学位和培养研究生的学科、专业目录》，分为哲学、经济学、法学、教育学、文学、历史学、理学、工学、农学、医学、军事学、管理学、艺术学13个门类，换句话说，对于学术型学位而言，我们国家只有13种学士、硕士或者博士，因为学位的授予只能按照学科门类，而不是按照所学习的专业。每个门类下设若干一级学科，如法学门类下设法学、政治学、社会学等一级学科，而每个一级学科下面又会有不同的二级学科，也就是专业。比如法学大类下的法学一级学科又分为刑法学、民商法学、诉讼法学等专业，再细致一点儿的话，还会出现每个专业不同的研究方向。我挑选了近些年比较热的法学门类作为引例来给大家做具体说明。

03 法学——法学门类包含以下6个一级学科，每个一级学科又下设若干二级学科（专业）。下表右栏中的各个专业最后都会被授予法学学士学位。

一级学科（学科大类）	二级学科
0301 法学	030101 法学理论　030102 法律史 030103 宪法学与行政法学 030104 刑法学　030105 民商法学 030106 诉讼法学　030107 经济法学 030108 环境与资源保护法学 030109 国际法学　030110 军事法学

续表

一级学科（学科大类）	二级学科
0302 政治学	030201 政治学理论　030202 中外政治制度 030203 科学社会主义与国际共产主义运动 030204 中共党史　030206 国际政治 030207 国际关系　030208 外交学
0303 社会学	030301 社会学　030302 人口学 030303 人类学　030304 民俗学
0304 民族学	030401 民族学 030402 马克思主义民族理论与政策 030403 中国少数民族经济 030404 中国少数民族史 030405 中国少数民族艺术
0305 马克思主义理论	030501 马克思主义基本原理 030502 马克思主义发展史 030503 马克思主义中国化研究 030504 国外马克思主义研究 030505 思想政治教育 030506 中国近现代史基本问题研究
0306 公安学	030601 公安学基础理论　030602 公安管理学 030603 治安学　030604 侦查学 030605 犯罪学　030606 公安情报学 030607 国内安全保卫学　030608 边防管理学 030609 涉外警务学　030610 警务指挥与战术 030611 警卫学

由此可见，我们司空见惯的学位叫法是错误的，在学术型学位中，并没有“某某（专业）硕士”这种说法，学位都是按照学科门类来进行授予的。

选一个适合自己的专业

在报考阶段，应该按照专业发展前景、招考人数、录取难度等标准，理性地选择最适合自己的专业。这里将专业分为热门专业、传统专业、新兴专业三类加以分析。

A. 热门专业：主要指那些切合时代热点、社会需求量大、未来就业前景看好的专业。这些专业因为社会需求量大、求职的机会多、未来的发展也比较光明，为大多数考生所看好，例如计算机、通信、土木工程、金融、法学、新闻等。但是这类热门专业的最大特点就是报考人数多、竞争激烈、录取比例较低。因此报考此类专业的学生最好评估一下自己的兴趣和潜力，广泛听取意见，量力而行。

B. 传统专业：主要指那些社会总体需求量有限的基础学科类专业。这类专业常见的有文史类、哲学类、冶金类、地质类、数理化基础学科等。与热门专业相比，这类专业就显得比较冷落。但是由于其多年积累的严谨的治学体系，传统类专业对学生综合素质的培养是其他专业所无法替代的，且社会的需求也在增加，毕业后主要从事教育和科研工作。这类专业在普通高招中占有很大的比例，竞争日趋激烈。

C. 新兴专业：主要指由于时代发展、社会需求变化而兴起的专业，例如新工科、新医科、新农科、新文科等“四新”专业。这些专业就业前景比较广阔，竞争激烈程度比热门专业要小一些。

面对充满机遇和挑战的高考，同学们需要冷静地做如下思考。首先，给自己做一个全面的规划，切忌凭一时的热情或所谓的热爱去追寻别人眼里的热门专业。高考志愿选择既是求学规划，也是职业规划，甚至是人生规划，要以此来审视你要学习的专业对自己的适合程度。其次，分析自己的性格和兴趣。大学专业的选择是为了将来获得更好的职业发展和个人成长，性格和兴趣是学习的出发点，以品性为方向来分析专业对自己的适合程度。再次，收集专业的相关信息，比如培养方案、师资力量、科研经费、就业数据等，以此来了解就读专业的实力背景，做到知己知彼。最后，根据自己的动机来综合分析。目前很多考生受到外界评价或媒体报道等因素的影响，一心奔着热门专业用功。事实上，热门专业的伸缩性很大，也许眼前的热门专业待到毕业时就冷却了。因此在选择专业和研究方向的时候，建议同学们“只选对的，不选热的”。

专业选择与新高考选科

随着新高考的落地与推进，越来越多的同学以及家长们会问这样一个问题：“新高考已经淡化文理分科，是否可以任意报考？”答案当然是否定的。以目前多个省市推进的高考改革方案来看，很多省市执行了3（语数外）+1（历史与物理二选一）+2（化学、生物学、思想政治、地理自主选择两门）的组合方案，这个看似不再区分文理的方案实际上却有着诸多限制，其中最能起到区分作用的就是其中的“1”，也就历史与物理二选一。就目前高校的招生方案来看，选择物理的考生基本可以报考80%以上的专业，专业选择面较为广泛，特别是理工类等专业性极强的学科基本无一例外地要求必选物理，所以想要报考工学、理学、农学、医学等技术类学科的考生务必要在物理上下功夫。而选择历史的考生专业覆盖率在50%左右，主要是传统意义上的文科类专业以及文理兼收类的专业，比如哲学、文学、教育学、经济学、法学、管理学类等，而这类专业，选择物理的考生一样可以报考。所以相对而言，选择历史的考生约束性就比较大一些，通俗一些来说，就是有一些“吃亏”。从目前已经公布招生方案的某些地区来看，在专业首选科目要求上，高校设置了“仅物理”“仅历史”“物理或历史均可”三种条件。从本质上来说，这和以前的理科、文科、文理兼收没有本质区别，但也有不同之处。改革前，考生只有文综和理综两种选择，现在改为“3+1+2”则有12种组合，这等于是在大文、大理的基本格局下，增加了学生的选择权，增强了专业和个人特长的匹配度，有利于学生实现个性化发展。而对高校来说，部分专业的招生要求也可以更加具体，针对性也更强。以《2021年拟在粤招生普通高校本科招生专业选考科目要求》为例，统计结果显示：大多数高校的专业中，首选科目为“仅物理”与“物理或历史均可”占了绝大多数，首选科目为“仅历史”的专业则屈指可数。比如北京大学的招生专业中，拟招生专业（类）有52个，其中首选科目“仅物理”的有15个，占比约28.8%；“物理或历史均可”的有37个，占比约71.2%。北大没有首选科目为“仅历史”的专业。也就是说，选物理可以报考北大所有专业，选历史可报考北大71.2%的专业。

专业选择与就业前景

我们一直强调教育多方面的意义和价值，一直强调教育是培养人的活动，反对教育功利化。但是，回到现实生活层面和就业层面看，考高分，上好的大学，找好的工作，无疑为很多人所认同。教育需要先进的理念，可是再先进的理念也要接受社会实践的检验。这十几年来，随着就业压力的加大，学生对大学专业的选择越来越实际——优先考虑专业与就业的关系，哪些专业就业前景好就报哪些专业。专业和就业前景的关系，其实是社会经济发展对人才需要程度的反映。按理说，上大学选择什么样的专业，家长应该尊重孩子的想法，但有的家长就认为：与其让孩子选择自己喜欢的专业，不如让孩子明白有利于就业才是王道。这种观点虽然有点偏激，但有一定的代表性，也从侧面反映了家长对“专业和就业关系”的理解，还反映出家长对孩子就业环境的焦虑心理。

总体而言，判断专业如何，就业前景好坏，是否有市场时，要有长远的眼光。时代发展快，专业盛衰更快。几年工夫，足够从大红大紫落到无人问津。因此在做选择时，要大概看到本科毕业时甚至研究生毕业时专业的发展趋势，这和经济发展、国家的大政方针以及制度措施不无关系。当然，我不否认，绝大多数情况下，我们选择专业依照的主要是“功利”标准。但凡事不能过头，太急功近利反而欲速不达，造成专业选择的失误。如今，所学专业和就业去向已不再死板对接，学哲学的去了企业，学医学的干起了律师……这都是很正常的现象。职业生涯早已不是从一而终，甚至跳槽成了家常便饭。针对北京地区白领的调查显示，95% 的人有过跳槽经历，62% 的人现在从事的工作与自己原先的专业无关。选专业不要抱着“一辈子跟定它了”的想法，其实不论哪个专业，关键是热爱和发展，只要有成就，其他一切回报都是水到渠成的。专业是否对口并不是最重要的，关键是在工作中能不能发挥所长，干出成绩，实现自己的价值。专业兴趣也并不是一成不变的，在工作经历中同样会形成新的职业兴趣。

Chapter 04

主动学习经验

第26课 从北大医学院到跨国医药公司：

职业选择不是单次选择的结果

林 玮

先明确自己的星辰大海在哪里，然后开始研究如何到达，最后才是背上行囊迈开腿。职业的选择不一定是单次选择的结果，可能会主动或被动地经历多次选择。

站在此刻的时间点，回首过往，突然有一种陌生的惊异感。清晰如昨日的中学时代，居然已经过去遥遥二十多年了。

我的高考选择

从小因为敬仰父亲，一直把父亲的母校上海同济大学作为心中梦想的学府。在职业上，我也一直以父亲为楷模，希望成为一名公路桥梁工程师，关联到高考目标就是同济大学土木专业。现在想来，这少年时最初的职业规划并没有太多关于兴趣、人生规划或是使命的思考，基本上来自榜样的力量。

所有的转折来自高一时的一段对话。当时的班主任跟我聊天，问我将来想考哪所大学。不假思索，从我口中蹦出的就是那个自童年开始就定好的目标。意外的是，班主任满腹不解地问，为什么不是清华北大呢？你完全可以！虽然表面上这是在挑战质疑我为自己设定的目标，但在多年后的今天，我应该坦率地说，那是中学时代受到的最振奋人心的激发和鼓励。

于是，我重新开始思考人生规划，到底想考哪所大学，未来想从事哪份职业。当时也没有外部工具可以借鉴（上了大学后才知道，很多同学在高三的时候做过专业的职业选择测评，他们选择医学是根据测评的提示），因此思路很简单：整个中学阶段，我都是各学科均衡型，进入高中后，个人对化学和生物比较偏爱，还接受了化学奥赛培训。两门学科合并考虑，医学便是最契合的专业。生物当时是一个非常火的专业，自然也落在我的考虑范围内。在当时的认知中，医学对接的职业将是医生，而生物专业将对接研究，也就是科学家。少年的我，对这两份职业的预期都很满意，这大概是因为社会上人们对这两份职业都相当认可。不过，这两种选择方案到了父母那里，直接就分出了伯仲。从医学专业到医生，这是一条清晰明确的通路，就业路径和职业前景比较明晰。而从生物学专业到科学家，看上去则是一个比较虚无的选项。为了这份人生选择，父母可谓是郑重而周到，他们联系医疗行业的朋友了解行业情况，还提供了我跟医生朋友面对面交流的机会。我被告知：医生是一份辛苦的职业，终身学习，工作事关生死，压力大；医学大范畴内还有细分，除了临床医学，还有一门基础医学，比较接近生物学，但以人体为研究对象。如果选择医学，建议选择临床医学，这是医疗行业的核心。而诸如生物学、基础医学，都是致力于基础研究，很难转换。换句话说，可能投入多年而没有产出。最终，叔叔阿姨们的人生感悟并没有完全转化成我心中的排位，我决定以北大医学院为目标，首选基础医学，次选临床医学。那一年，基础医学在福建只有一个招生名额，我的分数没有拼过同报基础医学的全省第十名，最终以临床医学专业进入北大医学院。

医学生和执业医师阶段

八年的医学生生活（我们是北大医学院第一届临床医学八年制直博，也是全国第一批）在我的记忆中并没有留下辛苦的痕迹，因为那些课程对于我来说都很有趣，我很享受把一本本大部头专业书读到融会贯通的感觉。同期身边的很多同学读得痛不欲生，我想差别在于兴趣，因为游戏通关的时候痛不欲生的就是我了。说一句特别落俗套的话，兴趣是最好的老师，乐在其中本身就是最好的激励。

从大学到就业，其实是一个探索和尝试的过程。博士毕业十年至今，虽然一直在医疗行业大框架下，但其中经历了几次转型。回望过去，虽然每一次都是主动的选择，但依然经历过自身内外的艰难。

我在大学期间摘奖甚多，包括北大五四奖章、优秀住院医生、北京大学优秀毕业生以及每年的高等级奖学金。博士毕业后毫无悬念地留在了北京大学第一医院肾脏内科工作。然而，在紧张繁杂的临床工作以及科室集体拼命的科研氛围中，我却渐渐迷茫起来。这是一份很多人神往并为之奋斗的工作，在这样一个积淀深厚的环境中，上升仿佛是一条一眼可以望到尽头的路，艰辛但确定。做科研、升职称、写标书、申请基金，其中必然充斥着发现和传播新知识的乐趣，不过似乎缺乏变化和刺激。我开始思考，真的要一辈子当医生吗？真的要在这里奋斗一生吗？当思考无解的时候，内心的纠结和矛盾就像乱麻一般越缠越紧。我开始观望医院以外的医疗世界。我通过大学的班主任，试图了解前面几级的师兄师姐们除了当医生还有哪些去向。班主任老师非常支持我主动重新思考职业方向，为我引荐了一些在其他职业道路上打拼的学长们。他们有进入保险行业的，有毕业后专修工商管理然后进入私立医院管理层的，有进入出版行业的，有进入跨国医药公司的，也有几经周折进入投资行业的。对这些之前有所耳闻却没有详细了解过的职业路径，我逐一进行了了解。感谢当时所有被我骚扰过的学长们，他们毫无保留地分享了自己的经历心得。

那几年正赶上跨国医药公司在中国扩张医学事务团队，也有许多猎头联系我，这也成为了解其他职业路径的重要途径之一。挣扎思考是否要放弃医生这一职业，大概花费了一年多。因为其他可选的职业在国内发展的历史都不长，一眼能看到的也就是三五年内的方向，之后何去何从需要见机行事。从一条确定的职业发展路径，转向一条变数甚多的路径，到底是新鲜的挑战还是歧途，不知道。最终，一句话真正给我吃了一颗定心丸。在与一位以副教授身份离开医院投身于跨国医药公司的前辈的交谈中，她非常笃定地告诉我：**勤奋的人，在哪里都发展得很好**。没错，我就是那个勤奋爱拼的人，那就从心所向吧。

然而，从心所向说起来就如同星辰大海，意境很美但需要落到实处，也就是需要弄清楚自己内心真正的“所向”。

初入医药企业

五年的住院医生经历中最让我满足的，是看到病痛因为我的医治而减轻，焦躁因为我的安慰而平静，矛盾因为我的沟通而缓和的瞬间。我是一个喜欢与人沟通，喜欢以自己的专业知识影响他人的人。于是，那些大部分工作内容专注于文字的职业第一批被排除了。另外，我也追求工作和生活的平衡，于是排除了那些睡眠基本上被省去了的职业。最终方向的确定还得益于我在北大生物医学伦理委员会供职的那段时间，评审项目以及在美国杜克大学交流期间，我接触到了许多临床研究，对于新药研发中的临床研究也建立了课本以外的体验和认识。以自己的临床医学背景，参与新药研发，看着创新药上市改变疾病的预后，这是一件多么令人振奋的事！

很快地，我开始搜寻各大跨国制药公司新药研发的岗位。近半年的等待，并没有等来我心仪的职位。当时各大跨国药企在中国设立的研发岗位非常有限，仅接受具有医药企业工作经验的候选人进行面试。对我这样正准备进入制药企业的新人来说，面试的机会都没有。这段经历其实真是挺让人沮丧的。短暂的失落后，我马上调整了心态：既然如此，那我就先积攒医药企业工作经验吧！经过几轮面试，我进入了诺华制药公司医学事务部，作为医学顾问负责移植领域已上市药物的医学事务。

在接下来的三年中，我一心一意地干起了医学事务工作。以既往所学为土壤和种子，领域进展、新发表的文献数据、与领域专家沟通交流所得则是每天的阳光雨露，主要的工作任务是确定产品医学定位、制定医学策略、开发开展医学项目。

第一年可谓是辛苦动荡。刚刚步入全新环境的我，经历了公司架构调整、老板更迭，所有的业务和流程从零学起。由于是团队中的新手，并且当时诺华中国的总部整体移向上海，而我因为家庭原因工作地在北京，对于个人发展不是十分有利，当时被分派的都是不太被重视的项目。不过，事情往往是利弊相依。也正是这样一个个在公司内优先级并不高的项目，为我提供了安静思考的机会。（那些重点项目，往往因为多方高度重视、干预方过多，从而导致实施困难重重）带着医院工作的思维方式，很容易直接进入细节思考，比如项目的名称选择、项目的活动设置、展示形式等等。就在我铆足劲儿埋头苦干的时候，老板和资深同事的提点帮我跳出了原有的思维定式，我开始从细节中脱身出来，更多地考虑全局意义。这种所谓的“策略性思维”，从后来的每一步回望过来，都是一个人工作和发展的核心。**通俗地讲，先明确自己的星辰大海在哪里，然后开始研究如何到达，最后才是背上行囊迈开腿。**

这个项目不仅让我收获了进入医药企业的第一个大奖——员工金奖，

也让我理解了医学专业在企业工作中的运用不仅仅是专业上的严谨和正确，与之并重的是以专业阐释商业价值。在医学事务部的三年，我还争取到了负责一个上市后临床研究的机会，以及一次二次数据分析研究的机会。这个数据二次分析的项目，来自老板的一个不经意的念头。热情高涨的我立刻着手推动，与负责数据库的美国同事一起工作。最初的阶段，进度喜人，很快就有了大批的分析结果。不过，文章撰写和投稿却不尽如人意，一轮又一轮的专业期刊审稿和修稿，始终无法弥补项目立题时天然存在的硬伤。**这段经历促使我日后养成了自问“三个为什么”的习惯：为什么要做？为什么可行？为什么这样做？**

此外，意外接手的上市后临床研究，让我从头开始实操了一次从研究设计方案撰写，到实施研究、数据分析，再到最终撰写报告的过程。尽管与新药研发的常规临床研究有很多不同之处，但一次完整的实操可以说是从虚拟到现实的过程，也是各种实操难点的初体验。林林总总的经验经过梳理之后，沉淀在心中，为之后的转型新药临床研发奠定了基础。

转型新药临床研发

三年的耐心积累后，偶然而来的一次面试机会，让我终于如愿拿到辉瑞中国临床研发岗位的 offer。更令人激动的是，连疾病领域都与自己一直的期望契合——自身免疫疾病领域。我的博士阶段课题是 ANCA 相关小血管炎，是一种自身免疫疾病，而且肾脏内科诊治的疾病大部分是自身免疫疾病。因此，我对这个领域情有独钟。**这一次在行业内的小转型，可以说是毫不犹豫、顺理成章，也可以说是在深思熟虑以及磨炼等待后的自然过渡。**

新职位的第一年，又是奔波但兴奋的一年。虽说工作职责与医学事务部大相径庭，但医药外企运行的理念、流程和价值评估体系是一致的，我很快融入其中。加之大量的医学专业知识的结合运用，我在工作中体会到了满满的价值感和满足感。从早期的研发管线看起，到中国研发策略制定，再到临床研究落地实施，以及研究数据分析解读、研究结果申报，总的来说，工作内容既丰富，又充满通过创新改变疾病诊治的激情。

这时的我，已有 7 年工作经历（加上博士阶段的住院医师轮转，实际工作经历已经接近 10 年），**已经很自然地接受繁杂琐碎的日常事务作为任何工作的一部分。**就好比你想写出震撼人心的文学作品，也需要先一个字一个字码进 Word 文档，然后修改润色、调整格式。临床研发的职责涵盖的工作内容从早期评估到最终上市，一个完整的过程通常长达五到十年，每个阶段的工作内容都不尽相同。

我加入的时候，正值辉瑞中国研发中心成立之初，所处的疾病领域产品线丰富而人手不足，于是获得了同时参与各阶段多个项目的机会，我也迎来了个人快速成长期。处于临床研发时间轴两端的项目，不仅带来迥异的经验积累，也让我感受到了新药研发的悲喜两重天。第一年投入最大精力的两个项目：一个是新药上市申请之后的 CFDI 现场核查，可谓是闯关大战，最终顺利获得上市许可。后来听资深的研发同事评论才知道，从事研发十几年可能都未必碰得上一个创新药成功上市。创新药的研发好比新大陆探险，下一步会遇上什么可以推测但无法确知。很幸运的是，研发生涯的第一年，在前人的工作基础上，我早早体验到了研发的成就感。另一个项目则是处在早期阶段（临床概念验证阶段），是一个备受业界期待的全新作用机制。一年多倾尽全力的投入，最后以项目夭折告终。从那时候开始，我明白身在研发，不只是需要学会如何推动项目往前走，识别那些走不下去的项目同样重要，并且越早越好。领域知识和项目经验，两条腿走路，缺一不可。**这里的领域知识绝不仅仅是大学里所学的那些，博士毕**

业前的所学充其量称得上是房子的框架，而一栋房子所需的其他所有要素都需要靠持续的学习来补充，医学就是这样一个高速进展的领域。项目经验靠“四多”：多听、多看、多问、多干。于我而言，研发刚刚入门。与美国总部的同事一起工作，他们基本上是动辄二十年的新药研发经验，对于项目的运筹把握能力的确是勤勉与时间共同凝结而成。想想自己还有那么多值得努力的空间，不禁对未来满心期待。

职业选择不是一件容易的事，毕竟了解一个职业的最有效方式是实操。从我的个人经历而言，高考的选择其实仅仅是选择了一个大的方向（医学领域）。一个大的方向下产生的分支可能大大超出做选择时的所知。毕竟世界的变化速度很快，对自我需求的认识也会不断加深。医学专业的就业目标除了传统所知的医院、医学院、医学相关事业单位政府机关，现如今已经扩展到医药企业（外企、本土企业）、金融投资行业、保险行业、新闻媒体行业（包括传统媒体和新媒体），以及其他与医药相关的商业公司（比如海外医疗中介机构）。每一个就业目标下，又可以细分出很多方向。比如医院，从工作性质划分，可以分为医疗岗位和行政岗位。从医院性质划分，除了传统的公立医院，现在还有大量私立医院以及私立医疗机构。从专业划分来看，有综合医院（各种专科齐全），也有专科医院，有些私立医疗机构仅专注口腔科、医学美容等。再比如医药公司，可以选择的部门有销售部、市场部、医学部、研发部，还有一些与业务拓展有关的部门。过去的十几年中，以外资医药企业为主导。近年来，在本土初创公司的带动下，本土医药企业将会有更大的占比。如果以我所知范围，把医学领域的就业方向画成一张树状图，估计只能用一个词来形容：眼花缭乱。

在此，总结一些自己的职业选择心得以供大家参考。

选择大学专业方向的时候，以个人兴趣和学科强项为基础进行外延拓展，定位一些合适的专业方向。以现今发达的网络以及自媒体为手段，对这些专业方向的相关职业进行初步了解。**如果有条件的话，与行业内人士直接交流会有很大帮助，因为每个行业从内部看起来的样子往往与外人的感受不太一样。**确定专业方向后，尽量选择排名靠前的大学。（听起来简直是废话。其实我想说，如果有多个喜欢的专业，哪个专业你的分数能够上更好的大学，建议作为首选。职业生涯中，名校仍然是一个加分项，但不是绝对的。）

职业的选择不一定是单次选择的结果，可能会主动或被动地经历多次选择。关注整个行业动向，知识积累上既要有点的深入也要有面的宽度。任何时刻都不要放弃对自身的思考。当然，每一次选择都要慎重。因为选择必定伴随着放弃，每一次选择的成本就是你放弃的最大代价。总的来说，符合行业发展方向的职业更有利于个人发展。不要沮丧地认为，没有转化为职业的兴趣都将被废弃，这个时代总有很多令人惊异的亮点和机遇。我的一位深爱古典文学的校友，除了是一名出色的神经内科医生，还在喜马拉雅开设专栏说书。还有很多热爱写作的医生，以自己兼具诙谐和专业的笔触成为大 V。

尽早建立批判性思维。不论是自然科学还是人文科学，学习、生活或工作，非黑即白的东西太少，更多的是具有两面性，同时还在不断演变。

健康产业是毫无争议的朝阳产业

健康产业是世界上增长最快的产业之一，与发达国家相比，我国健康产业仍处于初创阶段。在发达国家，健康产业 GDP 占比超过 15%，而我国健康产业只占 GDP 的 4%～5%。

产业结构方面，发达国家已经形成较全面均衡的产业细分，如美国健康产业结构，家庭及社区保健服务占 50%，医院医疗服务占 19%，医疗用品占14%，健康管理咨询占11%，长期护理服务占6%。相比之下，我国健康产业细分严重失衡，除医疗及医疗用品外，其他细分产业均尚处开发初期（医院医疗服务和医疗用品占95%，其他占5%）。预测在2020年，健康产业将达到10万亿规模，成为推动经济发展的新引擎。

我本人所处的医疗领域是健康领域的一部分，多角度预期均显示在未来几十年将呈大幅度上升的趋势。

彭博行业研究认为，受到近几十年生育政策的影响，到2030年，中国将有五分之一的人口超过60岁。统计数据显示，到2020年，中国65岁以上人口将达到1.87亿；到2030年，这一数字将猛增至3亿，这意味着中国将拥有世界上规模最大的老年人口。未来几十年，中国将成为最具发展前景的医疗技术产品市场。

在这里，我们可以从医疗行业的传统核心部分开始讨论，并向外拓展到大众相对来说不那么了解的部分。

首先，医院应该是大多数人对医疗行业的第一反应，而医生则是其中公认的主角。中国目前的医院体系并不能满足日益增长的医疗诊治需求。中国的医院床位密度每1000人仅有3.87张病床，远远落后于日本的13.17张和韩国的11.53张。现有医院的数量和规模在未来都将迎来大幅度的增长。在专业上，除了临床诊治能力，在证据推动医学进步的时代，医生的科研能力也将成为优秀人才的必备素质。从临床发现问题，在科研中深入探究发现，再将科研结果回馈临床。这是一个临床、科研相长的正循环，也是从单纯的知识应用者到知识发现者、传播者的升华过程，更是对能力模型以及思考模式的拓展。今天的中学生可能早在中学阶段就开启了这种思维方式的建立，在求学过程中可以尝试不断增加相关的实践。

近些年，由于公立医院难以满足差异化的医疗需求，以及公立医疗资源相对短缺，在政策的引导下，私立医疗机构扩张迅速。预计未来几十年将有大幅度增长。其间，除了对医务人员的需求剧增外，可以预见的是，未来对医院管理人员的需求也将大幅增长。而私立医疗机构作为高端服务的提供方，不仅需要建立医疗服务品质，也需要实现商业利益最大化。医院对行政管理人员管理运营能力的要求将大大提高，这也将成为人才培养的一个方向。

与医院发展并行高速发展的是医药企业。过去二十年，外资医药企业是这个舞台上的主角。全球排名前五十的医药企业在中国都有布局，布局范围包括研发、市场、销售。由于中国市场的逐渐成熟以及创新药研发上市相应政策的不断完善，近年来各大外资药企在中国的布局越发靠前，例如辉瑞、诺华等均在中国布局早期研发架构。同时，国内制药企业也处于高速发展阶段，从既往以仿制药为主的经营转向仿制药与创新药的结合。这当中，大批国内初创企业在创新药研发中大展拳脚，加入了这一波行业风潮。在这种趋势下，与创新药研发相关的人才需求激增，这当中包括了医学专业下的药学、临床药理、临床医学，以及医学相关专业如生物工程、计算机模拟等。在医药研发爆炸式发展的过程中，对疾病发病机制、流行病学、卫生经济学的研究也将更具实用转化价值。（对于发病机制的认识加深，可提供新的治疗靶点，是创新药研发的入手点；流行病学研究有助于了解各种疾病的发病患病情况，发掘治疗需求；卫生经济学提供创新药支付的支持。）

创新药的上市一方面为疾病治疗带来了全新选择，也给医保带来了很大的支付压力。优先级排列之后未能进入医保的治疗，以及大众对健康需求的定位日益清晰，将催生支付方式的变革，商业保险将作为支付方的有效补充。因此未来几十年，商业保险行业将迎来扩增。其间也将迎来对医学专业人才的大量需求。

在医学界以证据为本的发展理念下，数据正在成为新型医疗资本。利用人工智能和真实世界证据挖掘医疗数据价值，已经在健康行业的发展中起到重要作用。临床医生和学术界利用真实世界数据开展研究，积累循证医学证据。监管部门使用医疗和社会保障数据为政策改革提供支持。制药界也在热烈讨论真实世界证据在创新药研发中的作用。2019年，美国FDA基于真实世界的证据批准了某医药公司的新药上市申请，进一步佐证了真实世界数据的价值。可以预期的是，与真实世界数据捕获、处理和分析相关的学科与医学学科的交叉将会是又一发展趋势。

近年来，健康行业的高速发展以及房地产的挤出效应，正在引发资本向医疗行业的大量转移。这也激发了多种行业对医疗专业人才的需求，如咨询公司，也可能引发一些传统产业向医疗转型，比如地产公司扩增医疗地产板块、养老地产等。金融行业中医疗相关业务的发展也吸引了医药人才的加入，如证券公司、投资公司等。

行业高速发展对监管的要求也将日益增加。过去的五年中，出于新药审批监管，国家市场监督管理总局及其下属单位工作人员不断扩张。然而，相较于新药审批监管发达的美国食品药品监督的工作团队，仍有很大差距。医疗行业的其他监管部门，也存在类似的情况。这些机构都将是高质量医疗人才的吸收器。

作为朝阳产业，医疗行业未来的发展可能大大超出我们目前所能预见的。十年后回过头看上面的这部分行业介绍，大概不可避免地会觉得单薄以及不够全面。医疗行业未来的职业发展路径可能将更加多样化。扎实的专业基础，不断学习增容的能力，多学科知识积累和眼界培养，都将是职业发展的助力。另外，非常落俗套但不出意料的是，在医疗行业中，外语能力绝对如行走坐卧一样重要。医学是一门知识迭代快速的学科，知识的来源、工作协作、视野拓展都需要外语这门基础工具。另外，一些放之四海而皆准的软技巧，如沟通能力、协调能力、组织能力等，是无论从事哪份职业都不可或缺且从不嫌多的技艺。

希望自己近十年的职业发展过程以及对行业的粗浅认识，能给正在为升学和职业选择拼搏的学生朋友们带来一些启发。

第27课 从编程达人到专业理财师：

用强大的专业能力穿越时代浪潮

赵小华

工作几年之后，工作经历就比学历重要多了，尤其是做过一些厉害的项目，某些项目可能就是一个小行业，能力出众你就会在这个行业里小有名气，这个时候不需要找工作，可能就会有人开出高薪来挖你。

我从小生活在农村，对外面的世界了解很少。高考填志愿时，我想学计算机专业，当初大家都叫电子计算机，我以为电子和计算机是同一个专业，结果报了应用电子专业，失之毫厘，谬以千里。所以，同学们在填报高考志愿前，应该多了解专业，以免失误。

大学：程序员的自我修养

应用电子专业，属于工科专业，数学和物理都是很重要的基础学科，大学一年级要学习大学物理，大一、大二都要学习数学，包括高等数学、工程数学等。事实上，工作中也确实会用到这些数学知识。进入大学之后，学习计算机的愿望一直很强烈，电子专业有很多计算机的课程安排，包括计算机原理、编程语言等，这些课程我学得很好，考试成绩基本在班级前

3 名，课余还参加了大学外面的电脑培训班。我常常到学校的机房，蹭时间上机。如果时间允许，我也常常跑去蹭计算机系的核心课程。就这样，大学期间，我想方设法去学计算机。在学习的过程中，也有困惑、迷茫的时候，有一次我问老师："计算机专业最精彩的地方在哪里？"老师说："计算机专业最精彩的是编程。"我如获至宝，于是放弃了计算机的其他方向，专注于编程。

大学的毕业设计让我很难忘，作为工科生，动手能力很重要，毕业设计就是把所学的知识综合应用起来。当时的课题是设计一个拷贝机：把一个存储芯片的数据，复制到另一个存储芯片里。这需要自己设计电路编写复制数据的程序。当时实验条件比较差，没有编程器，也就是说编的程序无法写入到 MCU（一种微型处理器）里面去，程序也就无法执行。但是我和同组的同学却很痴迷，在实验室通宵熬夜，我们根据微机原理，自己设计了一个编程器，这个编程器的设计比毕业设计更难。今天我们使用的各种游戏、软件、手机应用等，都是通过程序员写代码实现的，每一句程序代码最后都会编译成二进制码，这些二进制码代表的是高低电压，CPU 里主要是计算电路，对这些代表数字的高低电压进行计算。设计编程器，让我对于计算机原理的理解更加深刻了，我们的毕业设计也当之无愧地得了"优"。**毕业设计对于找工作有非常重要的作用，面试的时候大多数都会问毕业设计的课题，这代表了你的学业水平，这是比分数更重要的事情。**

在大学期间，一位老师也曾给我建议：每一个学科都有完整的学科体系，如果喜欢计算机，也可以转专业。由于在计算机方面花的时间比较多，所以我的本专业课程就仅仅是及格而已。事后反思，老师的建议是非常有道理的，为了学计算机，付出了更多的时间，但其实学得并不系统，如果同样的时间花在电子专业上，学习效果可能会更好。

大学生活与高中有很大的不同，自由度比较高，从紧张的高中学习中解放出来，很容易放松，因此需要更强的自控力。我常常因为没有抓紧时间学习功课而自责，甚至抑郁。当然大学生活也有很多社团活动，有些社团活动流于形式，但也有些社团活动能够锻炼人的能力，例如演讲比赛、辩论赛等。

求职：专业能力是求职最大的利器

电子专业最大的职业舞台在深圳，毕业后一周我就到了深圳。第一份工作是在深圳郊外的一个电子厂，但是在我心里，理想的工作是写程序，因此这段时间算是“身在曹营心在汉”。2000年春天，有一次临时去深圳市里出差，于是便顺道去人才市场了解一下情况，好为以后找工作做些准备。偌大的招聘大厅，熙熙攘攘的求职人员，一路浏览过去，发现一家公司正在招聘程序员。来不及精心准备，抱着试一试的心态就去参加面试了。简单介绍了一下情况之后，老板拿出考试题目考试，现场来应聘的人还不少，有的抓耳挠腮答题，有的支支吾吾面试，各种状态都有。大多数求职的人员，都知道一些编程的知识，说得上来一些，但是不够扎实，似是而非的较多，很像大学考试时“60分万岁”的答题状态。在我看来，在大学里“60分万岁”的思想是非常不好的，只有一些表面功夫，说起来知道，做起来迷茫。求职的时候也经常是需要考试的，如果基本功不够扎实，是很容易露馅儿的。当然，这些题目对于我来讲不在话下，尤其是因为有毕业设计的经验，回答这些问题更显得游刃有余。老板非常满意，当场决定录用我。**作为一名工科学生，做毕业设计时，你就开始了你的职业选择之路。毕业设计既是知识的系统梳理，也是为未来找工作积累优势。做过项目的学生和没有做过项目的学生，水平完全不一样。**

新公司老板是香港人，一位非常严谨的工程师，我在这里学到了很多，养成了良好的编程习惯。我找到了自己喜欢的工作，工作很开心，也想尽一切办法努力提高工作能力。这段时间由于太拼了，三个月瘦了10斤。我很感谢这份工作，这份工作对我的人生有着非常重要的意义，它使我走上了职业的正轨，不但完全让我用上了大学学习的专业知识，同时还是自己喜欢的工作，而且工资待遇还相对较高。

职场晋升：能力比学历更重要

当时公司地处偏远的公明，工作了一年之后，我很想到繁华的深圳市里去工作，也希望到新的环境中提高能力。于是周末开始去人才市场找工作，其中有一家台湾的公司，要求非常高，当时面试官说，按照我的学历背景，是没有资格去面试的，但因为看到我工作经验的优势，就给了我一个面试的机会，而一同递简历的另外一位中科大的本科生因为经验不足，就没有被通知面试。但是最后我还是没有被录用，因为我英语底子不好，而最前沿的技术资料大多数是英文资料，非常遗憾。所以，综合能力，尤其是跟工作相关的综合能力非常重要。在新时代里，我们要有全球的视野，大量的前沿技术来自国际，尖端的技术大多数还是掌握在欧、美、日这些国家手里。

尽管遭受了挫折，我后来还是到深圳市内一家设计公司工作了，写过很多程序。**工作几年之后，工作经历就比学历重要多了，尤其是做过一些厉害的项目，某些项目可能就是一个小行业，能力出众你就会在这个行业里小有名气，这个时候不需要找工作，可能就会有人开出高薪来挖你**。甚至做到一定的程度，积累了一定的资源，就可以开始创业了。通常做技术的和做业务的一起合作创业，也有一个人创业的。那时，我也蠢蠢欲动，想着去创业。

创业：机会与能力并重

2007年年底，终于迎来了创业的机会。当时，一家国内的芯片设计公司设计了一款全新的充电芯片，但是市场没有推广开，没有人看好，公司陷入困境。我通过这些年的积累，对技术与市场有了较为深入的理解，我恰恰看到了这个别人没看到的机会——如果这个芯片推广开来，将对这个产业起到革命性的改变。于是我去跟公司谈了销售代理，并向亲戚朋友们借了些钱，总共不到10万块钱，就这样开始了我的创业之路。

当时，国内大多数公司的充电芯片同质化比较严重，主要靠打价格战，而这款芯片是全新的，需要很强的技术支持与市场推广，还需要帮助客户改变设计。得益于我们的技术支持，市场很快接受了这款芯片，半年左右我们成了这个行业芯片销售第一的公司，市场占有率达到60%。后来也有台湾的一家公司仿制了这款芯片，这家台湾公司以低成本著称，举起价格屠刀，抢占市场，在多个行业市场占有率第一。这家公司的实力远远在我们之上，成本低，同时资金实力雄厚，投入的人力是我们的3倍。我们之间发生了激烈的竞争，但是无论他们怎么打价格战，我们始终保持着高于他们的价格，并且还能够维持市场原有的占有率。这家公司的董事长亲自到市场上去调研，发现原因是我们不只是一个卖芯片的公司，而是提供了更好的服务价值，提供了整体解决方案与全面的技术支持，这些价值是他们提供不了的。于是他们放弃了价格战，维持合理的市场占有率，两家公司形成了良性的竞争关系。事后很多年，我们双方都感叹，良性的竞争关系有利于促进市场的健康发展，同时双方都保持了不错的利润，恶性竞争是对行业的伤害。

转型：学习能力比知识更重要

时代变化太快，创业时主要面对的市场是万能充电器市场，包括芯片与充电器的制造，这是诺基亚手机时代的产物。随着智能手机的兴起，手机里的电池不再拿出来充电，万能充电器产业消失了，公司也随着业绩的迅速下降，从亏本到被迫完全停止了这个产品的生产。公司也面临转型，最后以另一位股东为主，成立了一家红木家具公司，集设计、生产、销售于一体。我本人于 2014 后转行到金融行业，从事证券投资工作。

转型是一个艰难而痛苦的过程，到一个新的行业，需要从零开始，重新建立知识体系。就证券投资这个行业来说，我们需要从市场的走势、公司业绩增长情况、宏观经济三个层面来分析股票、债券、商品期货等大类资产的风险收益比，对选择的公司做详细的投资分析。我之前的工作经历对于证券投资有所帮助，例如善于写程序，这对于做量化投资是非常重要的技能。加之经历过创业，对于公司的分析会也有切身的体会。但这仅仅起到一定的帮助作用，真正核心的是投资体系的建立、心理素质的提高与信息的获取，这些是更重要的技能，需要重新学习。**正所谓“活到老，学到老”，学习能力与学习方法比知识更重要，变化无处不在，如果不想被时代抛弃，就需要快速地学习新知识。**2016 年，我到一家基金公司工作，编写交易策略程序。也正因为有写程序这个技能，可以更方便地做全市场统计，用科学的方法去验证思想，从而更深刻和快速地理解市场。

现在，我成了一位专业的理财师，理财师的工作内容主要分为以下几个部分。

1. 了解客户的情况，例如收入是多少、开支多少、有多少债务等；

2. 为客户做出整体的家庭财务规划，多少资金用于保障用途，多少资金用于投资固定资产（如买房），多少资金用于投资金融资产；

3. 给出投资建议。在金融资产方面，根据客户不同的年龄和风险承受能力，推荐不同风险等级的投资品，投资品以基金为主。

举个例子，2017年年中的时候，我的一位客户顾先生来咨询一个股权项目。通过沟通了解到，顾先生原来主要投资单一的信托产品，收益不太理想，同时风险偏好较低。通过这些信息的了解，我建议顾先生做稳健的债券类投资，在心理逐渐成长之后，再做股票类基金的投资，最后做少部分的股权投资项目，这样一个投资组合有效降低了风险。

在2018年初，我们判断2018年的金融市场风险较大，于是建议顾先生赎回股票类基金，保留安全类的债券基金。当然不同的时间，可能会有不同的申购和赎回建议。到现在为止，顾先生的投资收益是比较理想的。相反，在2017年8月，我一位朋友想投资，他希望投资稳健类的基金，我知道朋友的工作收入非常不错，实际风险承受能力其实是很强的，只是心理上还可能比较担心，于是我鼓励朋友投资风险稍微大一点的股票类基金，朋友听取了我的建议。2017年8月到年底，朋友最终获得了20%的收益，同时在2018年股市大跌之前，赎回了基金，保留住了大部分的投资收益。

对行业与职业的个性化认识

我分别从事过技术工作、商业与管理工作和金融投资工作，我简单介绍一下这三个行业的特点。

软件工程师

作为一名软件工程师，需要严谨的逻辑思维能力。写程序是一种非常有魅力的工作，很容易短期内获得成就感，工作时容易进入一种沉浸的状态；但同时，写程序又容易让人抓狂和沮丧，在编写程序的过程中，几乎不可能一次写成功，还常常找不到问题所在，苦恼、百思不得其解的状态经常会遇到。因为要去找自己的问题，确实是个困难的事情，要不断假设、求证，直到最后找出所有的问题。有时候，同事之间会互相检查代码。当然，这个工作也容易获得尊重，工资收入中上水平。未来的程序越来越庞大，功能越来越强，还会需要大量的软件工程师。想要从事软件编程工作，数学和物理需要学好。除了逻辑思维能力外，也需要一定的想象力，同时也需要一定的自律能力，能够坐得下来，静得下心。

商业与管理

从事商业工作，最终需要为客户提供价值，这是你的竞争力所在，同时也需要与人打交道；而作为管理者，还需要建立团队，进行市场营销，考虑公司的发展。商业中面临着各种竞争，这需要一定的处理事情的能力，从而维护自己的利益。**从个体素质来讲，从事商业与管理工作我个人认为最需要的能力是影响力。**愿意帮助别人、成为某个专业领域的权威、良好的人际关系都是形成影响力的重要因素。在管理方面，最重要的是激发下属的积极性，管理要张弛有度，既要有科学的成分，运用前人总结出的管理经验；同时也要有艺术的成分，每一个人都是独特的个体，对待每一个人的管理方法也有所区别。

证券投资

狭义的证券投资是指投资者买卖股票、债券、期货、基金等金融产品，以获取差价、利息及资本利得的投资行为和投资过程。投资的策略也非常丰富，最激进的是杠杆交易，也可以采取稳健的套利策略或者对冲策略。

证券投资是一个高风险、高收益的行业，其中股票是证券投资的主要品种。产生风险最本质的原因主要有两点：一是未来的不确定性，经济学家、企业家、投资家分别面对着不同数量级的不确定性。股票短期的价格是随机游走，类似于做布朗运动，整体股市是一个非线性系统，存在蝴蝶效应，这些都是风险的来源。二是周期短，它是传统商业的一个缩影——低买高卖，但是成功与失败会变得很快。如果说创业可能在一年之后就可以看到成功或者失败，那么证券交易可能一个月就会有结果。**所以在这个行业，有能力的人能够快速赚钱，没有能力的人会快速失败。**传统行业是二八定律，股票交易是一九定律，期货会更极端。迈克尔·卡沃尔在《趋势跟踪》（*Trend Following*）一书有一个观点：交易是比赌博风险更高的行业。

证券投资行业的发展前景

证券投资是一个有着悠久历史的行业，但这又是一个不断发展变化的行业。我们国家资本市场很年轻，还有很多有待完善和发展的地方，这也正是这个行业的机遇。一些西方国家资本市场发展很成熟，很少有超额收益，当然他们也经历了散户、机构投资者等阶段，目前主要是机构投资者。而我们国家散户参与者很多，市场非理性明显，因此还不断有错误定价产生的超额收益。

过去我们经历了庄股时代、游资时代，目前正在从炒作向价值投资风格上转型。过去主要是在市场上博弈，赚市场波动的钱，未来更需要对企业深入研究，是专业化的时代。同时量化投资也在兴起，正在蓬勃发展。目前量化投资的主流是以统计学为基础的数量分析方法，同时也有以机器学习为基础的人工智能量化投资，其中部分公司取得了比传统量化投资更优异的业绩。

证券投资从业者的专业背景与特质

证券投资从业者来自各行各业的都有。著名的量化投资大师西蒙斯是一位知名的数学家，而索罗斯是一位哲学家。巴菲特是一位伟大的投资家，他以企业经营者的角度去看待投资，在我看来他更像一位企业家。目前国内证券投资行业的从业者主要来自以下专业。

1. 数学、物理、计算机等理工专业，主要是从事量化投资。所谓量化投资，是指通过数量化的方法建立模型，用计算机程序去实现，发出买卖指令，以获取稳定收益为目的交易方式。量化投资分为以下几个步骤。

第一步，获取数据。这些数据一部分是标准化数据，例如交易所数据、宏观经济数据，还有一部分数据需要我们自己去抓取、获取，例如去读取微博的舆情数据，去淘宝获取购物的数据，等等。

第二步，建立模型。获得数据之后，需要对数据进行统计分析，找到规律，建立模型。

第三步，编写程序。我们通过统计分析得出的规律，还需要计算机编程去做测试，或者用程序发出交易指令。因此我们需要一些金融知识、数学知识，以及计算机编程能力。目前量化投资人才是稀缺的，如果是名校的理工科学生更有竞争力。北京某投资有限公司 2015 年开始面向市场管理资金，短短四年时间管理规模已近 100 亿元，同时获得了非常高的超额收益，公司员工主要是来自清华、北大的理工科学生。科技发展到今天，人工智能在投资领域也发挥着越来越重要的作用

2. 金融、经济、管理类专业。以基本面分析为主的投资方法仍然是主流的投资方法，基本面投资方法需要我们对企业有全面的了解，包括企业的战略发展方向、产品的竞争力、市场的发展前景、管理团队的能力等；还要对行业有深刻的认识，例如行业的诞生、成长、成熟、衰退等阶段，行业的竞争格局等；同时要对宏观经济有认识，包括货币政策、财政政策、各种经济指标，尤其是要了解和研究美联储及各国央行的货币政策，跟踪国际资本的流动、经济周期等。此类工作的从业者通常有金融、经管类的

学业背景，毕业之后可以到券商、银行、基金公司工作。当然，随着投资能力的提高，也可以成为基金管理人。不过要成为一名优秀的基金经理，是非常不容易的，当然收入也是相当不菲。

一个优秀的基金经理，需要以下一些特质：

1. 情绪稳定，市场常常处于非理性状态，没有良好的心理素质很难成功；

2. 高度专注，因为最好的机会往往出现的时间很短；

3. 严格遵守规则和纪律，投资是一件反人性的事情，需要通过纪律来约束情绪，这一条是投资的生存法则；

4. 一丝不苟、有责任心，认真做自己的研究，研究越深入越容易取得超额收益。

给青少年的两条小建议

1. 认识自己。有人问古希腊哲学家泰勒斯:“何事最难为？”他应道:“认识你自己。”德国哲学家尼采说：“我们无可避免跟自己保持陌生，我们不明白自己，我们搞不清楚自己，我们的永恒判词是：‘离每个人最远的，就是他自己。’”“认识你自己”（Know yourself），相传是刻在德尔斐的阿波罗神庙的三句箴言之一，可见认识自己是多么重要和困难。现在有很多工具，例如MBTI职业性格测试、霍兰德职业兴趣测试等，可以测试我们的特质、兴趣和爱好。

2. 坚持。选择适合自己的方向，坚持下来，这样会更容易达到更高的高度，因为我们的时间和精力都是有限的。

第28课 从法律系到电商物流业：人生道路千万条，追求卓越第一条

王小花

人生是一个不断认识自我的过程，这个过程会不断地经历尝试、努力、失败、成功的循环。人生道路千万条，不断追求卓越是第一条，只有这样才能快速适应日新月异的社会。

如今的“6·18”购物节俨然成为一场集体性的购物狂欢盛宴。每年的这一天，我都会坚守在京东“亚洲一号”仓库的岗位上，看着一辆辆红色货车出出入入。正是这些亮眼的、带着京东标志的红色车辆，正是这些穿着红色衣服的快递小哥，将一个个包裹，以最快的速度送到每一个下单的客户手里；也正是他们，串联着线上购物、线下送达的完美体验。

介绍下我自己，我叫王小花，现就职于京东物流集团华南区大客户销售部，主要负责大客户的开发。一年半前，由于不甘于现状，我离开了很多人挤破脑袋想要进入的国企，离开了待了四年的地方，离开了自己打下的一片江山。再往前推，在一家大型电商私企待了几年，分管商务拓展。再往前推，就是在一家那个年代很知名的国产手机公司，负责女性手机的产品策划及商务拓展。

这一步步走来，时光如同白驹过隙。转眼间，我从一个法律专业毕业的大学生，跨专业做了手机行业的产品经理及商务，又转行做了电商行业的商务，再转行做物流行业的销售。我的成长故事可能和其他人不太一样，他们讲述的可能更多是优秀的人如何取得成功的经验，而我分享的是一个普通的人曾经失败的经验，一条从事非本专业工作的成长之路。最终，我找到了自己的“专属”行业及职业——物流行业提供解决方案的销售。**成长，并非只有一条道路，路有千万条，只要做好自己，在某个专业领域深耕下去，不断努力，最终就能实现成长。而如果能借鉴别人失败的经验少走一些弯路，那也是极好的。**

除了工作之外，生活其实还有更多可能。业余之时，我还会为一些学校上课，担任某工业学校教务处特聘教务委员及创业创新评委、某理工学院论文指导专家，同时升级成为公司内部讲师。工作是重点核心，业余的斜杠是为了更好地丰满自己的灵魂。

从小到大，我都不是父母眼里“别人家的孩子”，不是老师眼里的拔尖学生，没有累积成山的奖状，更没有多么辉煌的高中及大学生活。普通的我，一如所有普通的人。一路走来，从高中复读到大学再到职场，感触最深的是人生没有一成不变，唯一的不变就是变化本身。

高中阶段，破茧成蝶

十年寒窗，本该是收获成果的时候，而我却遭遇了落榜。整个班级，只有三个人考上了大学，其余均落榜。当时唯一的感受就是不甘心，于是选择了复读。复读过的人都知道那种压力，有种不成功便成仁的感觉。复读一开始并没有太大成效，觉得成绩还是没有任何起色，甚至和很多人一样，有过放弃的想法。无数个夜晚，一个人从学校回宿舍的路上总会陷入迷茫；无数个白天，看着老师在讲台上声嘶力竭讲题的时候，总会在想：为什么那些题目就是不会？难道就这样被打倒了？难道从此与大学无缘？关键时刻，我还是下定决心拼一把，万一成功了呢？

我开始找出自己的短板，对最不擅长的政治进行专项攻坚，跟着老师的节奏一遍一遍背，一遍一遍练习，越背发现题目越简单，越练习发现越有优化空间，题目也不再陌生。对于英语和语文，我本身底子还不错，就是不够扎实，于是沉下心来踏踏实实地背诵学习，不再心猿意马，而是和这门学科交朋友，知其然并知其所以然。随着成绩的进步，心里不断产生一种征服的快感，于是慢慢形成良性循环。

高考分数放榜的那一刻，语文 121 分，英语 116 分，政治也是 116 分，我以班级分数第二名的成绩考上了一所“211”重点大学。高考的经历给我最大的感触是：**虽然我很普通，但人生本来就没有好走的路，为什么不搏一回呢？面对失败，如果一蹶不振，未来一路迷茫；如果能逆流而上，真心努力，还是有机会成为更好的自己的，从而破茧成蝶，未来可期。**

大学阶段，改变自己

进了大学，发现世界如此广阔，每个人的思想如此鲜活，似乎每个人都怀揣着梦想来到这里，想要一展拳脚。社团、学生会、勤工俭学等各种活动到处都是。第一次参加军训，第一次参加男女寝室联谊，第一次看到别人涂防晒霜，一切都是那样的新奇。面对那样的世界，从农村出来的我，一开始并不适应，甚至会有一点点自卑。但是，很快我觉得这样下去只会作茧自缚，我要改变自己。**于是我开始慢慢尝试主动出击。**

第一次在英语课堂上举手用英语介绍自己，虽然全身在颤抖，甚至介绍不下去，但是毕竟勇敢迈出了第一步；

第一次参加大学运动会，参加了谁都不敢参加的3公里竞走，在同学的呐喊和加油声中坚持到终点，然后瘫倒在地；

第一次参加竞聘，成功被任命为副班长；

第一次参加勤工俭学竞争，成为唯一被录取的人；

第一次参加TCL学校代理招生，成为我们学校唯一的TCL复读机代理商……

积极主动的心态和勇气让我收获了很多机会和成绩，所有的这一切，都为未来我的社交能力及销售能力奠定了良好的基础。

然而，丰富的课外活动看上去“不负春光不负卿”，看上去多姿多彩，但人的精力终究是有限的，这导致了我在学业上有所荒废。其他同学在努力学好每一门课程，同时参加各种与学业相关的实践活动，而我只参加了实践活动，却没有把重心放到学业上。到了毕业的时候，别的同学目的明确，参加司法考试拿下律师资格证，而我却依然迷茫。班上大多数同学进了公检法体系，而我却与法律无缘，导致后来找工作相对比较难，走了很多弯路，付出了比别人更多的努力才挽回。

大学四年是人生重要的转折点，而当初的我和很多人想得一样，以为考上大学就可以放飞自我，可以不把学业当成重中之重来考虑。而实际上，大学只是开始，并非结束，高考后还需不断前行。在实践方面，参加各种活动，增加社会实践经验，对于未来人际交往、开阔视野具有很大的帮助；在专业方面，了解本专业进入社会后会从事哪些行业，而这些行业需要什么能力和资质，并攻克对应的专业课，考取相应的证书。比如，我学的是法律，毕业后从事的应该是律师、公检法公务员等职业。那么要从事这些职业，我必须要通过司法考试，或者要考上公务员。那么就要研究司法考试或公务员考试要考什么，在大学期间着重准备并努力攻克。

如果能设定好这些目标，并为之努力，大学就不会碌碌无为。**大学的**

学业绝不可荒废，还需以学习为根本，否则未来要付出很多努力才能赶上别人，要比别人付出更多的辛苦和汗水。

初入职场，逆袭而上

我因为学业不精未能通过司法考试，也未能考上公务员。**读大学的时候，以为只要毕业就会有不错的工作等着自己，但当走出校门的时候，社会狠狠地给了我一记响亮的耳光。**在人才网投简历、人才市场面试时，由于专业不对口、没有设定好自己工作目标，我仅凭借自己在学校实践活动锻炼出来的见识，去做了一名总经理助理。但真正工作的时候，才发现自己并不能胜任。总经理助理要求自然很高，须懂得各种察言观色及各种礼仪，作为一名刚刚毕业的学生，这样的工作大大超出了我的能力，最终只能选择离开。既然高不成，于是选择低就。我接着去隔壁一家小公司做了什么专业都能做的行政工作，但这份重复性较强且毫无挑战的工作过于琐碎，越做越觉得不甘心。那时的我，每天只吃最便宜的快餐，入不敷出，穷困潦倒，看不到未来。**我后来反思：大学的不努力，为那时的自己种下了恶果。**人们都说，上帝给你关上一扇门的时候，会给你打开一扇窗——但窗户就是窗户，并不是门，而且这个窗户会很窄。这些苦难经历，让我开始思考：自己到底要做什么？到底要在哪里做？是不是应该到一个略有挑战，又有发展机会，平台大一点的企业工作才会有未来？

于是，我主动上网了解哪些行业比较热门，了解哪些工作岗位比较能持续性发展，重点锁定几家大公司，最后确定了某大型企业正在招聘的营销专员的职位，并通过各种人脉渠道获取了一个面试的机会。面试之前，我仔细了解了该职位的需求，重点攻关该职位所需的知识，并不断训练自己的面试技巧，加上之前在学校做营销推广时积累的实践经验，最后好不容易才进去做了一名基层的营销专员。

进入这家大型公司后，我非常珍惜这个难得的机会，因为平台发展机会不错，里面的人都是能力比较强的。于我而言，**这是一个新的开始，一切从零开始，之前初入社会的各种挫折让我异常珍惜这样的机会**。于是我天天钻研产品知识和营销知识。因为表现不错，短短一年时间，我被纳入核心产品部门重点培养名单，成为公司女性手机系列的产品经理。

随着深入了解自己，我发现自己更喜欢和人打交道，于是开始试着寻找商务合作或销售方面的职位。因为和公司高层有一定的接触，领导认为我在商务谈判这块有一定的天赋，于是找了一个机会让我负责手机增值服务内容规划及供应商商务合作，当时的合作商有新浪、搜狐、空中网等来自北京的大型企业。开始的时候，依旧会有一些吃力，毕竟面对的合作商均是一等一的销售高手。于是，在业余时间，我看了各种关于销售及商务谈判技巧的书，认真分析合作商销售人员的销售技巧，再加上领导的指点，增值服务每月利润可达百万元。而这段商务工作的经历，也为我后来的商务谈判及销售之路做好了铺垫。五年的时间里，我完成了跨专业的转型——从一名法律系学生跨专业做商务。

初入社会，唯一后悔的是当初在大学里没有好好设定目标并为之努力，让自己后来的路充满荆棘。不幸中的万幸，后面通过努力，慢慢步入了人生正轨，只是前面的路略有曲折。而之所以能步入正轨，也是因为及时调整，在新的工作岗位不断学习与岗位相关的知识，从未停止学习的脚步。如果说成长蜕变需要什么，我觉得不停止学习，设定目标，然后一步步地去完成，再加上积极的心态，这些是核心的要素所在。

初为管理者，及时纠偏

受大环境影响，国产手机遭遇寒冬，曾经辉煌的企业也未能幸免于难，遭遇倒闭。庆幸的是，之前在大公司体系下累积下来的产品及商务经验，让我很快找到一份不错的工作，成为一家全国拥有 7 个分公司、扩张速度极快、奔着上市去的一家公司的商务拓展部经理。公司扩张快、要求高，从国企转型到私企，压力可想而知，但是给我最大的挑战却是初为管理者的各种不顺。因为不懂管理，以为直接强压就可以，但却招来各种抗拒和不服。当时，主要工作是负责与合作商洽谈，入驻公司电商平台。由于没有经验，下属完不成目标只会教训，也不懂怎么培养下属，导致下属融入很慢，也遭到他们各种抵制。他们谈不下来的项目我自己亲自谈，导致自己忙到筋疲力尽，下属却无事可干。直到有一次，一个下属公然挑衅，说他不干了，也公开表态说从来没有遇到过像我这样的领导，这件事让我开始反思自己。他是我第一个招进来的人，却最快离开了这个团队，自己到底哪里出了问题？痛定思痛，我开始和别人交流管理经验，同时开始系统学习管理知识，尝试更换管理风格，不断修正自己。

要做一个好领导，需要提升两方面能力：一是管理能力；二是影响力。管理方面，首先要设定目标，包括年度目标、月度目标，定好月度绩效表，以权重及分数为绩效考核标准，包含过程把控，包括月收入目标、月签约客户数、月意向客户数、月目标客户数、每天电话拜访数以及明细表，各占绩效多少权重。有了量化的过程管理和绩效考核，管理起来就有章可循。

至于影响力，并不是强压就能解决问题，而是应该建立培训制度，包括新人培训、谈判关键点培训，以老带新，创造团队凝聚氛围，通过团建，打造一起努力的氛围，通过帮下属解决他解决不了的问题，从而增加自己的影响力。慢慢地，团队开始有了积极协作的氛围，自己又能在客户开发及专业这块帮助他们，下属开始发自内心地服从管理，也愿意为部门发展齐头并进地努力。

初为管理者，虽然摔了跟头，但是如果能及时系统地学习，并尝试修正自己，慢慢就会好起来的。

行业转型，创造辉煌

因为自己所处的行业是电商，为了能增加人脉资源，扩大自己在电商圈的知名度，同时向行业佼佼者学习，掌握了解最新的行业信息，我开始组织策划并主持高端电商沙龙，邀请福建省知名电商企业高管参会，加强行业内部交流。同时，成立福建电商行业俱乐部，将电商知名人士纳入俱乐部，促进长期交流。因举办各种活动，自己在电商行业知名度不断提升，加上电商客户资源颇丰，我后来被一家刚启动电商仓储物流的国企挖过去负责销售业务。从此开启了行业转型之路，从原来的电商行业转型到电商物流行业，从此开启了物流行业的销售之路。自此，深耕物流行业，深耕销售职业。

刚入公司时，看到的是还在施工的设备，整个仓库还要两个月后才能启动。为了能尽快签约客户，我开始了最辛苦的签约之路。首先，丰富电商物流知识。因为进入了一个陌生的行业，只能不断学习相关知识，不然很容易被客户挑战。为此，我不断请教前辈，参加公司运营及系统开发分析会议，研究整个项目的需求报告，了解每个操作环节的知识，研究合同内容，找出会被客户挑战的条款，调研竞争对手情况，等等。其次，拜访现有电商客户。先拿小客户试手，前期把客户挑战的点及时记录并逐一突破，增强自己的谈判能力。最终在公司设备启动那天签约成功，接下来势如破竹，一家两家三家逐步落入。在管理方面，首先将经验做好沉淀，建立客户引入及谈判流程、立项流程，打造新人知识库，建立完善的绩效考核表，打造过程管理。在团队方面，树立一种积极向上的团队氛围，帮助下属解决他们无法解决的问题，树立个人威望，从而增加影响力。在客户引进方面，通过各种渠道建立客户库，电话拜访，上门拜访，促成签约。

四年期间，业绩方面，带领团队从 0 做到日均几万单的单量，打破了之前无人突破的纪录。管理方面，团队一起努力，上下齐心，下属非常认可，至今关系良好，赞誉颇丰。

要在一个行业做到足够优秀，需具备以下能力。

第一，构建知识体系，包括行业知识、公司产品知识、内部流程制度知识、客户行业知识、客户市场环境与竞争知识、客户内部流程体系知识、主要竞争对手知识等。

第二，搭建自己的能力体系，不停止学习的脚步，增加分析能力、沟通能力、谈判能力以及协调能力等。

跳出舒适区，奔赴新战场

离开很多人心心念念的国企，跳到京东这家工作强度较大的民企，中间其实犹豫了很久。一边是自己创下的业绩，在公司地位相对稳固，职业相对稳定；另外一边是新的世界，一切不可预期，风险巨大。可是，人生没有一成不变的，唯一不变的就是变化本身。如果只贪念目前的稳定，成长速度很慢，又如何迎接变化极快的未来呢？于是，我选择跳出舒适区，奔赴新的战场。

事实证明，新战场很累，但是培训多、项目多，视野更广，收获更多。在电商物流行业，最好的公司就是京东，那么要做就选择最好的企业去做，未来可期。

一路走来，并非一帆风顺，但只要做好自己，经历失败又有什么可怕的呢？都说成年人的世界里没有“容易”二字，既然如此，为什么不去努力搏一回呢？世界本来就是变化的，职业也是不断变化的，虽然从事的不是本专业，也不是在某个行业一干到底，但是只要不断修正自己，不断学习，经历不一样的人生也是一件趣事。

电商物流行业之未来

近年来，人工智能、5G、大数据、云计算等前沿技术不断发展，大大促进了产业的数字化升级改造，而电商物流业在技术创新下将迎来新一轮的发展。产业链的优化升级也在推动降本增效，推动物流各个环节的信息化和高效率管理，也对物流管理有了更高的要求。传统的物流技术并不能满足高速的经济发展，物流行业在技术创新的影响下将会迎来新一轮的发展机遇。未来，智能化决策、数字化运营和无人作业将作为三大方向，致力于构建全链路智能化的物流体系，来支撑复杂网络、庞大库存和海量订单的高效管理。在大数据分析和算法优化等技术和工具的支持下，通过智能商品布局，实现更精准的销售预测，在仓储、配送等各环节切实降本增效。

个人的一些建议

职场如战场，一路打怪升级，没有硬核技能很难在这个战场中打胜仗。职场的路不会一帆风顺，大部分人都是边走边调整真正适合自己的方向。

关于大学期间的建议：自己的专业能力及社会实践是重中之重。大学是职场的头阵，这个时候要认真思考自己毕业后要从事什么样的工作，如果要实现这个目标，需要具备什么样的能力、知识及证书，然后按照条件去学习并达到标准。除了专业领域，实践活动也必不可少，可以增加自己的社会经验以及与人相处的方式和技巧。

初入职场的建议：如果有机会的话，进大一些的公司。大公司有较完善的体系制度及流程。如果一开始就进入创业型小公司，你会发现小公司的发展方向一直在变。大众创业不太适合刚出校门、对社会一无所知的新人，更适合有了一定的社会经验及阅历，对社会发展方向有一定程度了解的人。**持续保持对大环境发展趋势的了解，选择对的方向比努力更重要。**5G、物联网、人工智能时代已来临，无论是否从事相关工作，都必须对科技发展有一定的认识。

长期职场建议：首先，追求卓越，不追求安逸，趁着年轻多一些企图心。人无远虑，必有近忧，人生如逆水行舟，不进则退。

其次，勇敢走出舒适圈，最大的不变是变化本身，如果现状已经无法让你继续成长，那么就要找能让自己成长的企业或平台，让自己不停止学习和成长。

再次，要懂得自主性学习。社会在不断发展，不要停下阅读及学习的脚步，如果有余力，可以开拓自己的第二职业，未来变化太快，跨领域的试练是自我突破的快捷方式。

最后要学会自我管理，包括目标管理、时间管理、健康管理。定好自己的目标，并尝试进行量化。工作的时候认真工作，避免朋友圈及各种娱乐视频的干扰，保持专注。同时，不要忘记适当运动。

人生是一个不断认识自我的过程，这个过程会不断地经历尝试、努力、失败、成功的循环。人生道路千万条，不断追求卓越是第一条，只有这样才能快速适应日新月异的社会。

第29课 从会计专业到企业管理培训师：追寻兴趣和能力指引的方向

邓 琴

回首过往，从踏出实习的第一步，我便与会计专业分道扬镳，所以我常常自嘲，称自己是“最不正经的会计生”，但职业的行程至此，我很庆幸，自己选择了更加适合自身性格和能力特点的良木生根发芽。

在成绩为王阶段，我居然“不务正业”

我不是一个成绩特别拔尖的学生，起码从中学到大学，我很稳定地居于中位线，主要原因在于各学科成绩不均衡：我的作文无数次成为年段考试范文，我能条理清晰地给全班同学上一节时政课；同样，我也常常在数理化中犯难。之所以文理学科两极分化，现在看来，我认为根源在于以下两点：

1. 自信心和成就感的建立。当我的作文被作为范文时，我的自信心爆棚，我觉得自己有学文的悟性和天分；当我在数学题目解答失败时，我很受挫，感觉学得越来越吃力，也给自己贴上了“数理盲”的标签，日积月累，这些负面情绪不断削弱我对理科的兴趣和求知欲。

2. 学习方法的应用。文科更多是一个词、一句话或者一个情境，外加感悟和表达的发散，但理科通常是从题海里提炼出若干个核心规律。虽然我以前也拼命地做理科题，却不善于去提炼总结题目中的内在规律。所以如果你也有这样的困扰，可以试着从比较简单的题目做起，难度层层递进，知识点各个击破，重拾信心，同时找准学科的特点，掌握更科学的学习方法，从而达到均衡发展。

除了学习之外，从小学到大学，我都是一个在课外活动中表现出色的学生，每学年基本都担任团支书或班长。我还是写校园板报的一把好手，各类绘画、书法、写作比赛奖项也一一收入囊中。曾经斩获过主持人大赛桂冠和辩论赛最佳辩手，高中时担任"琴岗文学社"社长，大学时担任学院团委办公室主任，大学生职业生涯规划协会副会长……我的名字越来越多地出现在学生活动安排表和光荣榜上。

如今回首，在成绩为王的学生时代，我简直在"不务正业"的领域遍地开花。但也因此，学生时代的记忆里既有学海无涯和拼搏进取，也有很多关于青春校园的美好回忆：冒雨写下的板报、联欢活动的挥毫泼墨、文学社的紧张审稿出版……做学生工作，确实需要牺牲很多休息时间和一部分晚自习时间，好在，最终我以预期内的成绩考取了本科院校。如果你问我，做这么多学生工作后不后悔，重新来过怎么选？我想，如果时光倒流，我依然会愿意做这些，因为学生工作的历练，让我在全局观、自信心和抗压能力上得到进一步提升。但如果重新安排，我可能会做一些调整和优化：精选一些学生工作，更合理地分配精力和时间，进一步提升效率，以便使学习成绩能更进一步，考取更好的学校。

如果你问我，对于一个人的未来发展来说，应试成绩和综合能力培养哪个重要？我会说这两项对于中学生都很重要，但客观来看，在中学阶段，出众的成绩和优质高校的考取还是应该作为优先项，可以适度选择学生工作历练综合能力，因为两者都影响着一个人的未来。应试成绩和高校考取大概率决定着我们未来的道路，而综合能力大概率决定着我们在选择的道路上如何精彩地走下去。

在专业选择阶段，我选择“孝字当先”

2008年，我大学就读的第一专业是电子商务，一个很新的专业，新到让来自小县城的我和家长嗅不到、摸不着、看不见——想不到十年后，它会站在职业风口的顶端。所以在大二，学院有一次可以调剂专业的机会，我就像抓到一根能从泥沼中脱困的救命稻草一般欣喜若狂，立马申请调剂。但备选的“人力资源”“法律”“会计”等专业也着实让我迷茫，记得那时父亲传递了两个观点：

1. 以你的个性，正义感强，锋芒太露，不适合做律师，风险高（在学生时代，我就经常拍照向各类机构反映社会问题）；

2. 会计适合女生，而且每个机构都需要，好就业，也稳定。

当然，这是十几年前父辈的观点。最后真正说服我的，其实是内心的一个完美构想：我想为我们家成就一个“会计世家”的美誉。基于这个出发点来选择专业，当时想来是“酷”，如今看起来，包含多少无知无畏啊！

因为不是真正的热爱，所以在专业的学习上，我虽然通过更多的付出圆满完成了学业，但却没有把所学专业纳入个人的职业规划。后来才发现，无论是公考还是优质企业，招考时都有严格的专业取向，所以这是我比较遗憾的部分。鉴于现在社会的岗位设定和职业发展越来越多元，所以我比较赞同选择专业时，多考量自身的性格特点和兴趣选择专业，把热爱的领域学精学透，哪怕是偏冷门的领域，只要学精学透，一样能守得花开，结出硕果。

在大学“放飞”阶段，我选择“忙忙碌碌”

步入大学，不少学生卸下高考重担，平时读读书，看看剧，打打球，开始了轻松愉悦的大学生活。但大学于我而言，是一片五彩斑斓的广阔天地，学习欲和提升欲排山倒海地涌来。从未寄宿过的我用了几天的时间适应了大学生活后，就开启了各种学生组织和社团的学习过程。得益于中学时期的历练，我快速进入了大学生的角色从团支书到系学生会办公室，再到学院团委办公室，每一次面试我都认真准备，踏实进取。所以很快，我的大学时间被学习和学生工作排得满满当当。需要注意的是，在学习和学生工作之间，还是要找到一种平衡，这方面我有两点经验想向大家分享。

经验一：对自己的大学四年要进行详细规划。就拿我来说，大一时，我会广泛地涉猎各类学生工作和社团，寻找自己兴趣点的同时，做全方位基础锻炼，例如团支书锻炼全局观和服务意识，学生会办公室锻炼文字书写和沟通能力，辩论队锻炼思辨能力和表达能力，等等。大二时，我会有所取舍，只保留较高平台的工作任务。在学业方面，在忙碌的大一大二，需要保证综合科目的学习和一些基础证书的考取。大三时，我以专业课程学习为主，只留下了学院团委办公室主任一职，作为综合能力锻炼的平台。大四则卸任了所有学生工作，在保证专业学习的同时，把视野和拓展的领域放在了社会岗位的实践方面，努力形成与未来职业相链接的闭环。

经验二：时间上的合理安排。通过每年详细的学习和工作计划表，以及每天的学习和工作计划表，有条不紊地实现自我成长。

再回首，我特别感谢大学时期的忙碌和努力，学生工作的意义不只是光荣榜的荣耀，也不只是职务头衔的光环，而是来自每一份学生工作带给我的成长和历练。如果说高中的学生工作只是小打小闹，那么大学的学生工作体验，更多的是“真刀真枪”的实战，这些历练都为我后来的职业素养和职业能力打下了坚实的基础。

总的来说，大学有更自由的空气，有更独立的人格，是一个宝藏之地，你可以挥霍也可以挖掘。在入校那一刻，学校给每个学员的标签和资源是一样的，如何真正规划好自己的大学四年，如何把专业知识、综合能力、人际拓展等一个个散落在身边的宝石，打磨成自己独具特色的配饰，并在毕业之后步入职场时加持于身，是我们迈进大学伊始就要开始认真思考和对待的事情。

在就业选择阶段，我居然“另择良木”

临近实习阶段，作为会计专业学生，同学们都满腔热情地奔向银行、金融、企业财务等热门行业，而我也因大学时期学生工作的积累，外加有较强的表达能力和语言组织能力，收到了福州大学的橄榄枝，经由引荐，通过面试，顺利获得福州大学企业高层管理培训中心的实习机会，实习期三个月。这份实习给我打开了一扇门，让我了解到了企业培训这个职业，也让我从一位青涩的学生，一跃成为各企业老总的“班主任”。是的，大部分人认知里一名班主任该做的工作，都在我的日常工作中，比如对学生学籍的管理、开班的训话、班规的严抓、学员的谈话与走访等。当然，还有不少大家认知以外的班主任职能，比如对各名师大家的接待安排、对学员全国各地游学的组织与实施、对学员特色活动的筹备，以及各类大型活动的策划和实施等。由于这份职业的一端链接的是各种经济大咖、学术专家、行业精英，一端链接的是企业的管理层人员，我时常也会感受到很大的压力。

记得有一次接待专家，抵达酒店已是凌晨 1 点半。对方提出，房间需要熨斗，这样他第二天才能以更好的状态出现在授课现场。于是，我紧急跟酒店协调沟通，等问题解决，已是更深夜静。那时，心中多有委屈，但也从中体会到培训接待工作周全与细致的重要性。后来，我在与任何老师课前沟通时，都会更细致地了解他们的需求，以便工作的开展。

还有一次，培训中心要举办周年纪念活动，领导把开场宣传片制作的任务给了我，限期一周。鉴于时间紧迫，我迅速联系了合作公司，设计视频框架和文案，收集素材，然后便好几天蹲点在制作公司，讨论片子的每一帧每一秒。在活动当天，随着片子的播放，有的学员在流泪，有的在鼓掌，我知道，这份任务顺利完成了。

当然，有压力也有迅速的成长，成长来自多方面、多维度，包括每个项目实施的全局观、把握细节的能力、整合资源的能力、沟通交流能力，等等。同时，每次工作便是一次同步学习，这让我十分珍视这份工作，同时内心感到意义非凡，这种意义感远不是单纯的薪资所能衡量的。

实习期满，鉴于实习期间的不俗表现，我顺利留在福州大学，正式开启了职业生涯。但初出茅庐，不可能一帆风顺。记得有一期高级研修班开班，一位女企业家学员总是习惯性地称呼我“小妹”，成功地为我贴上了服务员的标签。起初有点苦恼，但我暗自激励自己“要专业一些，再专业一些”。所以每次课前，我都认真准备，让开班开课讲话、班风班级管理和课程结束的班会训话，都表现得更专业和更加铿锵有力。同时又用更亲和的态度，在课前、课中、课后与授课老师和学员保持积极沟通。通过我的努力，几次课程以后，该学员开始改变了看法，喊我“老师”，还对之前的称谓表示了歉意。

就这样，在福州大学的一年，我遇到问题不断摸索，不断蜕变，最终成了带班好手。其间先后担任四期总裁班、两期农行行长研修班、两期英国威尔士高级研修班班主任，与学员相处融洽，各项工作游刃有余。同年，我们创办了《博道》杂志，我担任编委和专栏作者。作为编委，我需要约稿、组稿、审稿，以及广告位招投标。得益于高中时期担任文学社社长的宝贵经历，我在接下这份任务时感到轻松而愉快。作为作者，我开始深入企业，深入企业家，了解他们的创业史和企业版图，在访谈对话后成文发表。我寄希望于用最客观的视角，解说一个个从普通到卓越的勤奋创业故事，带给读者力量与启迪。当时这份杂志在企业高管中好评如潮。

2013 年 5 月，我迎来了订婚的喜悦，也面临先生异地调动的烦恼。最终为了家庭整体规划，我选择随迁厦门，入职厦门市中小企业服务中心，但我依然从事着针对企业管理提升的培训工作至今。其间组织厦门市中小企业培训 300 余期，共培训企业学员 10000 多人，多个主要参与的项目，都成为厦门市企业高管培训的标杆品牌。如今，我还兼任厦门市经济管理咨询协会秘书长一职，努力搭建更好的平台，让更多的专业培训咨询机构为企业管理的提升提供服务。

回首过往，从 2012 年踏出实习的第一步，我便与会计专业分道扬镳，所以我常常自嘲，称自己是“最不正经的会计生”，但职业的行程至此，我很庆幸，自己选择了更加适合自身性格和能力特点的良木生根发芽，并阶段性地取得了不错的成绩。

在工作的过程中，对于“如何把事情做好”我也有一些心得与大家分享。虽然对于不同的行业领域，需要的学识和做事方式各异，但我认为，想把一件事做好，也有一些共性的因素。

1. 全局观。无论大事小事，开始做之前，需要全盘去了解、研究，可以问自己几个问题：这件事是什么？该准备什么？会遇到什么问题？解决方案是什么？预期效果是什么？

2. 专业度。做任何事情，都需要足够专业，这份专业来源于经验的教导和积累，来源于自己实践的总结。职场上的沟通，越专业越有说服力。

3. 自省能力。任何事情结束了，都需要重新梳理它的流程，自省做得不够好的地方，及时更新自己的操作方案，精进下次任务的完成。

企业管理培训行业发展现状

中国的企业管理培训行业已经有近 20 年的历史。随着产业结构调整，新经济新技术促进商业模式创新，企业的培训需求显著增加。2010 年以后，国内企业也逐渐意识到管理培训对自身转型升级的重要作用，在培训领域的投入不断增加，企业的培训需求也日益强烈，所以企业管理培训行业也随之发展迅速。

目前，企业管理培训行业已经发展成为规模庞大的智力支持产业。2017 年，中国企业管理培训市场规模已经达到 2785 亿元，近五年的数据显示，该市场每年的增幅不低于 20%。2018 年，国内企业管理培训市场规模已高达 3000 亿元以上，注册的相关培训机构超过 7 万家。

企业管理培训行业主要的组成机构有高等院校商学院、跨国培训公司在华机构、咨询专注型公司、企业管理培训公司、大型企业内设商学院、政府配套培训机构等。

企业管理培训行业的经营模式也在不断演变。按照培训机构主体的不同，可以分为“高校培训模式”和“社会培训模式”；按照培训形式的不同，可以分为“公开课培训模式”和“企业内训模式”；根据培训课程内容所有权的不同，可以分为“自主培训模式”和“平台培训模式”；根据培训渠道的不同，可以分为“线上培训”和“线下培训”。

企业管理培训行业的职业发展路径有以下几种。

按岗位方向发展

培训专员→培训项目负责人→培训经理 / 培训讲师 / 咨询专家；

基层培训讲师→高级培训讲师→行业专家 / 咨询专家。

按业务方向发展

单纯授课→授课 + 咨询 + 顾问→授课 + 咨询 + 顾问 + 出版书籍音像→投资人。

按授课方向发展

多个课程→某个领域的课程→版权课程。

按课程行业方向发展

各大行业课程→锁定某个大的行业→一个行业的某细分领域。

企业管理培训行业的机遇与挑战

机遇

1. 职业生命力长久。未来很多的职业会被人工智能替代，但知识创造型、知识定制型工作有着长足的生命力。

2. 职业前景广阔。越来越多的企业家和企业，在发展中倾向于寻求外界的智囊团帮助，这类工作未来有较好的市场前景。

3. 收入可观。作为较高级别的知识型服务人才，企业的买单需求增加，能获得可观的经济收入和社会地位。

4. 资历的可延续性。这个行业资历积累很重要，资历越深，业务越多，劳动报酬的定价越高。

5. 意义非凡。企业管理培训是一个“育人助企”的工作，可以很好地实现个人成就感和职业价值。

挑战

1. 工作时间并非朝九晚五，培训的时间更多需要配合企业的需求，可能在晚上或周末，再加上学习和备课时间，因此可以说时时在路上，时时在课堂，时时在学习。

2. 你自身以及你研发的课程产品本身，无论线上还是线下，都需要你高速运转，服务于各类企业和人群。

3. 经济发展以及企业发展，决定了企业管理培训师的知识储备要丰富且前沿，这就要求培训师具有很强的学习能力和知识的更迭能力。

行文至此，非常高兴与各位同学分享了关于企业管理培训领域的一些知识，希望能对各位有所帮助和启发。也希望大家能追寻自己兴趣和能力指引的方向，以此出发，去积蓄力量，静待花开！

第30课 厦大保险学科班的精进之路：

专业能力是立身之本

刘国跃

每个行业都有好的一面，也同时存在不好的一面，关键在于自己怎么面对。好的一面，要时刻珍惜、维护；不好的一面，要正视它，把它当作对自己的考验和磨炼。这样路就会越走越通畅，越走越宽广。

我选择学校和专业的经历

在上高中的时候，我和大部分同学一样，懵懵懂懂，对大学和大学专业完全不了解，不知道有多少个大学，不知道每个大学有些啥专业，更不知道每个专业学习什么，直到要填报志愿的时候才去开始了解大学的情况。当时的网络不太发达，能够了解的信息有限，网上能够查询到的仅限招生简章等较为基本的信息，从高中老师处可以了解到历年录取情况。

按照我几次模拟考试的成绩和当时在高中的排名，报考清华和北大是有较大风险的，报考其他学校则有一定把握，因此我着重在班主任推荐的几所“985”高校中挑选，当时选择了国防科技大学、同济大学、厦门大学、武汉大学等几所学校。至于专业方面，则是按照专业名称的字面理解凭感觉选择。

我的第一选择是国防科大。当时我家庭经济条件较差，国防科大属于部队院校，不用考虑经济负担问题；但我想填报的航空兵指挥专业对视力有硬性要求，我由于近视，视力不符合条件，只能放弃。在其他备选学校中，我自己比较喜欢同济、厦大和武大三所学校，前二者在沿海城市，我比较向往，喜欢后者则是由于对武汉这座城市的历史认知（武昌起义）。

在锁定了学校的范围后，我开始考虑专业。同济的专业更加偏向于理工科，如机械设计、土木工程等专业，当时是国内大学排名比较靠前的，不过我不太喜欢这类专业，因此排除。武大和厦大都是综合性大学，学科覆盖较广，知名度也相当，二者较难取舍。我的高中死党和我想报考同一所大学，武大或厦大都行。后来班主任给了我们两个人建议，考虑到两所学校在贵州全省招生计划都是30人左右，为了不相互形成竞争，建议我们分开报考。死党想报考理工类专业，我则想报考社科类专业，因此死党报考武大（武大理工科专业较强），我报考厦大（厦大社科类专业较强）。最终，死党上了武大热动力工程专业，我上了厦大金融系保险学专业。

从一个过来人的角度来看，当下的高考志愿选择，相较于我们当时，无论是从信息获取的途径、信息的完整程度，还是报考流程（出高考成绩后再填报志愿），都有了很大程度的改善。个人认为，无论是过去还是现在，对于高考填报志愿而言，学习成绩都是决定性因素，因此最重要的还是提升自己的学习成绩。除提升学习成绩之外，还需要对未来进行一番规划，总体来说，可以分为以下五个步骤。

第一步，在平时学习之余，可以问自己一些问题：自己将来想干什么？要从事什么行业？在行业内具体做些什么工作？这是一个剖析和明确自己的兴趣和爱好的过程。

第二步，在基本明确了行业和职业后，需要分析对应的行业、工作需要些什么知识储备和技能。

第三步，研究一下什么专业能够提供对应的知识和技能，哪些学校有对应的专业。

第四步，需要对有相关专业的学校按照历年录取分数线进行分类排序，列出不同成绩区间的选择顺序。

第五步，根据自己的实际高考成绩填报志愿。

当然，若对未来没有特别明确的思考的话，可以直接从第四步开始，直接对感兴趣的学校进行排序，然后从学校的招生专业中选择自己感兴趣的专业，然后根据自己的高考成绩进行报考。

工作七年后，我感觉到自己的知识水平和学历还有不足，打算重新回到学校学习，主要目的是拓展自己的思维和视野。从现实层面考虑，我只能在厦门选择一所高校在职学习，因此可选择报考学校和专业相对有限。学校只能继续攻读厦大（福建省唯一的“985”“211”），专业只能在在职研究生项目中选取，如工商管理硕士（MBA）、公共管理硕士（MPA）、金融专业硕士等。从工作开展角度来看，工商管理更适合我，因此我最终选择了报考厦大的工商管理硕士。

学习感悟

本科阶段最大的收获就是学会了自立自主、凡事只能靠自己。限于经济条件，大学期间的学杂费主要通过助学贷款解决，生活费则靠自己勤工俭学解决。大学期间我做了很多份兼职，包括初高中家教、发传单、入户调查、会务等。大学期间我的成绩并不突出，在班级属于中等水平。

本科专业课程中，较难也较为核心的课程有寿险精算实务、微积分、概率统计与随机过程、金融工程等，这些课程需要一定的数理基础。尤其是寿险精算实务和金融工程两门课程，每次上课必定人满为患，属于生病都不敢请假的那种，上课走神一下都会跟不上节奏。

研究生阶段，最大的收获是认识了来自不同行业的同学，学习到了不同行业的关注点和差异，我的视野变得更开阔、看待问题更全面，这些提升让我工作起来更为从容。

研究生阶段最难的课程则是“数据、模型与决策”，该课程的基础是微积分和概率统计，本科微积分和概率统计学得好的同学，学习该门课程会比较容易。对于我所在的保险行业，概率统计相关知识至关重要。

大学毕业找工作

大三下学期，基于经济条件等现实因素，我下定决心不考研，直接找工作。大四上学期前两个月，我基本完成了本科毕业论文的撰写。此后，除了要上少量的课程外，我的精力主要集中在搜寻招聘信息、投递简历、面试、复试等求职环节。

考虑到专业和其他一些因素，我决定立足于厦门，从事所学专业相关工作，并以此为目标进行简历投递。最终，2006 年初，我获得了进入某银行深圳分行、深圳某贸易公司以及泰康人寿厦门分公司工作的机会。前二者都得离开厦门，因此我最终选择了泰康人寿厦门分公司。

找工作，是从象牙塔走入社会的关键一步，大学期间你的个人学习情况和社会活动情况均会受到检验。大学期间，我过了英语四级，六级没过，导致在投递很多大型国企、外企时，我的简历在第一轮简历筛选时就被淘汰掉。有些单位不强制要求英语六级水平，对社会实践经历更感兴趣，此类单位往往愿意给我提供更多的机会。一句话，证书是学习成绩、学习能力的体现（虽然实际工作中大部分用不上），实践经历是工作状态和社交能力的展示。

除此之外，你的坚定和决心也能给你带来更多的机会。在泰康人寿厦门分公司的面试过程中，我在第二轮面试中被淘汰了，面试官告知我“不太适合”。保险专业毕业的人不适合保险公司的工作？我并不认同这样的结论，一再向人力资源反馈对面试结果不理解，并希望能够面见其分公司总经理。我最终如愿以偿，见到了分公司总经理，面谈后，我获得了工作机会。

萌新入司立足

就这样，2006年我进入了泰康人寿厦门分公司，岗位为团险客户经理，工作职责是面向企事业单位销售团体保险。然而，刚一开始工作，我就遇到了一个职业生涯的巨大挑战——能否签一个大单，决定了我是否能够在行业、在公司存活下去。

毕业进入公司后，我一边对工作相关内容进行学习，一边搜寻、拜访潜在客户。其间，与一起进公司的搭档，每天电话约访客户（基本上每天打20个以上电话），现场前往企业拜访客户（要求每日3访，电话约好的拜访或者陌生拜访均可）。在20多个电话中，可能有1~3个客户可以继续联系或现场拜访；每10个现场拜访的客户中，只有3个左右能够继续沟通，最终不到1个能够成交。那段日子，我们每天都在被拒绝中度过，每一次拨打电话、每一次拜访客户都需要鼓足勇气。打电话或拜访之后，很多时候需要调节情绪，稳定心态。也是在该过程中，我与搭档相互鼓励、相互开解、相互吐槽，最终成为死党，结下革命友谊。

团险销售是一个周期很长的工作，从开始接触客户到最终成交，往往需要半年甚至更久的时间，业界常常将团险客户经理的工作业绩描述为“半年不出单，出单吃半年”。从2006年7月毕业到2007年5月，除了零星的极小的业务外，我基本上没有成交业绩，也基本没有业务收入，只有两个沟通交流较久、可能成交的潜在大客户。但由于市场竞争、客户计划节奏等因素，成交的可能性、成交的时间还有很多不确定。

一年时间，没有成绩，收入几乎不能覆盖生活成本，是继续坚持团险销售这份工作，还是换一个方向前行？

最终，我选择了坚持下去，我要证明这个工作我能行！

那么怎样做才能破局？一是要电话约访更多客户，现场拜访更多客户，为更多客户提供团体保险解决方案，从而增加成交的可能性；二是要做好潜在成交客户的工作，促进成交。在后来的几个月中，除加大拜访量外，我把工作重心放在了两个潜在客户的沟通和跟进方面，从客户的实际需求、相关政策法规解读、客户内部相关人员沟通、业务服务流程及配套系统及其他细节方面，均进行了多次深入探讨并提供了细致的解决方案。最终，两个客户均成交。

2008 年末，我获得了泰康人寿总公司“世纪盛典”全国性销售精英的表彰。

对于销售而言，经得起拒绝，沉得住心气，才能走向成功。对销售岗位而言，大学所学的专业对岗位工作并没有很直接、很明显的帮助，但大学学习到的专业知识，让我对保险产品的理解更为清晰、透彻，让我在给客户设计团体保险计划时更为游刃有余。

职业生涯精进之路

从毕业到现在，已有十三年时间，这期间，我经历了三次关键转岗或升职。

第一次是 2008 年末 2009 年初，泰康人寿厦门分公司新设立团险核保岗，负责团险业务的风险评估和业务审批，我从销售岗转岗至该业务管理岗位。之所以能够有机会转岗，一是因为我的销售履历、对业务熟悉；二是工作能力，在与总公司、分公司领导沟通的过程中，我专业方面的能力得到了认可；三是保险学专业背景。

第二次是2013年12月，我从泰康人寿厦门分公司跳槽到君龙人寿总公司，任总公司团体保险部企划处经理。在泰康人寿厦门分公司工作的近八年时间，有两年半时间做销售，五年的时间在法人运营部做核保岗，还兼任了三年多的法人运营部负责人、合规责任人。我在岗期间认真履职，获得过总公司“年度优秀员工”称号和奖励，但职级和待遇一直没得到落实，也看不到短期能解决的希望，只能寻找机会向外发展。

2013年中，君龙人寿总公司通过熟人与我接洽，希望我能够到该公司工作，经几次沟通交流和谈判后，我决定到君龙人寿工作，任职团体保险部企划处负责人（岗位层级与原泰康分公司法人运营部负责人一致，职责、职级和待遇相匹配）。**跳槽成功的关键主要有两点：一是专业程度获得认可；二是过往工作有较好的口碑。**

第三次是2017年初，在君龙人寿总公司工作三年后，由二级部门的处经理职级提升至一级部门助理总经理职级（相当于分公司副总经理）。**成功升职的经验总结起来就是九个字——跟对人，做对事，做好事。**在君龙人寿总公司工作的前三年，我始终爱岗敬业，较好地完成了不同的工作指标，三年年终考评分别为卓越、优秀、优秀，第四年、第五年考评分别是优秀、卓越。

转型经验

上述三次变动，前两次是重要转型。

第一次由团险客户经理（销售岗）转职到团险核保（业务管理岗），

角色变化较大，几乎是对立面。**成功转型的关键在于找准岗位职责**。团险客户经理岗位职责在于销售和初步风险识别，团险核保的岗位职责则是风险识别、风险筛选、风险评估、风险定价、风险评估回溯检视。

团险核保掌握着业务的定价（包括销售费用）审批权限，对业务品质负直接责任，客观、专业、公允是做好团险核保工作的基础。

客观，指做出所有判断的依据均应是客观、真实存在的，是可信的，不是无中生有的；专业，指用来做出判断的方法是科学的，数据基础与业务类型是相匹配的，所做出的预期或推论是符合逻辑、符合保险原理且经得起推敲的；公允，指工作态度不受主观情绪影响，不受个人好恶、个人与每个客户经理及其上级领导的关系好坏影响，对具体业务的评估均基于前述的客观和专业要求。

大学所学的概率统计基础、对Excel软件的自学研究应用、对底层基础数据的收集整理、对上对下对平级的良好沟通，是该次转型成功的关键。

第二次重要转型则是由泰康人寿厦门分公司跳槽到君龙人寿总公司，岗位不同，但职责上却有一定相似相通，新岗位更偏向于产品企划和业务推动。分公司层面更偏重于执行，总公司层面更偏向于政策导向；分公司层面沟通环境会更简单纯粹，总公司层面沟通涉及面更广、更为复杂。我花了一段时间熟悉新公司的制度、流程、架构和部门相关人员，立足于岗位职责，就事论事、谦逊诚恳，顺利实现了各阶段的工作目标。

说说我所在的行业

保险与保险公司

保险，是指投保人根据合同约定，向保险人支付保险费，保险人对于合同约定的风险事故实际发生所造成的财产损失承担赔偿责任，或者被保险人死亡、伤残、疾病或者达到合同约定的年龄、期限等条件时承担给付保险金责任的商业行为。保险是分摊风险事故损失的一种财务安排，是风险转移的一种方式。

通俗来讲，对一群人来说，如果每个人都面临着同一种损失风险，风险是否发生并不确定，但一旦发生一定会造成损失，为了减少或避免个体遭遇风险的实际发生而产生的损失，这一群人每个人各出资一部分形成一个资金池，用于支付给实际遭受损失的群成员，从而减少该成员的损失。对于群体成员而言，这种损失的概率和得到补偿的概率是均等的，这就是保险。这里的损失，可以是直接的财产损失，也可以是人身伤亡所导致的间接损失等。

如果群成员遭受损失的情况比预期的多，资金池不够怎么办？群成员要怎样出资才公平？什么样的人才有同样的风险？谁能成为群成员？遭受的损失如何评估、如何补偿？资金池如何管理才能有收益？这些问题就是保险公司经营的意义所在。

保险公司通过收集和整理数据，选取出某一特定的人群和特定类型的风险，通过专业数学模型分析，得出每一单位的损失和每个群成员所需出资的金额，找到初步符合条件的人，然后经过筛选和评估，确定其符合入群标准并有入群意向后，建立起一个风险分散群并集齐大家的资金。群成员一旦发生损失，保险公司按建群前事先已确定好的赔付条件和赔付标准审核并给予赔偿。同时，对资金池的资金予以管理和投资增值，资金池不足以赔偿时则予以兜底。

保险行业的一些特性

每个行业都有每个行业的痛，保险行业当然也不例外。

保险这个行业与其他行业最大的不同在于没有实体商品，所有的交易均只是一纸合约，因此没有一个直观的参照物进行比较。保险合约是射幸合同，投保时保险事故是否会发生是不确定的，因此相对于实体商品而言，客户成交难度较大。

不过，随着收入水平的提高、保险知识的普及、保险公司经营行为的逐步规范，人们的保险意识越来越强，可以预见未来保险会真正成为必需品。

我刚进保险行业的时候，大部分陌生人接到电话或者第一次见面时听到“保险”二字，会直接挂掉电话或者直接拒绝；熟悉的人听到后会“哦”一声，然后，就没有然后了。现在，拨打电话给陌生人或第一次见面说起保险，相当大比例的人会愿意进一步了解和交流，熟悉的人听说后会问你“在哪家保险公司”“是不是在某某公司”之类的问题。整个环境改变得十分明显。

当然，这个行业还存在一定的困境，比如上级主管机关多、限制多，舆论氛围不好，在诉讼、投诉方面较难获得应有的平等待遇等。

有人说“做一行，怕一行”，保险从业人员多多少少会有几个职业病。

第一个职业病，害怕周边朋友向自己咨询保险，也害怕向朋友推荐保险。我不确定是不是每个人都这样，但身边的非直接销售个险的同事大部分都这样，我也是这样。一是怕给朋友推荐后催促朋友去购买；二是怕朋友了解完不买，将来又后悔当时为啥没逼着朋友买，因为看到了太多没买保险然后发生事故，或者刚买保险还没过观察期就发生事故而不能获得赔偿的案例。

第二个职业病是害怕理赔，不是害怕客户出险了公司要理赔，而是害怕客户的情况无法理赔，但有些情况下，确实是不能赔付也不应该赔付。一是被保险人发生事故损失大，保险公司的赔付无法完全弥补损失，有些人、有些家庭确实很困难、很可怜，有时候我会产生一种无力感。二是有些情况确实不该赔，如果赔了则与保险合同明显不符合，对其他投保的人也不公平。如果不该赔的赔了，势必会增加保险成本，影响未来每个人缴纳的保费水平。三是会有个别客户带着不切实际、不合理的要求和思路来向保险公司索要赔偿，而且不走法律程序（不肯、不愿也不敢），比如投保前故意隐瞒病史而后要求保险公司赔偿其既往已患疾病，等等。这些客户有时候“一哭二闹三上吊”“我闹我有理”，而少部分媒体不分青红皂白、不论事实对错，对保险公司一通指责和批判，一小部分司法工作者为了息事宁人、大事化小、小事化无，不探究事实真相（也是对保险本身不了解），直接重打保险公司板子，也助长了这种不良风气。当然随着社会的发展和法治的不断进步，相信这种情况会越来越少。

保险行业从业者的专业背景

就行业整体而言，并没有明显的哪些专业的人员比较多的情况，但部分部门、部分岗位对专业有一定要求，比如财务相关岗位会要求会计学、财务管理、金融等相关专业；产品开发与精算部门相关岗位会要求精算、保险、统计、数学等相关专业；核保部门相关岗位会要求保险、医学、统计、金融等相关专业；理赔部门相关岗位会要求医学、法律、保险、心理学等相关专业。

保险行业的发展路径和收入水平

职业发展方面，保险行业与其他行业相比并没有太大的差异，一般都会遵循从“基层员工—基层管理—中层管理—高层管理”的职业发展路径。所不同的是，保险行业由于经营特点，需要设立很多不同级别的机构，总体而言分为“总公司—分公司（省级、计划单列市）—支公司 / 中心支公司

（地、市）—营销服务部（区、县）”这样的四级机构网络，其中总公司是纯管理职能，分公司是管理和销售职能并重，支公司和营销服务部侧重于销售职能。销售线的职业发展路径会复杂一些，但基本上可以总结为“销售员工—销售团队管理—销售管理（基层管理）—中层管理—高层管理”的路径。

销售人员的薪资构成一般是“底薪 + 绩效奖励（佣金、提成）”，看业绩说话，销售人员如果业绩好，收入可能会比中层、高层管理人员还高。

非销售人员的待遇差异较大，不同保险公司、不同地区、不同层级机构、不同岗位待遇都会有差异。一般高层级员工薪资高于低层级员工薪资；同一层级员工，北、上、深等地的薪资水平会明显高于其他地区，这是区域经济发展程度所决定的，当然生活成本也会不同；同一层级员工，总公司薪资水平会高于分公司，分公司会高于支公司和营销服务部，这是因为不同层级的机构，对工作能力、工作职责范围的要求不同；同一层级，不同岗位的员工薪资水平会略有差异，部分关键岗位薪资水平会略高。

保险行业的未来

当前，保险行业的发展存在一定的问题，市场向大公司集中，中小公司发展乏力，除少数公司发展战略清晰、目标明确、发展稳健外，大部分公司，特别是中小公司发展战略不清晰，发展很缓慢，这既是历史问题，也是战略选择问题。

当然，我国的保险行业是有很大发展空间的，一是我国人口基数庞大，市场潜力无限；二是相较于欧、美、日，我国的保险市场，无论是发展广度还是深度，都还有较大差距，还有非常大的提升空间。当下的保险公司普遍缺人，特别是有专长的专业人才，未来还会有更多保险公司设立，还会更缺人。

虽然，当前人工智能取得了长足的发展，但人工智能对这个行业的影响不会很大，一是因为这个行业需要面对不同的个体，销售场景多变，人工智能在可见的时间内暂时不会做到像真人一样；二是客户需求的满足需要足够专业和灵活，这方面人是无法替代的。个人认为，对于这个行业而言，人工智能的性价比不一定高且客户体验会很不好，只可能在局部进行应用，不会有太大影响。

有话对你说

在工作过程中，我有不少感悟，现总结出来，分享给当下还在校的同学们，希望对大家能够有所增益。

在这个行业生存需要的关键能力

关键能力包括判断力、学习能力、抗压力、创新力、自我驱动力、逻辑分析能力等。在我看来，无论是在保险行业工作还是在其他行业工作，要想一步一个脚印不断进步，学习能力、抗压力、自我驱动力是很关键的素质。这些能力是一个人的内在因素，而其他能力属于技能范畴，是可以通过学习、培训逐步提升的。

大学专业与工作的关联性

从我的经历来看，技术类岗位与专业息息相关，其他的一般岗位相关性则不是很强，主要还是看个人的兴趣、爱好、性格、选择等，专业并不是唯一或者最主要的决定因素。

技术类岗位，发展路线比较单一，但较为稳定，有一定程度的不可替代性；其他一般岗位，发展路线较多，可选择面较广，但竞争性会较大，弹性也较大。

走什么样的路，取决于自己的选择，因此需要仔细考虑和确定。

工作经验分享

从开始工作到现在，我觉得在工作过程中，学习态度、为人处世以及对自我的认知是最重要的。专业自信，为人谦逊，得道多助，失道寡助。专业能力是立身之本，爱岗敬业是做好工作的前提条件。

工作过程中，坚持不断学习，学习新的工作技巧、学习新产品、学习新政策，是我能够持续胜任不断变化的工作职责并取得成绩的关键因素。

为人谦虚、大方，就事论事、对事不对人的特质，让我与同事相处融洽，工作氛围良好；勇于、甘于认错的态度，让我能够快速融入集体，让同事们能够接受我并不断地指导和帮助我。忍耐，让我在不顺利的时候能够坚强、沉着；坚持，让我在顺境、逆境均保持较好的学习心态，不断前进。

只有对自己的性格、自己的发展规划、自己的岗位、自己在当前单位的位置和发展前景，有一个清晰的认识，关键时刻方能从容选择是坚持下去还是换条跑道，但前提须是新跑道可靠且有前景。

每个行业都有好的一面，也同时存在不好的一面，关键在于自己怎么面对。好的一面，要时刻珍惜、维护；不好的一面，要正视它，把它当作对自己的考验和磨炼。这样路就会越走越通畅，越走越宽广。

衷心祝大家学业、事业都大有成就，早日实现内心深处的梦想。

第 31 课　从写作者到外交学院博士：

如果你想成为一个作家

郑宇龙

无论如何，写作惠我颇多，至少让我无论面对什么险境，都能做到临危不惧。只要有这本事，就不愁吃不上饭。当然，能吃上山珍海味还是清粥小菜，要看个人努力，有时候也造化弄人。

我叫郑宇龙，笔名是浅草千叶子，曾经在《萌芽》《新概念作文集》《求学》等杂志上发表过数十篇小说、散文，出版过三本长篇小说《前世今生的樱花》《大学失恋形状录》《倾城之泪》，并创作多部电影、电视剧剧本。现在，在北京的外交学院攻读国际关系方向的博士，研究方向是日本和越南的外交关系。

我其实很心虚自己被称为“作家”，在这个人人皆为写作者的时代，“作家”的定义实在显得过于模糊。此外，与同时代出道的写手相比，我实在是发展得很一般，既没成名作，也没有靠写作挣得盆满钵满，实在汗颜。到现在我都觉得，与那些早早期待成为作家的朋友比起来，我更像是误打误撞地闯进这个圈子。不过，写作的确完全改变了我的人生轨迹。

写作的萌芽

我生长在福建省莆田市，一个信息封闭的沿海小城。2006 年赴重庆读大学时，整个莆田市甚至没有火车站，民用飞机场更不必提。生活经验上的浅薄，实在让我在写作上吃亏不少。我无法像贾平凹、莫言那样在小说中夹着地道方言，也无法像生长在长江、黄河边上的大学同学一样对历史和地理如数家珍——厚厚一本历史书上所记载的事件，跟福建相关联的不过寥寥数语。这不仅是我一个人的迷思，大概也是所有福建籍写手的集体性困惑吧。

我家虽是书香门第，但往上几代从没出过与文字工作稍微沾边的。我初高中时的语文成绩也不是很出众，反倒是数学更好一些。只不过初三升高一的那个暑假，出于无聊从租书店租回几本金庸、古龙的小说，一股脑儿看完之后闹书荒，便自己照猫画虎地写起来。断断续续写了很长时间，终于在高三上学期写完了 20 万字的长篇小说《浅草千叶子》，便打印出来寄到萌芽杂志社。当时，包括父母在内，所有人都以为出版小说不过是我一厢情愿的梦。

2006 年高考前三个月的一个下午，《萌芽》的胡玮莳编辑打通了我家的电话，说要出版我的小说，要求是把它的名字改成《前世今生的樱花》。我妈以为是诈骗电话，但禁不住我的软磨硬泡，上网一查才知道胡玮莳竟然就是发掘韩寒、郭敬明的编辑，这才勉强同意把小说出版。现在想来，如果没有那一通电话，我现在的生活或许会如其他人一样，按部就班地升学、工作、结婚生子，读一个更加实用的专业。或许会早早回到福建，回到那个信息闭塞的小城，成为安福电商城里昼伏夜出的莆田“阿冒”中的一员；或是拼尽全力考一个秀屿区的乡镇公务员，每天和小贩为伍；又或许会成为朝七晚七的柜员，操着塑料莆田话向阿公阿嬷解释政策。这些原来看得见摸得着的轨迹，在那一通电话后，再也没有成为我的人生选项。

2006年暑假，我背起行囊去上海，在巨鹿路的萌芽杂志社里住了两星期。萌芽杂志社楼下就是上海市作协，一幢三层小楼幽寂，法国梧桐参天。一踏入杂志社，我仿佛初入霍格沃茨的哈利·波特，豁然发现了一个从未想象过的世界。我给《萌芽》做助理编辑，接待了无数全国各地来的文学青年：逃学来上海写诗的、流浪全国巡回演唱的、因为失恋而无心上学的……颓唐的情绪俯拾即是。我每天的工作，就是和他们谈心、谈写作，然后循循善诱，让他们回去好好学习，只把文学当成业余爱好就好。当然，没有几个人能听进我的话。下了班，我们就去外滩轧马路，从外白渡桥走到城隍庙豫园，然后几个人合买一碗10元的兰州拉面吃。

在上海的那两个星期，我第一次触摸到文学的具象：那群隐匿在文字背后迷茫而生动的年轻人。那是2006年，市面上还充斥着无数八股文般的作文范文，网络文学尚未崛起，名著也只有老掉牙的那几本。然而在萌芽杂志社，我遇到了此后声名鹊起的许多人：小饭、金国栋、蒋峰、张晓晗、刘雯、刘宇等。如今，他们大部分转去做编剧，有些还进了娱乐圈，也有人远渡重洋赴美求学，还有人在投行混得风生水起。可在当时，所有人都不过是怀抱一腔热血的文学青年而已——有些幼稚、有些空想、有些不切实际。那时候，没有人知道写作对于我们意味着什么，世俗意义上的成功压力离我们还很远，我们还能在便利店吃着10块钱的便当畅谈文学理想，逛累了就躺在人民广场上晒太阳。

大学时，我一共出版了两本长篇小说：《大学失恋形状录》和《倾城之泪》。我的大学是失败的，刑事侦查专业的确不适合我，重庆的江湖气也和我完全不搭。我时常从西南政法大学渝北校区乘坐过山车般的公交车，穿过沙坪坝，直到朝天门码头才停下来，坐在江边，一坐就是一整天。也正是在这段苦闷的时间内，我写出了《大学失恋形状录》，主人公“小原”

所代表的，便是无数个渴望爱情的我。

无数个难以入眠的夜晚，听着宿舍里此起彼伏的打牌声和鼠标声，我只有以不断的书写来宣泄自己的迷茫。我对室友们热衷谈论的魔兽争霸和CS毫无兴趣，而我感兴趣的王小波、卡尔维诺却知音难觅。这段时间，我的写作开始摆脱高中的作文思维，进入“掉书袋”和故作深沉模式，恨不得一句话里多用几个典故，非得弄出点翻译腔才畅快，偏要人看不懂。现在回看当时的创作，实在是立意浅薄、逻辑不通、格局局促。只不过，当时所拥有的创作激情，现在再也找不回来了。

这段时间，我在《萌芽》和其他杂志上发表了几十篇小说和散文，比较满意的是《Hi，鱼丸店少年》《与猫恋爱曲》《假若没有遇见你》《迷城》等。现在仔细审视这些作品，果然还是描写乡土之情，略带莆田、闽南特色的作品最为成熟。记得有人说过，作家幼年的经历，将成为其最得心应手的桥段，此言不虚。

2010年大学毕业后，我当过警察、广告文案、编剧、翻译和文秘。除了警察以外，其他全与写作或多或少地沾边。我就像一个游荡在文字王国的浪客，始终携着最初的一点灵气，糟蹋着自己的前途。或许写作者理应经历苦难和绝望，唯有如此才能写出悲天悯人的作品。但我不太愿意这样美化我的失败，只能说，这一切都是咎由自取。

这一段时间内，文学圈也发生了翻天覆地的变化：网络文学迅速崛起，青春文学转瞬间风吹云散，《萌芽》的销量也从鼎盛期的40万册跌落到区区几万册。曾经聚集在《萌芽》的一众写手，或转行做编剧、网络写手，或不再与文字为伍，彻底金盆洗手。是该做一个决断了，我决定再次收拾行囊，去日本看看。

如果你读过太宰治的《人间失格》，你大概能体会到初入东瀛时我的心情。失望、逃避、期待相互混杂，避世与入世的欲望同样强烈。东京的光怪陆离超过了我的想象，它不再是那个土里土气的江户城，而是一个不折不扣的“魔都”。游荡在银座和新宿彻夜不归的那些年轻人眼里的迷惑与无助，和我既相似又不同。漂泊异乡的愁绪、离群索居的解放感夹杂其中，追寻郁达夫、郭沫若等前辈的足迹，我走遍了大半个日本。我开始明白日本人为什么能写出《白夜行》那样“光天化日下，犹如生活在永不见光的黑夜中”的悲哀，也开始理解三岛由纪夫为何会把金阁寺当作信仰和图腾，也曾在川端康成遇见舞女的伊豆温泉中怅然若失。开放又压抑的岛国，让我时时刻刻宛若置身梦境之中。在这段时间，我在《萌芽》《新概念作文选集》《ONE》上发表了《日光之旅》《温泉旅馆一番街》《恋君不过已十年》这样的和风作品，不啻为当时的心情写照。温婉的日本女子，确然如徐志摩所写的那样：“象一朵水莲花不胜凉风的娇羞。”

平心而论，日本文学并不擅长鸿篇巨制，而以小见长。这对我的文学创作产生了难以估量的影响——在日本的五年，我在研究生课堂上读了无数隽永的俳句、和歌。

研究生阶段，我终于成功换了专业，成为一名“文学研究者”，可以堂而皇之地在课上课后阅读各种小说、诗歌了。那段时间，是我离“文学”最近的时候，却也是最远的时候。从文本分析到历史线索，“文学”的脉络在我面前延展开来，但那种朴素的写作激情却在渐渐消退。

“文学研究者”是不是就应该找不到工作，我不太清楚，但我确实在日本没找到合适的工作，只好灰溜溜地回国了。所幸，在日期间不曾荒废学业，苦练日语、英语和韩语，回国倒也不怕失业，只靠教书也可糊口。可是解决了生计，对前途又一次迷茫起来：是该继续文学研究的道路呢，还是另作他计？硕士阶段的研究，让我感受到学者的艰辛，也隐约感到自己并不适合做文学研究。我更像一个直接上阵杀敌的士兵，而不应该是个指点江山的理论家。

这段时间，我基本上很少写作。我意识到写作的艰辛之处，那些看似信手拈来的词句，无一不是厚积薄发而来。也不是没尝试过网络文学创作，但自己确实不擅长编故事，既不刺激也不反转，总是平铺直叙了事。这时候，我终于明白“功夫在诗外”的含义，不再希望自己总是写一些浅显、白目的作品，希望留下一点值得记录的作品。可事实上，直到现在我也没有写出这样的作品。

我将视野转向了国际关系方向，用自己的外语功底敲开了博士的大门。2019 年，我考上了外交学院的国际关系博士。而当我开始撰写国际关系论文之时，蓦然回首，那些曾经受过的文学研究训练，已经内化成我的核心竞争力。

大学毕业快十年，离开福建十三年，我对福建的记忆已经很模糊。那些微醺的海风却时时萦绕在梦中，连同那些叶启田、陈小云、陈雷、洪荣宏的闽南歌，还有那无法忘却的海味佳肴。有时候也会闲情偶至，信手写一些过去的记忆，只是“唯梦闲人不梦君”，物是人非，往昔的记忆都要被海风吹散了。当年一起在巨鹿路谈论文学的朋友，有些还在写，有些已经封笔多年。有的名满天下，有的嫁为人妇，更多的则是散落在天涯，杳无音信。只是偶尔想起来的时候，还会怀念午夜外滩上呼啸而来的风。

无论如何，写作惠我颇多，至少让我无论面对什么险境，都能做到临危不惧。只要有这本事，就不愁吃不上饭。当然，能吃上山珍海味还是清粥小菜，要看个人努力，有时候也造化弄人。只是有时候回想起改变我一生的那通电话，心头唯有满满感激。

谢谢你，给我不一样的勇气。

第 32 课 从电子工程师到销售顾问：

一个工科生的非典型职业道路

吕　杨

如果你问我，在职业生涯中最重要的是什么？我的答案是能力，当然还有运气和机会。只是机会总是留给有准备的人，无论最后是否成功，我们都需要付出 100% 的努力，这样才能在机会出现在自己面前的时候把握住。

此刻的我站在办公室的窗前，望着不远处的厦门机场，跑道上的繁忙的航班，一架架起落的飞机点缀着忙碌的机场，这画面好像一部无声电影。

先来介绍一下我自己吧，我叫吕杨，目前供职于厦门一家大型国有企业的电商公司担任副总一职。大概四年前，猎头把我作为职业经理人从一家工作了十年的世界 500 强美资公司挖到这家企业。除了这家美资公司之外，我还曾在一家大型英文教育机构担任中国区的销售运营总监，之前还曾担任日本著名电子企业的区域销售负责人……时间再往前推，刚刚从厦门大学电子专业毕业的时候，我曾经在厦门的一家三资电子上市公司担任过电子工程师，也是在那个时候开始到接触销售这个岗位，却不曾想过，在这个岗位一干就是二十年。

除了公司工作之外，我还是厦门市商务局监管的厦门网络零售企业协会的会长，同时是厦门市商务专家，参加厦门市电子商务类的政策探讨及决策等。我于1992年考进厦门大学，之后MBA也在厦门大学完成。除此之外，我还和MBA同学一起发起了公益读书会，覆盖厦门、福州、龙岩、上海等地大约5000人。我们主要做的就是读书分享会，通过阅读、思考、分享、沉淀来培养大家的阅读习惯，进而培养家庭的阅读氛围，提升大家的阅读能力和思考能力。除了读书会之外，我还通过为留守儿童学校捐书、为城中村图书馆上公益课来给予需要帮助的人力所能及的帮助。

目前我在公司的职位是副总经理，分管销售和售后部分，负责的团队大约150人。作为一家国企，我们的业务主要是政府、企业及个人的办公类设备、办公用品及家电、数码等产品的销售，可以说我们是一家B2G、B2B、B2C共体的电商公司，我们的竞争对手既包括京东、苏宁这样的大型电商企业，又包括渠道商和代理商，而我们的优势在于能够整合办公设备、办公用品、家电、网络、电脑等产品，提供整体的采购方案，从而为客户节省时间成本、节省采购成本、提高采购效率。更重要的是，在整个社会向前发展的大格局下，我们满足了从采购流程合法合规到节省采购成本和效率优化等多方面的需求。

我大学读的是电子工程专业，是一名工科生。但是我从来不是一个典型的工科生，我热爱摄影，喜欢文学和音乐，之前还是大学诗社的成员，这也解释了为什么一个工科生在多年以后，竟然会发起和组织一个纯粹的读书社群。

从高中到大学

我来自皖南的小县城，在上大学之前，基本上没有离开过县城，可以说孤陋寡闻，在报考厦门大学之前，甚至没有听说过厦门。从未见过大海的我被厦门大学美丽的招生简章所吸引，来到了海滨城市厦门，在这所被誉为“中国最美的大学之一”的学府完成了四年学业。

回想高考，成绩算得上小辉煌，我是从县城以应届生第一名的成绩考进厦大的。确切地说，在高中阶段，我一直在整个年段保持了第一或第二的位置三年。因为父母都是数学老师，我从小就被灌输了“学好数理化，走遍天下都不怕”的思想，因此整体来说我的理科比文科好，最终我选择了跟自己最擅长的物理有点关联的电子工程专业。

可是到了大学，一向优秀的我遭遇了极大的落差：在全年级两个班60人中，我的成绩排名倒数第五。**在这种情况下，一开始我是迷茫的。在大学阶段，一方面需要锻炼自理能力，另外也需要学习如何和同学相处。更重要的是，要学习一种全新的学习方式。在大学里面不再有人每天盯着你学习，完全要自己来规划生活和学习，自律变得非常重要。**

我尝试把每天的学习和生活安排好，做好每天的规划，慢慢再学习如何做每周甚至每个月的规划。一开始就是自己摸索方法，后面也根据看书学习学来的方法来进行调整。一方面是调整自己的心态，我想只要每天努力学习，我是可以不断进步的。过去取得的成绩到了大学不能说完全没有用，但是确实很大程度来说用处不大，那些仅仅只能表示过去的成绩，而未来的成绩取决于现在每天的努力。我渐渐树立了信心，通过不断给自己鼓励，不断投入学习的时间来证明自己确实可以比别人更加优秀。别人打麻将的时候我在学习，别人逛街的时候我在学习，别人玩耍的时候我在学习……靠着这些点点滴滴的时间积累，我慢慢把成绩赶了上来，而良好的成绩又反过来进一步激励我做得更好。

在大学阶段，学习是每天最主要的内容。电子工程是个工科专业，高数、物理等都是挺难的课程，还有各种实验。整个年段60个人里只有8个女生，男女比例严重失调，我们都笑称是“和尚班”。尽管如此，我的大学生活并不枯燥，听音乐、看电影，各种兴趣爱好都不落下，偶尔写写诗歌，我还是学校诗社成员。乒乓球是我的强项，我参与了系乒乓球队，我们在校乒乓球赛中取得了前八的成绩。**通过自己不断摸索，我逐渐找到了一种生活和学习平衡的状态：通过不断改善自己的自律性，改善自己的时间管理能力，让自己更加高效，这样就可以节省出更多的时间做自己喜欢的事情**。

大三的时候，我开始物色一些实习的机会，包括宝洁 (P&G) 提供的类似联络员的工作，也包括去厦门广播电台做音乐节目的经历，丰富多彩且安排有序的生活让我对自己更加有信心。在毕业的时候，我放弃了考研，也放弃了留校的机会，决定到公司上班。放弃考研，是因为我想先到社会上体验一下工作的感觉；放弃留校，是因为对于学校这样的环境实在太熟悉，我想挑战一下自己。

我们专业的对口单位是和电子相关的，包括电子公司、银行、海关、研究院等，某种程度上来说算是“万金油”专业。20 世纪 90 年代末期，互联网逐渐进入商务、办公等领域，各个单位都开始进行电子化转型升级。那是一个自主择业和包分配都可以选择的年代，相对而言，就业对于大学毕业生来说不是个事。最后，我选择了一家国企，成为一名电子工程师。

不甘现状

但是没过多久，我发现自己并不喜欢每天面对着电脑，我更喜欢和人沟通。于是，我开始四处面试销售岗位，但因为没有任何销售经验，总是铩羽而归。

在外面碰壁后，我开始尝试“内部转型”，在公司内部寻找做销售和市场工作的机会。就这样，我从一名工程师变成了售前工程师，也就是对接客户，将客户想要的东西转变成工程师需要做的东西。从这个时候开始，我更多地接触各类人群，也跟着销售人员走访各类客户，学习如何从事销售工作。

一次偶然的机会，我得知最喜欢的品牌索尼（Sony）在厦门成立办事处并招募销售人员的消息，就再次抱着试试看的心态去应聘，并最终在1000多个应聘人员中脱颖而出。为什么选择我这个没有什么销售经验的人？之后在与负责招聘的人事经理闲聊时，我得到这样的回答：销售最需要的品质是真诚和沟通，而这两点你都具备，虽然没有太多销售经验，但是我们觉得你可以。

本科学的电子工程，我对电子产品一直都比较感兴趣。在索尼，我从基层销售做起，催款、拓展客户、跑客户……每天重复着这些简单而略显枯燥的事情，但并不觉得轻松，因为零售业是个每天都有变化、不可能完全重复的行业。在索尼的几年摸爬滚打，让我对“零售就是细节”这个理念有了深刻的理解，而日本企业的风格也深深刻在了我这个职场新人的血液里。

在那个年代，日本品牌在国内的销售情况是非常好的，有了这个好的品牌，我们做销售也相对来说比较简单。我们需要做的事情包括渠道的拓展和维护，和客户谈订单、收款，还有店面的管理。那个时候的企业不会有太多培训，更多是在实践中摸爬滚打。虽然如此，日本企业严谨的做事风格依然给了我很多实实在在的学习机会，他们对待员工及客户的态度也值得学习，而索尼作为产品导向型的企业，对待产品设计、营销策略、店面管理等细节上的关注，更是让我一次又一次在工作中得到锻炼和学习。

经历不同的渠道、面对不同的客户、负责不同的城市、接手不同的产品，一路走来虽然艰辛，但是对我的成长有很大的帮助。在索尼公司待了六年之后，开始有猎头找我。经过半年多的接触，我来到了另外一家世界500

强公司。这一次，从日本企业换成了美国企业——号称 “IT界三大火坑之一”的戴尔（Dell）公司。

职业天花板

入职戴尔后，我成了一个团队的销售经理，通过努力，我有了更多的职业发展机会。每年升职，除了业绩出色，还需要处理好和同事、下属及上级的关系。33岁时，我成为大中华区个人组厦门呼叫中心的负责人，分管厦门和大连的两个销售团队共计200人左右。我加入了戴尔厦门高管的团队，我们经常会进行战略协商及业务讨论。我从中接触到了更多战略方面的内容，自己的视野和思维也更加开阔。这个阶段真可谓红红火火，职业发展一帆风顺。然而也就是在这个时候，我的职业生涯遇到了瓶颈，人生也进入低谷期。

电商的快速发展，给我们的业务带来很大挑战，面对业务转型，我尝试做出调整，虽然也有亮点、有成绩，但难免有黔驴技穷的感觉。社会在发展，所需要的技能在不断迭代。电商“凶猛”，互联网所带来的变革让我们的知识和经验迅速贬值，难以适应新形势。

另一方面，“空降”的新领导和我的想法常常冲突，我难以适应新领导的管理风格，彼此冲突不断，他的管理风格很尖锐，和之前的领导风格迥异，我也无法体会到其中对人的尊重。我犹豫了很久，最终决定离开。

首先我尝试换到其他的岗位和部门，但是对于这一层级来说，一个萝卜一个坑，不是说换就能换的，更何况自己确实存在一些软肋和短板，在经验和知识结构上有缺失和不足。由于我长期从事的是个人消费类的业务，因此对于企业客户要如何开展和维护完全不了解，几次面试也碰壁不断，而且由于之前在团队内部锋芒毕露，也招人嫉妒，因而在需要支持的时候也缺少了职场同盟者。更糟糕的是，我觉得自己没有在进步，一直在吃老本，难道这就是我的职业天花板？

转战教育行业

一次偶然的机会，猎头找到了我，为我提供了一个来自英孚教育的机会。于是我转战教育行业，并做了一个决定——离开厦门，前往上海。

独自在上海生活并不容易，新的公司文化、全英文的工作环境给我带来了不小的压力。我尽力去适应这家北欧企业的新环境，搞清楚自己的职责所在，并尽力高质量地达到要求。公司文化差异大，且从事的是我不擅长的销售管理工作，一开始很不适应，但这也恰恰让我有了更好的锻炼机会。熟悉销售流程、制度以及如何通过这些来规范和管理销售行为，从而可以更有效地提高销售绩效。我凭借自己的经验完善了公司的相关制度和规定，重整销售运营，工作上还算是有一点成绩的，但是由于长期上海、厦门两地奔波带来的各方面不便，家庭内部出现了不和谐因素，对我造成很大的困扰。几经折腾和处理，一直无法平衡这样的关系，最后我还是回到了厦门，回到戴尔，回到自己熟悉的领域和环境。

重返戴尔，我作为销售顾问，负责亚太地区的销售运营工作。这和之前的销售又有很大的不同，需要和亚太的同事以及各地区的业务负责人对接，还需要和全球的相关同事进行日常的工作会议。销售运营，让我有了新的视角，也让我能更加深刻地审视销售工作。因为销售本身都是相对短视的，重视眼前的目标和任务，而销售运营更多是从流程、制度及整体来掌控业务发展。可以说，正是在英孚和后期在戴尔做销售运营的经历，让我对于公司管理有了更深层次的理解，不再是一头扎进去就“横冲直撞”，而是有了更多的策略思考，思考如何更顺利地落地和实施方案。其间既包括战略规划，也包括一些具体的方法来落地这些战术，从而让战略真正得到贯彻和实现。

古老的零售业

零售业是伴随着人类发展历史最悠久的行业之一。这个行业每天都有新事物出现，没有时间让自己闲下来，如果你享受这一点，这个行业是很好玩的。

这是一个人跟人直接沟通的行业，俗话说，世界上最远的距离就是从你的口袋到我的口袋，如何让客户心甘情愿付钱购买，需要在产品、服务、价格、购买渠道、沟通方法等各个方面做文章。从营销角度来说，我们一方面要通过花钱的方法或不花钱的方法让客户留意到我们，同时还需要让我们的商品更加有吸引力，无论是陈列、价格还是售后服务等。就好像开一个小店，想要让更多的客人关注，进店消费，不仅产品要好，还需要好的店面布置、产品陈列、服务态度等。客人如果有心仪的商品，还需要更便捷的方式方便客户购买。

零售业变化太快，从产品本身到业态调整，再到每天不断翻新的新花样，层出不穷。我们每天要面对不同的客户需求，既包括说得出来的显性需求，也包括没有说出来的隐性需求。我们要把这些需求通过我们的产品及服务，以合适的市场价格让客户接受，最终成交并在规定的时间内完成收款工作。

我们每天要面对不同的产品更新、不同类型的客户、不同的客户需求等等，这些每天遇到的问题都需要小心对待，因为只有很好地满足了客户，才能更好地在这个行业生存下来。对于害怕挑战的人，也许会觉得很有压力，但如果你喜欢每天都有不同的事物出现的话，这个行业会给你带来不一样的人生体验。

零售业之所以一直存在，就在于一直要满足人们各式各样的需求，也正因为人们有各种需求，零售业才得以长久不衰。很少有其他行业像零售业这样，可以让人一直保持着活力和创造力。

未来，随时应对“颠覆”

这个行业遇到的最大挑战就是消费者的心理每天都在变，所以需要非常敏锐地掌握消费者变化中的需求，并予以满足。就未来而言，即便是人工智能不断发展，对零售业整体来说应该不会有太大的影响。因为人工智能和人最大的差异就在于人性，而零售行业的核心不在于工具或技术，而在于对人心的了解。对于人心掌握得越多，对于人越了解，沟通中才更有可能产生新的业务机会。这些不是通过人工智能的预测能做到的，或者说即便预测出来了，要真正让客户购买，这里面的情感因素是人工智能难以发挥作用的。

对于任何行业来说，抗压力和学习能力都是最重要的，而对于零售行业来说抗挫力也是必备的关键技能。因为这个行业发展变化特别快，因此我们要面对的是一个随时会被颠覆的市场，而颠覆市场的可能是新技术，可能是新的产品，甚至是新的营销手段。尤其对于零售业来说，现金流是如此的重要，一个小疏忽都可能造成很大的问题。因此要求我们既要有长远的战略眼光，又要有积极的战术方法，唯有如此才能在市场中立足。

“学力”比学历重要

零售业的核心人员包括采购和销售。对于采购人员来说，需要有一定的业界积累，对供应商体系及玩法比较熟悉；而营销人员的背景比较复杂，什么专业都不影响，这主要是因为营销能力的核心在于沟通能力、敏锐的市场洞察力和学习能力，这些都不一定需要专业的学习，更多是靠平时的积累和个人的性格，即便有营销专业背景也未必能够做好这个工作。

以我对于这个行业的了解，这个行业需要的人才相对比较广泛，真可谓“不拘一格降人材”，无论是前端的营销人员还是后端的采购人员，相对来说并不需要特别专业的人才，反而是财务、行政等岗位需要一定的专业基础。

零售行业的待遇可谓千差万别，不同的公司差异很大，营收及利润水平悬殊。对于我来说，考虑一个行业我会先看行业的整体市场大小，尤其关注那些过万亿的市场，这样的市场发展潜力比较大。当然也可以反过来思考，对于小众市场，我们就需要找到相对“垄断”的、拥有较高市场占有率的公司及平台作为自己发展的起点。进入公司后，你可以从一线员工开始发展，掌握采购或销售某一个关键点，然后成为这方面的专家，做到对产品熟悉、对客户熟悉、对供应链熟悉，这样很快就能在这个行业得心应手了。

幸福来自奉献和付出

奥地利心理学家阿德勒说过，我们的幸福来自人际关系。对我们个人来说，人际关系主要体现于我们在群体中的位置和归属感。为了获得幸福，我们需要先有付出，在付出的同时，我们便能够获得幸福。

读书会的发起其实并不是事先计划好的，原本只是几个 MBA 同学在一起分享彼此的读书心得，但为了想要改变社会的阅读习惯，我们打算向前一步。事实上，我们从不缺改变的能力，只是缺乏向前的勇气，而这样的勇气来自如何定位自己，如何找寻自己的价值感，更重要的是知行合一，保持初心的同时去孜孜不倦地践行。

很多事物启动都是相对容易的，而坚持却是奢侈品，我们每周开展的读书会活动以及城中村图书馆的公益活动，虽然看似简单，但是个中困难却可以说上几天几夜，因为坚持一件事情确实需要极大的毅力。在此过程中我也曾怀疑过，也曾想要放弃过，但是最终我们坚持了下来，尤其是做公益，最难的就是坚持，但也唯有坚持，才能有成效。

作为一个分享者，我去分享知识；作为一个组织者，我去组织大家学习；作为一个鼓动者，我去鼓动大家来参与；作为一个督导者，我辅导更年轻的小伙伴成长……从本质来说，公益的事情需要团队来做，因为只有一个团队才能让公益走得更远。

不要给自己设限

人生有很多可能，但人们常常会为自己设限，让自己跳不出自己设的框。那么，我们要如何打破这些限制，实现跨越式的发展？

不断学习，突破自己

对于职场而言，工作实践就是最佳锻炼。在职业生涯的绝大部分时间里，我也一直以实际工作作为锻炼场所。2010 年面临人生低谷期，我选择了再学习，考进厦门大学管理学院进行 MBA 课程的学习。本科的学习是积累理论知识和学习方法，而 MBA 的学习则可以让自己重新审视这些年的工作经验，并在实际和理论之间建立起一座桥梁。这段学习经历对于学习能力的提升、自身的发展、人脉的积累等方面都有很大裨益。

知识迭代，职业的天花板，这是每个人在职业生涯中都难免遇到的问题。

你可以焦虑，但不必害怕。就我个人经验而言，主要可以通过两种方式来改善这一状况：一是提升自己的学习能力，多去阅读，参加各类学习活动并融入新的社交群体，结识新人；二是敢于向前一步，走出舒适区，挑战自己。在改变行业、改变岗位的过程中，一方面将自己的短板补上，同时再一次重新审视自己的强项。最终，我在 2012 年又回到了零售岗位，并更进一步。

先做人后做事，时刻准备好

硬实力和软实力，一样都不能少。如果你问我，在职业生涯中最重要的是什么？我的答案是能力，当然还有运气和机会。只是机会总是留给有准备的人，无论最后是否成功，我们都需要付出 100% 的努力，这样才能在机会出现在自己面前的时候把握住。

人和事，是职场的两个关键。前者需要搞好上级、平级和下级的关系，后者要求做专业的事情，对事不对人，把自己的工作做好。至于哪个因素比较重要，不好说，这和公司文化有关，也和你的老板有关。硬实力很重要，软实力也不可或缺。

职场不相信眼泪，如果没有硬实力，业绩不行，那么即便关系再好也难以服众，好的业绩是在公司存活的基础。人际关系也很重要，你需要团队合作和帮衬，如果只关注业绩，在人际关系上一塌糊涂，不仅会陷入孤立，紧张的同事关系也会成为老板给你升职的“绊脚石”。

我们需要站得更高才能看得更远。我们需要在自己知识和实践的高度、宽度和深度方面去拓展。高度是指视角和格局，宽度是指知识面，深度是指专业度。

“N+1”思维

总结以往的经验，之所以能够在那么多的销售经理中脱颖而出，我认为有两点起到了关键作用：一是要有“N+1”的思维，要站在更高一级的层级去思考和做事，这样才不至于只关注眼前；二是要敢于表现自己，勇于犯错，因为犯错的时候就是自己最好的学习机会，而最终决定你是否会脱颖而出，靠的就是日积月累的口碑及长期的印象，而对你潜力的评估才是最终决定你是否可以升职的关键。

沟通再沟通

沟通无疑是人际关系中最重要的事情，其中既包括和上级的沟通，也包括和同级及下属的沟通，还包括和客户的沟通。无论哪种沟通，都要以尊重和理解为基础，了解对方的诉求，寻找共同点和差异性，求同存异，以自己的目标为最终目的，借用各种资源来实现多方共赢。

结果导向

无论你是做销售，还是做其他岗位，都需要有结果导向的意识，很难想象一个一直没有结果的人如何在公司里面生存下来。结果导向意味着做什么事情都要以是否能够实现最终目标作为判断标准，当然这其中的方式可以有很多种，而且因人而异，但是时刻不要忘记自己的目标是什么，方式可以灵活，但是心里要明白为什么这样做。

站在别人的角度思考问题

员工有员工的心态和做事方式，老板有老板的心态和做事方式。如果要想向上前进，就必须考虑如何从老板的角度去思考。同样，和客户接触的时候也一样要站在客户的角度去思考，这样的同理心对于保持良好的沟通是非常关键的。同时，保持一颗善良的心，即便可能有小人作怪，也不能“狗咬狗一嘴毛”。

面对未来，需要勇气更需要行动

面对未来，从我个人的成长经验来说，如果要用一句话来总结，我认为需要时刻保持紧迫感，同时要虚心刻苦，不断提高自己的学习力。唯有拥有不断自我更新的能力，才能像有机体一样应对不断变化的社会发展。

这其中包括以下三个层次：

1. 底层核心能力包括不断跟上社会节奏和发展，拥有一颗年轻向上的心。

2. 中层核心能力包括敢于尝试新鲜事物，拥有同理心，以及坚持和自律。

3. 顶层核心能力包括学习力、虚心和勤奋。

对于职场新人，想要有进步，需要踏实、勤奋，敢于做那个“不怕吃亏”的人。因为只有不怕吃亏，才会有更多的锻炼机会；只有不怕吃亏，老板和同事也才更加信任你。

未来不可预测，对自己了解越多越容易知道自己的方向，从高度（格局）、宽度（知识面）和深度（专业度）来做好基础工作，时刻准备好应对“变革”。

第33课 从迷茫少女到消费者研究员：

你是哪种类型的人才

何安迪

对于深耕专业的“I”字型人才来说，大学专业的选择更像是顺理成章的结果，而对于“一”字型人才来说，生活的意义和兴趣在于广泛的尝试和涉猎，面对报考哪一所大学这一必须做出的重要选择，可能会变得茫然无措。在没有明确偏好的情况下，选择一个良好的平台是最优解。

人和人是不同的。有些人非常幸运，很早就清楚上天赐予的能力或是自己一生的热情所在。他们当中的很多人，年纪轻轻就成为行业中的专业人才，比如我的朋友施宁和王蔷。施宁从小喜欢音乐，在作为爱好的乐器学习中慢慢发现自己有音乐天赋，于是毅然选择了艺术专业的道路，留学归来成了交响乐团首席。王蔷的妈妈是数学老师，大概出生时的基因就自带数学研究的偏执，于是王蔷走上了数学理论研究这条路，一走已是十年。

我很羡慕他们，因为我不是这样的人。我的生活中大部分时间都在彷徨和茫然中挣扎思索，寻求一个自己喜欢且最适合自己的方向和未来。从小到大，我也积极努力地发展了多方面的兴趣爱好，挥过羊毫，扛过画板，抚过琴弦，抡过球拍，然而直到现在也没有一项可以称为特长。意识到自己是一个没有特长的普通人，曾经让我非常痛苦：别人在舞台上为大家献上了精彩绝伦的文艺表演，而我因为疏于练习连拉琴给父母听都拿不出手；别人的书画作品放在橱窗里参展，而我却连试卷上题目答案都写不出美感。对于一个生活在这个时代的年轻人来说，还有什么能比意识到自己平庸无奇更让人丧气的呢！接下来就是一连串的连锁反应，脾气不好，上课提不起精神，说话阴阳怪气……总之，生活变得一团糟。

直到有一天，在一次偶然的课外阅读中，我看到了邹东涛教授提出的人才分类模型："一"字型人才——知识面比较宽；"I"字型人才——在某一项专业知识方面比较深。刹那间我有一种醍醐灌顶的感觉，内心翻涌起日常的点滴细节："你怎么这个也知道！""何安迪你是小百科呀！""没错，何安迪同学刚刚说的就是我们课本上没有提到的知识点，大家记下来"……原来我不是一个平庸无奇的人，我也是人才，只不过不是深耕某一专业的"I"字型人才，而是知识面宽广的"一"字型人才。

"I"字型人才的确更容易发光，也更加坚定。施宁在确定了走音乐道路后，加紧专业练习，获得了几个重要的奖项后，国内外几所优秀的音乐学院都向他抛出了橄榄枝。其中不乏大家耳熟能详的国际顶尖学校，但最终他选择了自己专业领域中最负盛名的某国外音乐学院。王蕾的高考志愿中每个学校的第一志愿专业都是数学专业，最终她也如愿以偿地成为陈景润的"学妹"。对于像施宁和王蕾这样的"I"字型人才来说，大学专业选择更像是顺理成章的结果：**坚持自己的理想专业，选择在该领域最具影响力或资源最丰富的权威学校就读**。

而对于"一"字型人才来说，生活的意义和兴趣在于广泛的尝试和涉猎，面对报考哪一所大学这一必须做出的重要选择，可能会变得茫然无措。好在，18 年的人生不是白经历的，大大小小的选择做过很多，总结起来最有效的一个经验，便是找一张白纸详细列举所有目标、所有选择，以及每个选择的优缺点。**这样，在反复的对比和权衡中，你会发现自己可以妥协的需要（没有也行）和一定坚持的要求（必须有）。**在认真评估了自己的能力（优缺点、成绩和目标学校的差距，成绩在考区的竞争力等）、自己的喜好（城市、环境、校园文化、学校资源等）和行业发展的趋势（国家重点支持的行业、朝阳产业、人才缺口大的产业等）后，我也如愿进入了自己喜欢的海滨城市重点大学。**对于“一”字型人才来说，在没有明确偏好的情况下，选择一个良好的平台是最优解。**因为一个良好的平台基础和资源不会差，这样才会给你充分的支持去进一步拓展和挖掘自己的能力。

大学的意义：认识自己

事实上，“I”字型人才和“一”字型人才都不是最优秀的人才形式，两者都有自己无法回避的弊端。“I”字型人才虽然精通某一方面的专业知识，但知识面较窄，难以融会贯通；“一”字型人才虽然知识面宽，但缺乏深入的探究，看问题难免浮于表面。于是邹东涛教授提出了第三种人才类型：“T”字型人才。

聪明的你一定看出来了“T”字型人才的含义，即既有较宽的知识储备，又有专项的深入研究。大学相对自由的环境给了我们充分的可能，去发挥自己的特长，去弥补自己的不足。施宁从小不是在家里就是在音乐学校，朋友不多。在国外学习的过程中，他利用假期参与了许多学生公益活动，常常给我们分享他去教小朋友学音乐的图片。王蔷成绩优异，一直是系里的第一名，不出意外地获得了国家奖学金。同时她也是一名古典音乐的爱好者，常常跑去看当地交响乐团的音乐会，也因此结识了不少志同道合的好朋友。

什么都喜欢尝试的我当然也积极主动地参加了很多学校的活动。为了培养自己的沟通和管理能力，我竞选了系里的学生干部并成功当选。为了能和其他专业的同学们多交流，我参加了校学生会，和大家一起组织了许多学生活动，甚至还一时兴起报名参加了辩论队，为了提升自己思维逻辑和应变能力。作为“一”字型人才，广泛的涉猎也让我有了高光的时刻：在校级知识竞赛中，我成了出题者，甚至有一道决定最终冠亚军的加赛题，用的就是我设计的题目。尽管每天不是在上课就是在开会讨论，我却乐此不疲，但渐渐地也感受到了精力在拉扯中的消磨。直到大一下学期，我拿到了人生中第一个也是唯一一个 60 分，我懵了。**我以为我可以面面俱到，然而现实给了我重重地一击：什么都想要你可能什么都做不好。**

难过、沮丧、怀疑……所有的负面情绪像一团团黑色的迷雾刹那间把我包围。彷徨无措间，又想起了帮助我整理心情和思绪的白纸：我的目标是要在四年后读研或者出国，大学四年要获得奖学金，将来有一份优秀的工作。回顾大一一年的成绩，凭借这样的绩点，上面哪一个目标都不可能实现。我以为自己从小优秀到大，优秀已经成自然，却方才意识到，能进入现在这所大学的同学，哪一个不是从小优秀到大的？失望和挫败之后，我重新审视了自己的目标，发现最核心的目标原来只有一个：提升学习成绩，拿到高绩点。学生工作也好，社团活动也好，这些本都没有错，可是舍本逐末并不是实现最终目标的可行方式。

于是第二年，在明确了自己真正想要的是什么之后，我决定适当减少参与学生工作，更加认真地参与课堂学习。看到这里你也许发现了，我在大学中好像还是在横向发展，并没有找到一个专业的方向去纵向延伸。即使我的专业是旅游与酒店管理，可是教学的内容仍是以经济学和管理学通识课程为主。没错，这个时候的我，也依然彷徨无奈，十分羡慕同伴们在专业路上的顺利发展。然而重新发力学习后不久，我收获了大学中最重要的礼物之一，我发现了自己真正感兴趣并愿意以之为事业的发展方向：研究人，研究作为消费者的人。

从“一”到“T”的突破

事物是在不断发展变化的。量变是质变的必要准备，质变是量变的必然结果。我对市场研究的兴趣同样也不是无缘无故一下子冒出来的。我第一次发现市场研究是非常有趣的事情，可以追溯到我们大一小学期的课题研究项目。在项目中，我们需要对外地来的游客做研究，而研究的方式则是通过填写调查问卷。从设计问卷，到走到大街上拦访，到最终根据收集到的数据结果发现规律，再到总结发现、小组成员们一起“头脑风暴”，以及最后的设计和执行。其中碰到了许多挑战个人舒适圈的事情，比如小组成员间意见不一致时的针锋相对，再比如第一天上街迟迟不敢上前拦下过路的行人。观点不被队友理解，不被路人尊重，甚至被投以白眼或是拒绝，统统都遭遇过，这一切也让心高气傲的我们痛苦过。但每当我们争论后达成一致，或是成功获得游人的同意、采访到他的想法，成就感也随之而生。

这样的小研究在后来的大学生活中每一年都有。终于，在几次项目完结后，我内心升腾起了更多的疑问：市场研究到底是怎样的？除了发问卷、深入沟通访谈，还有什么其他方法？除了游客，其他类型的消费者都有什么不一样的特点？带着对市场研究的好奇，我在收集了很多目标研究生学校的信息后，最终锁定了德国一所大学的消费者事务专业作为我的留学目标。发现了自己的兴趣是我的幸运，更重要的是，我逐渐清楚地意识到，**在研究生阶段，通识类课程不会再给我带来更多的竞争力**。具体来说，市场营销（marketing）其实是一个既缺人又不缺人的专业。缺人，是因为市场上不论哪个公司、哪个行业都需要市场营销人才，行业缺口大（需求大）；不缺人，是因为从“985”“211”到大中专，有经济管理学科的学校一般都会有市场营销专业，每年输送的人才多（供给大）。不缺人，因为从业门槛不高，所有人都可以尝试；而缺人，是缺乏做得好的高端专业人才。而为了做到差异化，同时结合自己的兴趣，消费者研究就应该是我区别于其他市场营销人员的深挖领域。而这个选择，也的确成为我最终能够进入市场咨询行业的敲门砖。

“T”字型人才不是奋斗的终点

事实上，“T”字型人才也不是邹东涛教授认为新时代最需要的人才类型，因为“T”字型人才所有的建树，都是基于前人的经验总结，缺乏创新，不能冒尖。因此，第四类人才——“十”字型人才——既有较宽的知识面，又有深入探究的领域，同时又敢于创新，这才是我们都应该去努力发展的方向。

即使是现在，尽管我选定消费者研究这一方向已六年有余，我仍不敢说自己从“T”字向上有一点点突破。人类浩瀚的历史提供的知识宝藏无穷无尽，而我也愿意用接下来的人生继续上下求索。

第34课 女工程师的进击之路：

用压倒性的努力打破人生枷锁

郑妮娜

功夫不负有心人，在这种高强度的学习下，就算我不是一个特别有天赋的人，在往后的日子里，我的技术水平、设计水平，甚至职位水平和薪资水平都提升得非常迅速。

作为一个青少年，或许此刻你的学业成绩并不如自己期待的那么完美，达不到父母的期望，甚至懵懵懂懂不明白自己处于竞争大流的哪个区域：是在中上游努力挣扎，还是在中下游被人甩在了后面却不自知？

事实上，成绩不理想不代表你不够优秀、不够聪明、没有天赋，有可能只是你还没真正意识到学习的重要性。天天和你一起玩手机、吃麻辣烫的前后桌，看似目前和你过着一样的生活，每科成绩就比你多十分而已，多年以后却可能过着和你截然不同的人生。

也有可能你的家庭情况比较复杂，父母不和谐的关系时刻影响着你的心情，让你没法好好静下心来读书，越烦躁越焦虑，越焦虑越迷失，最后让老师、家长甚至你自己感到无比失望。

甚至，即便没有这些，也许一个让你心动的背影、新出的电子游戏、大家都在排队的球鞋，都会转移你的注意力。在班级里获得羡慕的关注好像远远比考试或者读书来得重要，对于前排那位戴眼镜的穿着又土的同学，你可能从来没有放在眼里，即便人家的成绩长期位居班级前十，你也不觉得自己有什么不如对方的。

是的，我曾经就是这样的人，甚至样样都占了。

我把结论写在前面：如果再给我一次机会，我一定会好好学习，把握机会，做好规划。但是现实是，我错过了很多次机会，直到多年以后的某一天才猛然醒悟，开始奋发图强，用更多的努力弥补了当年的遗憾，变成了今天的我——一名女性海洋重型结构机械设计师。

大海深处的坚守

我所在的行业是海洋重工，这个行业可能很多人并不是特别熟悉。近几年，央视也开始大力普及一些大国工程，央视大型纪录片《超级工程》第三季第二集《能量之源》介绍了人类目前所有能应用的主要能源，包括煤炭、石油、天然气、风能、可燃冰、水电、太阳能，还有核能。对于能源的重要性，青少年也应该有一些基本的了解，没有能源，车子不能行驶，空调不能开启，手机不但不能使用，连生产制造都不可能。能源也是大国之间博弈的一个重要的因素，这也是中东地区长期不稳定的原因。

海洋重工，顾名思义就是在海洋领域的重型工程类项目，主要的工作内容就是石油、天然气、可燃冰、风能的开采。石油、天然气、可燃冰等有很大一部分都储藏在海洋下面，至于风能，则是因为海洋上的风动力较足。

除了能源开采，还有就是海面桥梁和隧道的建设服务，比如像粤港澳大桥这样的重大项目，需要用到万吨级别的起吊辅助设备。甚至当海上工程灾难来临时，也需要海洋重工设备来帮助实施救援。

重工行业在我国并不能算是一个热门行业，首先它隶属于工程科学类，需要从业者有扎实的工科和英文基础，还需要有孜孜不倦的学习动力，要耐得住寂寞，因为这不是一个能够快速成功的行业。这个行业也在革新，需要从业者去不断学习世界上最新、最先进的一些技术和知识。和近几年热门的软件、金融行业相比，这是一个孤独的行业，似乎离平常人的生活非常遥远，遥不可及，难以得到社会大众的认同。

但是，这一切都不是劝退一个热情的年轻人的理由。行业虽小，却对国家意义重大。虽然不如航空航天等领域听起来高大上，但是上天难，下海更难，我们能够遨游天空，发射导弹，却对许多深深的海沟一无所知，这都需要一代代人的努力和积累，去不断探索未知。与此同时，国家也在大力支持和鼓励基础学科人才。2019 年华为的芯片事件才让普罗大众意识到，除了热门的软件人才，我们也非常需要以前没人重视的硬件人才。那什么是硬件人才呢？通俗地说就是和物质打交道的人才。软件是编程控制类，硬件是实体物体类。除了芯片以外，比如说航空发动机、大型精密轴承，还有我所在的行业的一些设备，还有其他很多普通人不知道的硬件领域，都需要大力发展。硬件方面需要很多人才，国家也会越来越重视，这意味着未来的就业、薪资方面会更加具有吸引力。

我国在海洋，尤其是深海领域的工程类项目还暂时落后于国际先进水平，但是已经在大力赶超。海洋对比陆地，是个难十倍的领域。陆地虽然有高低落差，但是除了个别地震频发的地区，总体来说都是比较静止的状态。而海洋，这个神秘而富饶的领域，有许许多多的挑战。大洋洋流的变化会给工程带来难以预料的外界压力，深度就不用说了，越深的领域，压强越大，很多都超越了我们所知道的材料的极限，还有海面上可能出现的各种状况，如台风、飓风、风浪等。

海洋工程项目，除了达到项目成果以外，另一个重大的要求就是安全、环保。如果你是一个电影爱好者，你可能知道2016年上映的《深海浩劫》这部电影，这部电影就是根据美国墨西哥湾当时顶尖的海上钻井平台上发生的重大灾难改编而来的。

我是如何进入这个行业的

和许多中学生一样，我在上大学之前对自己的未来一无所知，唯一的目标就是考一所好大学。不幸的是，我高考发挥得并不好，没有考上很好的学校。原因大约就如我一开始写的那样，总有这样那样的理由。也由于种种原因，我被调剂到了基本上都是男同学的机械设计制造专业，成了别人口中的“熊猫”。

一般人上了大学后就犹如脱缰的野马，离开了父母的管教和监视，天天过着吃喝玩乐的生活，直到期末考试时才开始冲刺。而我，因为高考发挥失常，对自己的学校和专业都不太满意，也没有特别大的兴趣出去玩，当然这也和班里女生少有关。**那个时候我才渐渐领悟到，因为高中没有更加努力一点、更加勤奋一点、更加提早规划一点，我错过了心目中理想的大学，错过了人生中非常重要的一次机会，而且我也没有勇气去复读一年。**在这样的悔恨下，我慢慢意识到，如果我不想再落后于我曾经的同学，只能现在开始抓紧学习，先把目前的成绩弄好再说。

大学四年，我最起码有一到两年的时间是在埋头苦读，基本没有娱乐活动。从早上6点多起床开始，除去上课时间，就是待在宿舍里看书做题，夯实专业基础，提高英语水平。苦心人，天不负，在毕业的时候，我目标性很强地只投了三家最想去的公司，最后三家都给了我offer。

这三家公司中，其中一家就是我后来入职的荷兰资海洋重工企业。面试官对我的印象很好，他也是我后来的第一任上司。**我上班以后问过他：**

那么多申请者里只录取了三位，为什么我是其中一位？毕竟太多人的学校都比我好。他告诉我，首先，因为我们技术性的面试是需要做题的，成绩好就会被留意；其次，在面试的时候我们谈论的技术话题，我都有自己的见解，而且明白自己在说什么；最后，老板是外国人，我的英语让他印象深刻。

于是，2008年的夏天，我在这家公司开始了自己的职业生涯，而且一待就是十年。

职业生涯的第一个十年

在2008年我刚入职时，我所在的部门人数还不多。总公司在中国的目标很明确，就是在这里培养制造、生产、支持方面的工程师，暂时不涉及主体结构设计方面。这边的工程师一开始都是从画图开始，所谓的画图，就是要把设计完整的图纸，变更成生产上能用的图纸。比如说，切割部门只需要拿到切割方面的图纸，焊接部门只需要焊接方面的图纸，机加工、组装、喷漆、运输等，各个部门都只需要拿到自己的那一份施工图纸。这个施工图纸和设计图纸是不一样的，制图员的工作就是去拆解设计图纸，将其转换为生产所用的施工图纸。

我做了一年多的制图员之后，转到了项目支持。所谓的项目支持，就是当一个项目在生产过程中，万一出错了，车间搞错了，他们没法解决，那么项目工程师就需要在不耽误进程的情况下，去弥补他们犯下的错误，而且要控制花费的成本。这就需要一定的经验和设计知识。

做了大约一年半的项目工程师后，我被提拔为制图员和项目工程师主管，主要负责培训新进的制图员，以及管理所有的项目工程师。

这个时候，部门已经慢慢发展起来，中国分部已经成为制图的主要基地，因为大项目主要在中国厂房生产，项目工程师的数量也很庞大。这个时候，越来越多人希望能够有更深层次的发展，毕竟作为一个工程师，大部分人的内心深处都希望自己能够做主结构设计。简单地说，就是不单单支持生产， 而是能够亲自参与产品的设计。

这个时候，荷兰总部也意识到了中国分部发展的需求。同年，他们派了设计师过来，开始组建中国部门的设计师团队。不幸的是，我并没有成为第一批进入设计组的人员。理由有很多，比如说制图组和项目组还很需要我，我作为主管做得很优秀，暂时没法调岗之类的。其实最根本的原因是和某些同事之间的关系问题。**这里我想说的是，在社会上、在工作中，每个人都会不可避免地遇到自己没有办法掌握或者左右的一些阻碍。**

那我是怎么应对的呢？我忍耐住了，潜伏了一年，继续做好自己的工作。其间，我也渐渐开始迷茫，如果我不转型做设计，那么未来的道路对我来说就是断头路，发展前景渺茫。我也曾怀疑，作为一名女性，去做工程类设计师真的好吗？或许我应该和别的女孩子一样，去做女孩子该做的工作，而不是天天和物理打交道。这一年里，我开始挣扎，试图寻找突破。后来，我报名参加了 2010 年底的在职研究生考试，竟然幸运地考上了厦门大学 2011 级管理研究生。

当时我的想法是这样的：如果我去读全职的管理研究生，那么我也许可以顺利地转行，毕业后去银行或者一些投资公司工作，实现人生方向转换，这对于女性来说也算是不错的工作。家里的亲朋好友也支持我的这个想法。

但是在最后选择全职或是在职的时候，我犹豫了。

一边是我学习了这么多年的专业，做了接近三年的工作，就这么放手了，内心觉得惋惜。**在工作的过程中，我好像也慢慢喜欢上了这个行业、这个公司。**可另一边，我毕竟考上了管理研究生，有机会彻底转行，而且工科出身的财务类或者管理类人才有自身的小小优势，不做也是可惜了。再说了，我在公司的发展也遇到了瓶颈。

在经历了一番挣扎后，我最终还是选择了留在公司，读在职研究生。还记得那是一个再平常不过的下午，我突然意识到，我不想辞职。**有时候，一个普普通通的下午，一个普普通通的决定，多年以后蓦然回首，你会发现那竟是你人生重要的转折点。**

在内心笃定之后，我回到公司和领导谈了很久，告诉他我的想法和目标，毕竟一直阻拦我的并不是我的个人能力，而是其他的借口和理由。在相互沟通一段时间之后，我得到了第二批进入设计组的机会。

于是，2011 年中，我的设计生涯由此展开。

进了设计组才发现，我在学校所掌握的知识还远远不够。一开始我只能做次级结构的设计，比如梯子、走路平台，还有电缆桥架这些东西。这些东西不受大项目主要受力功能的左右，只要保证能够根据使用要求，按照规范设计，保证人员安全即可。做了一段时间的次级结构，我一直在默默观察，看是否能争取到做主结构的机会。

主结构主要分两块，第一块是项目本身的主体机身，第二块是支持项目运输、测试、建造的支撑结构。但是无论我想做什么，我必须要先掌握知识。公司安排了各种各样的培训，我也参与了这些培训。虽然很多知识可能在学校略微学过，但是深入到具体的行业专业划分的时候，很多知识都是空白的。公司的培训给了一个大方向的概况，类似于一个纲领，能够基本解决平时工作上遇到的技术问题，但是想要脱颖而出，只靠这些培训是不够的。

于是，我发挥了当时在大学的那股拼劲，从 2012 年开始，每个周末都去公司加班，不计入考勤，目的就是为了去公司复习资料，有时候甚至耽误了我的在职研究生课程的学习（这个我非常不推荐）。每天下班时间是4点45分，而我都会留下来，在公司食堂吃个晚餐，然后回到办公室，一方面琢磨我手上的工作，一遍遍地打磨设计结果；另一方面继续学习，和个别留下的同事交流、沟通。最后在7点的时候坐公司最后一趟班车回家，回家以后有时间还会继续琢磨。

那段时间我自己也买了很多资料，收集了很多国外名校的英文教材，还有当时最新发表的一些论文，甚至在国庆假期出国旅游时，我什么都不买，就去当地高校附近的书店逛，买了很多非常不错的资料回来，回家以后就慢慢啃。渐渐地，我开始领悟到公司的培训资料是如何从这些知识的海洋里筛选出来的，自己如何能够更深层次地看待一些问题。

功夫不负有心人，在这种高强度的学习下，就算我不是一个特别有天赋的人，在往后的日子里，我的技术水平、设计水平，甚至职位水平和薪资水平都提升得非常迅速。

一个人的发展，除了自己的努力以外，往往也伴随着一定的坚持和运气。在工作的旅途中，有人比我起点高，有人比我反应快，有人比我更受领导欢迎，但是，我是为数不多坚持下来的人。有的人不满意薪水，有的人不满意公司文化，有的人找到了自认为更好的出路。往后的几年里，一批又一批的人，来来去去，进进出出。渐渐地，我变成了资历最老的人，慢慢也坐上了很高的位置。所有重大的项目、最难的项目，都是先发给我和我的团队处理。这对我来说也是另一种经验的积累。

我的职业发展经验

看到这里，想必你已经知道我的职业生涯的第一个十年是怎么过来的。在我国，各行各业都有一定的从业要求，比如财务类有CPA，教师有教师证。国家对工程类人员有一定的分类，比如达到什么要求就能去评某一级职称。在外资企业，倒并不要求你额外去考什么证书，只要能力达标便可，但在民企、国企或者设计院可能会有所不同。对于英语来说，有四六级证书或者雅思、托福成绩固然很好，但是在实际应用中，你就算有六级证书，但是哑巴英语不会说，估计比只有四级证书但是沟通无障碍的同事要来得吃亏。

在上文中，可能也有人注意到，我其实花费了很长一段时间去学习，去丰富自己。假设我没有这么做，或者其他人没有这么做，是否就不能达到自己的目标呢？我的答案是不一定。我自认为不算是特别有天赋的那种人，很多人比我聪明，那么我只能自己多努力。我相信很多同学都是很聪明的，当然，你付出了努力也肯定不会吃亏。这个道理在其他行业我相信也是成立的。

除此之外，我认为我有一个最大的优点，就是不畏惧沟通，尤其是面对一些不同国家、不同种族的人。在工作中，有一部分同事，可能因为害羞，或者自尊心太强，遇到问题的时候不愿意去和别人交流，特别是和远在地球另一端的同事沟通。但事实是，有的时候一定要拿起电话或者通过视频去和对方商量一些技术方面的问题，如果不那么做，工作就很可能做不好。

随着我管理的项目越来越大，我可能每周都需要和客户项目经理、供应商、码头的设计院设计总工，还有公司在世界各地其他分部、其他团队的设计师沟通、开会。视频会议是常态，电话沟通是必需，还有办公室会议也需要沟通，还要去打破人们对年轻女设计师的固有偏见，这就需要你展示自己的能力和水平，不断提升自己的沟通能力。

除了技术上的挑战，有没有遇到过别的棘手的状况？

我印象最深的一次，也是我个人承受压力最大的一次，是在前期设计一步步完成的情况下，采购部门采买的材料出了问题。这个材料需要被用在非常关键的部位，它如果失效了，那么直接损失是价值几十亿美元的产品和公司的声誉。这个结构是我设计的，当材料到位时，我们自己的实验室校核的时候发现材料不符合要求，当下工期安排得非常紧，客户已经派了一个团队的代表在跟踪我们的进度。也就是说，我们如果无法按照项目计划来，一天的拖延费用成本就是几十万美元。所以，我需要在材料供应商做错的情况下，没时间改设计的前提下，实验室人员等待我指令的情况下，顶着巨大的压力，安排各种各样额外的实验测试，最后还要我个人拍板定下是否认可试验结果。这些结果不符合设计最初的材料要求，但是必须去验证是否符合使用要求。最后我的决定是继续使用，选取最好的一部分应用上。几个月后，当这个任务成功完成时，巨大的成就感和一直没卸下的压力齐齐在我身上爆发开来。人生便是如此，有开心、有惊险、有失落，也有成就感。

谈一谈海洋重工行业

说了这么多，这个行业具体是做什么的？有什么产品？工业流程如何？现状如何？未来如何呢？下面我会具体详细说明，希望能够给大家一些清晰的思路。

首先我以中海油深水工程船 286 为例子。这是我国首艘能够进行深海作业的功能船。它的船身基础设计是由挪威的一家公司完成的，然后接下去由上海船舶研究设计院进一步细化。船身设计完成以后，由国内的一家船厂进行制造生产。为了进行深海作业，船上还需要安装其他设备。我所在的企业为船提供了国内第一套 325 吨深水软管铺设系统，以及有 400 吨起吊能力和深水补偿能力的桅杆式起重机。

由这个例子即可看出，一个功能先进的大型项目，往往是由世界各地的先进装备一起组装而成的，是许许多多不同领域的工程师、科学家一起辛勤劳动的结果。就好比一台智能手机，摄像头、芯片、处理器、屏幕、外壳、软件系统，可能来自完全不同的国家和地区。

再举一个例子，传统的海洋钻井平台已经存在了很多年，就是因为存在时间比较长，没有人想着去创新，去改造它。这两年，我所在公司的前技术总监兼总裁重新设计了一套完全不一样的钻井平台，其优势就是大大提高了安全性，然后极大缩小了甲板的占用面积——在远远的外海，甲板面积就好比学区房，那是寸土寸金的存在。当然还有其他类似于波浪补偿系统等一些专业性能的提升。这一新型钻井平台，即便在这几年油价低迷的时期，还是有许多的客户，包括壳牌等大公司表示了浓厚的兴趣和关注。所以，即便在传统行业，也需要有创新精神，也需要有人去改良和创造。

最后举一个例子。我们公司在今年交付了两座全世界最大的海洋盆座式起重机，各自起吊能力为一万吨，两台并联可在海洋起吊两万吨的重物。我有幸参与了这个项目的一个重要环节，主导了全世界最大的直径长达30米的高精密轴承的建造。这也是我个人职业生涯的一个里程碑。这个轴承的设计难度已经超越了我们传统供应商如RR(Rolls-Royce)或者SKF等企业的设计能力，所以最后由我们公司自主设计制造。同样，整个项目的设计是基于海洋恶劣工况的前提下。目前，我们公司已经能够把此项目升级到一万两千吨起吊能力。

如果你对制造业感兴趣，应该做哪些准备

我举的这些例子是否有给你们留下什么印象呢？如果你对制造业感兴趣，不单单是海洋类，包括陆地、航空航天，需要的基本知识其实都是一样的。

首先，物理是基础。我所在的行业需要我们熟练掌握力学，其中最基

本的就是中学阶段就会学习到的牛顿定律、胡克定律；然后以此为基础，上了大学后，继续学习材料力学、理论力学、弹性力学，以及结构方面的计算。除此之外，有的行业还需要学习材料或者其他动力学方面的课程，比如空气动力、流动力学、金属工艺等。如果选择了化工类方向，就需要学习化工类的专业课，比如说高分子等。材料是很关键的一门学科，有的人走上了专门研究材料的路线，为各行各业提供最好的新型材料。当然，也需要有人能够在应用方面出力，去了解材料成型、处理和性质，如脆性、弹性、柔韧性、刚度等。

除了物理，还需要学好什么学科呢？那就是数学。简单来说，既然物理需要计算校核，那么肯定用得上数学。但是，不是那么简单的加减乘除，比较有用的是微积分。微积分可以解决很多非规律性的数学模型，这在现实生活中非常有用。毕竟，不是所有的线条都是直的。

在我看来，英语也是一个非常重要的工具。从事制造类的工作，并不是说需要你的口语流利到没有口音。我认识很多人，花了太多的时间在练习美式口音上，但是其真正的词汇储备和造句能力都很一般，只会在一开口的时候唬住一些人而已。如果你的目的不是成为翻译官，那么一点点的口音并不会成为你沟通和学习的拦路石。

学好英语，并不单单只会帮你获得留学 offer，还会成为你打开新世界的一个钥匙。因为世界上有很多专业的书籍、期刊、论文，都没有被翻译成中文。如果你不会英文，你只能用百度搜索非常局限的专业知识和材料；如果你会英文，无论你用什么搜索软件，或是旅游时逛国外的书店，都会发现很多很精美而且很专业的书籍材料，这些材料我们国内还没有出版。这并不是说中文版的资料不好，而是说世界这么大，英语暂时还是世界主流语言，所有的科研人员发表他们的论文时，英语都是他们考虑的第一语言，中文不可能即时并且全面地覆盖这些知识。

当然，这里并不是在贬低其他学科的重要性，生物、历史、政治、地理等，都有其各自的发展方向。这里只针对未来对工程类行业有兴趣的同学，列举了可能会用到的专业方向所需的知识。这样以后你学习起来，就不会感觉那么迷惘了。

那进入工程类行业，会不会有其他方面的短板呢？比如说，薪水没有软件、金融类的高，还有工作地点可能不是在CBD（中央商务区），听起来没有那么高大上，是不是一般的女孩子就完全不需要考虑了呢？在就业方面，会不会满腹理想要设计航天飞机，结果出来只是帮人画图做厂房而已呢？

坦白说，这些都是有可能的，没有人能够给你未来的保证。这就好比即使你学习了编程，就一定能够去三大厂（BAT)，或者字节跳动这类公司做程序员吗？你还有可能毕业了就在一个小公司帮人修电脑呢。即使你的专业是金融，就一定能像电影里的投资人一样挥斥方遒、亿万出入吗？不一定，可能最后只是成为一家小网络金融公司的电话销售。

当然，如果你的专业知识非常扎实，外语水平非常高，我相信，许多的国家级设计院，包括条件不错的民企和外企都会向你伸出橄榄枝。这样你就有机会去接触最先进的行业项目，对自己未来的发展也会很有利。假设你有机会出国留学了，去了制造业比较不错的国家，如德国，那么作为一个工程师会很受尊重，生活无忧，会有较大概率做高精尖的工作。即便回国了，也能够在相对应的企业谋职，为国家的发展尽一份力量。

那对比软件行业的从业者，工程类行业在薪资方面是否就没有竞争力呢？其实不然。虽然各大厂都给编程人员开了很高的薪水，让整个市场非常焦虑，但是反过来，他们也面临着工业压力大、35周岁就有可能失业的风险。但是作为工程类科研类人员，首先外行人不可能随便转行进来，因为没有多年的基础知识储备，一切都是空谈。其次，这算是一个越老越金贵的行业，细水长流，才能走得更远。薪水待遇方面，只要你是优秀的人才，等于或者高于市面平均收入，在我看来是没有问题的。

一旦进入了这个行业，除了自身工作以外，还需要时时刻刻对行业方向有一个把握，需要了解行业动态，需要了解大局。即便你一开始只能参与画图，但是日后你可能会成为扛起一个大项目的主导人员。或许我们国家的情况是更多人愿意成为某某总，而不是某某总工，但是我相信时间会改变一切，以后的某某总工并不会比某某总逊色。这也是国家倡导、推广工匠精神的目标之一。

第 35 课 从国企到保险公司：

把握生命中的每一次机会

张丽新

一路走来，我是莽莽撞撞的探索者，回想起来其实也很简单，抓住机会和错失机会，但凡机缘巧合抓住了来到身边的机会的时候，人生就会有一段坦途，也许借此机会你的人生就会“开挂”；而一旦错失了一个重要机会，生活往往会陷入低谷，诸事不顺。

高考，让我抓住了人生最初的机会

1977 年，我国恢复了高考制度。1979 年我高中毕业，在这之前已进行了两年高考。在当时，高考被人们称为“穿草鞋”还是“穿皮鞋”的分水岭。对于现在物质极大丰富的人们来说，根本无法理解高考和草鞋、皮鞋会有什么联系，说来这也算是一个历史掌故。在计划经济时代，吃公家饭的人端的都是“铁饭碗”，坐办公室，国家定时定额发工资，工作和生活环境比较优越，尚有一定的余钱买双皮鞋穿，因此被称为“穿皮鞋”的。而其余的农村人是靠天吃饭的，丰年可能尚能饱腹，如果哪年天公不作美，吃饭都是问题，更无闲钱买皮鞋穿，而且下田干活草鞋更适合一些，因此农村人被称为“穿草鞋”的，这便是“皮鞋草鞋”掌故的由来。

在这里我要感谢我的父辈，是他们不甘心一辈子过面朝黄土背朝天的生活，在当年社会激烈动荡的年代，抛家舍业，选择外出谋求更广阔的天地，早早参加革命，并且在和平年代积极参与经济建设。他们把握住了自己生命中最重要的机会，成了“公家人”，作为他们的子女，我的生活在那个时代和同龄人相比也算是小康。

在得知恢复高考的消息之后，父亲第一时间要求我和我哥哥开始复习功课准备考大学。当时“文革”刚刚结束，在动荡的年代，我在学校基础的文化知识都没学好，也没养成学习习惯，此时让我坐下来学习，真的是“如坐针毡”，如果不是父母督促得紧，我早就溜出去和小伙伴们尽情玩耍去了。就这样，在父母大人的“威逼利诱”下，我开始了高考复习，并且在高中没毕业的时候就跟着哥哥进了考场。

当时由于刚刚恢复高考，参加考试的人员背景复杂，年龄跨度从十六七岁到四十岁的都有，我和我大哥年龄相差十三岁却在同一年上大学，我大哥是“文革”前高中毕业“上山下乡”的“知青”。

那时的高考没有像现在的高考这么隆重，警察开道，工地停工，家长陪考，给孩子吃各种营养品，我只记得高考那天我妈煮了两个鸡蛋给我吃，说考试时间长，鸡蛋顶饿。以至于我后来经常拿这事跟父母开玩笑说，第一次考试失利就是那两个鸡蛋闹的。你们想想，就吃两个鸡蛋，连根油条都没让吃，明摆着是冲着零分去的，难怪我没考上。

考试结束后，我只觉得完成了父母交给我的任务，松了一口气，过后该吃吃该玩玩，并没有把高考当回事。直到发了大学通知书后，和我同时考试的人兴高采烈地互相报喜，谁谁考上了啥学校，谁谁谁考上了啥专业，谁要到另外的城市去上哪个学校，谁考上的学校校园多漂亮……看到考上大学的人骄傲地走在街上，人们都用羡慕的眼光追随着，此时我才觉得落榜真是件说不出口的丢人事，好在那时正是热血沸腾的年纪，有着不服输的劲儿，我马上打起十二分精神投入复习，第二年终于得偿所愿考入重点大学。

大学教育在人一生中的重要性，无论怎样强调都不为过，民国时期著名的清华大学校长梅贻琦对大学的定义最为精彩：所谓大学者，非谓有大楼之谓也，有大师之谓也。

在大学里不仅能学到知识，更重要的是开阔了眼界。大学里会集了众多精英人士和五花八门的新思潮，各种各样的人生观在这里碰撞、对立、冲突、融合、变异、衍生……这些新的思潮，很多时候会颠覆你以往的认知。不管你从哪里来，乡村还是城市，不管你来自什么样的家庭，贫穷还是富裕，在这里只要你足够优秀，就会有表现的舞台。如果你还不够优秀，那就努力像那些优秀的同学看齐，在大学里你永远不缺榜样，很多人上了大学才知道，自己原来只是井底的那只青蛙。

想来如果没有父母的生拉硬拽，我可能也搭不上高考这辆车，如今生活是何模样真的很难说，父母以他们的先见之明，在我人生的转折点促使我抓住了人生中的一个重要机会。高考的成功，使我从精神层面更上了一层楼，逐渐养成了学习的习惯，同时在生活上避开了很多我的同龄人经历的磨难，比如因下岗失业造成的生活困顿等。

错失的机会

大学毕业后我捧起了“铁饭碗”，作为高考恢复后比较早的一批大学毕业生，真可谓天之骄子，百废待兴的各个领域都缺知识分子，分配工作时各机关单位都张开双臂欢迎。我被分配在事业单位，十年里在体制内工作，轻松愉快，每月按时发工资，上班按时来，听命于领导安排，做好分内的工作，下班回家抛弃一切工作上的烦恼享受天伦之乐，可谓无忧无虑。

但凡事有一利往往就有一弊。很多时候，生活由一连串的意想不到组成，变局发生在我工作后的第十年。**当时的情形，用现在一句非常时髦的话来形容再恰当不过：时代抛弃你的时候连一句“再见”都不会说。在不知不觉中，在安逸的生活中，我们被时代抛弃了。**

原来旱涝保收的事业单位要变成企业，政府不再拨款，需要自收自支，工资发不下来了。突如其来的变故不要说我个人，就是单位领导也都蒙了，原来的单位一直处于亏损状态，每年的亏损均由政府拨款弥补，养成了“等靠要”的习惯，猛一下要“断奶”，全体人员都处于一种世界末日的感觉中，人心惶惶，每个人都被迫考虑自己该怎么办。**这时候我才有所醒悟，原来我认为万无一失的“铁饭碗”并不能端一辈子。**

巧合的是，这时候有一个农业科技公司找到我，他们公司在俄罗斯远东地区承包了大片的土地种植大豆、小麦，这些粮食除了卖给当地的远洋渔业公司，还可以出口到国内，他们急需翻译。

这时候我所在的单位改制已成定局，但尚未形成文件付诸实施，人事安排尚未敲定，工作基本停顿，在前途未卜的情况下我同意与他们一起前去俄罗斯。

启程的那天我印象很深，11 月初的时候，在中原已是深秋时节，田里的农作物已经收获完毕，大地露出褐色的真容。火车一路向北，过了山海关后雾气渐浓，大团的白烟从车厢连接处弥漫进来，像影视剧中的烟雾特效。

几番折腾到了俄罗斯的远东海参崴地区，放眼望去第一感觉就是荒凉，第二感觉是寒冷加荒凉。这片农场属于海参崴一个远洋渔业供给基地，由于缺乏人手，大片的土地荒芜着，此时苏联刚解体没多久，国内政治动荡，经济衰退，这好似天涯海角一样的地方更是无人问津，这里的各企业只好

"各自须寻各自门"，直接把土地租给中国的公司收取一定的租金和粮食养活自己。

我负责跟随经理一起同对方负责人就日常事务进行工作安排和交流，工作量不大也不难，如果遇到专业术语就查字典让他们双方确认。

很快冬天到来了，俄罗斯冬天的寒冷众所周知，这里是寒带地区，庄稼一年只收成一季，每年5月份播种，10月份已经收获完毕，我们这次来是为来年的种植季进行安排部署。这次谈判进行得还算顺利，将近两个月的时间，签订了来年将派遣的务工人数、分成比例、各自承担的责任等一系列合同。

当时苏联的突然解体造成了一系列混乱不堪的局面，政治动荡使得经济大受影响，由于苏联工业结构中重工业占比很大，造成了当时民生物资的急剧短缺，老百姓的生活水平大大下降，尤其是食品和副食品非常短缺。

在去往俄罗斯的中国边境车站，很多跑单帮的"倒爷"肩扛手提，脚下还踢着一包包货物过关去俄罗斯倒卖，利润空间之大是显而易见的，不然这些人也不会像打了鸡血一样，亢奋得几天几夜不睡觉，坐火车穿越西伯利亚到莫斯科去摆摊卖货。

我们去时预见到了这种情况，尽量带了一些能长时间存放的食物，比如火腿肠、各种糖果点心等，但到了农场遇见合作方的一些熟人大多都要表示一下，这个人送点那个人送点，自己基本没剩多少。

还有一些当地职工的孩子，见了我们就叫"大大"，我不懂啥意思，经理说，这些孩子非常喜欢我们的大大泡泡糖，这是在问我们要泡泡糖。这是当时国内几乎每一个小卖部都有卖的糖果，在俄罗斯偏远的海参崴地区却是孩子们的"奢侈品"。

在当地能买到的主食除了面包就是通心粉，蔬菜就只有土豆和洋葱，不夸张地说，当时吃洋葱吃到身上都有一股洋葱味。

鉴于当时治安环境的恶化，合作方负责人告诫我们天黑后不要出门，而且白天如果没事也尽量待在屋里。在这偏远的农场中几乎没有文化娱乐活动，带了一本书都快会背了，大雪封门，外面一片白茫茫，不熟悉当地的路况走远点都回不来，人地生疏和别人也没啥交流。

说实话，当时说要出国时，我在自己脑子里想象了无数次出国后的生活，尽管出国前被告知要去农场，生活比较艰苦，但却无法与现在没吃没喝、每日大部分时间枯坐屋里联系起来，这种情况其实和坐监狱没啥大的区别，唯一的区别是监狱里有看守不让你出门，在这里没看守但你不敢出门。平生第一次出国就遇到这种情况着实令人沮丧，也后悔当初没多了解情况就冲动地做决定，此时脑子里只有一个念头：回国回家。

合同一签完我马上问经理还要多久能回国，他说还要待一段时间做一些调研工作。接着同行的人员开始到各个单位和机构进行技术、市场、急需的物资价格的调研，我心不在焉地听着他们问东问西，一切都一过而忘，春节前终于挨到回国的时候，真恨不得一下子飞回去。火车过境后停靠在绥芬河站，我们下车后找了一家最近的饭店吃饭，点了满满一桌子菜，我记得最好吃的是韭菜馅饺子，那个鲜味我至今都记得。

春节过后3月份，这家公司再次邀我去俄罗斯做翻译，并希望我正式加入这家公司，我考虑都没考虑就拒绝了。在我看来，以我在单位的职位和学历，就是单位改制也会给我一个不错去处，怎么也比去这家公司有前途。

直到多年以后的某一天，我在新闻报道中看到，这家公司从中俄贸易中赚到了几千万元利润，并且已经发展成下辖十几个子公司的集团公司，而当年和我一起工作的同事此时都已经是集团公司和子公司的高级管理人员。那一刻，我默然。

我不知道，假如当时我留在这家公司工作到这时，能不能取得像他们一样的成就和职位，但有一点我知道，我在本可以忍受一下艰苦的生活、放手一搏时做了逃兵，错失了这个可能改变自己命运的机会，错失了这个事半功倍的机会，以至于在后来的生活中又经历了更多的磨难和挑战。

总结过去，以利再战

回望过去，我想用四个字总结这段经历：当局者迷。迷失就要付出代价，很多时候，人生就像现在很多游戏中设计的一样，你退出并放弃了这一局，没有过关，就无法晋级到下一个更高的阶段，你只能徘徊在你现有的平台上。

打怪才能升级，这在游戏中是再简单不过的道理，生活中也是如此。你只有顶着层层压力，把生活中迎面而来的各种“怪物”打趴下，在这个过程中练就金刚不坏之身，才能够升到更高的级别。

在决定了不去俄罗斯工作后，我就回到单位等待着重新分配工作，在惶惶不安中度过了半年时间。当时，生活质量也由于单位效益不好、仅发能糊口的工资而下降。渐渐地，我的耐心被磨没了，我决定不再等待，自己主动寻找工作。

此时报纸上的一条招聘信息吸引了我，某保险公司正在招聘各种岗位，我对照了一下，觉得自己能做其中的几个岗位，关键是工资待遇不错。

尽管当时已是中年，十年按部就班的工作已经让我有了很大的惰性，但此时上有老下有小，生活的重担已然落在我的肩上，重压之下反倒激起了我的斗志，我决定去应聘。

经过几轮面试后最终被录取，本科学历是我被录取的关键条件之一，没想到当年高考抓住的机遇，也为后来的新工作做了铺垫，而当时很多没上过大学、和我同龄的人，却只能去找薪水更低的工作。

由此我又一次认识到，人生中没有一次努力会白费，你吃苦熬夜学到

的东西，都会成为你以后人生中向上攀登的阶梯。

基于我自己几次工作变动的经历，即既享受过大学毕业国家包分配，后来又在人才市场自谋职业，在这里我想引入“职业生涯规划”这个词。“职业生涯规划”成为时髦名词，是从大学生毕业国家不分配工作的时候开始的。

想当年大学生毕业国家不包分配的政策一出，群情一片哗然，有愤怒的、有害怕的、有指责的、有悲伤的，当然也有高兴的，但高兴的似乎只是少数，更多的人多少都带一点失落，而我作为两种模式都经历过的大学毕业生，对此也有一些自己的看法。

大学毕业国家包分配时，更多的是从国家需求层面出发，当年非常流行一句口号是：“革命战士是块砖，哪里需要哪里搬。”这里强调的是国家集体，较少关注每个个体的感受，而每个人的生活则是各种各样、五花八门，有着不同的诉求，但这些诉求都得不到国家集体的认可，被忽略掉了。

很多时候甲非常适合一份工作，也非常想得到这份工作，但具体负责大学生分配的工作人员却不知道，就直接把乙分配到这里来工作，而乙却不想来这里，只想留在家乡工作，以便能陪伴父母。正所谓“甲之蜜糖，乙之砒霜”，说的应该就是这种现象。

相对于我们当年大学毕业国家包分配来说，现在的职业生涯规划更人性化，更贴近每一个有着不同性格、不同能力的活生生的个人，无论是用人单位还是个人，都能进行双相选择，其实是兼顾了个人、企业、国家三重利益。

从保险新人到财务自由

在我看来，我的职业生涯规划是从跳出一成不变的体制内的工作后开始的，之前在体制内的工作只是听命于上级领导的布置安排，做好领导交办的事情，基本没有自主发挥的机会；但自从我误打误撞进入保险行业后，工作性质发生了变化，保险公司要求每一个人都要具备独立自主开拓业务的能力。

与现在非常专业化运作的保险公司不同，2000年左右的保险公司有很多像我这种非金融专业的人士加入。值得庆幸的是，保险公司的培训体系非常强大，也很完善，在保险公司这个大熔炉里，我们新人被各种培训“轰炸”得晕头转向，但也就是在这样的“轰炸”中，我们快速地成长起来了。

到现在为止，我仍然记得刚进入保险公司时接受各种培训的苦和累。首先我们作为内勤人员，上班时间仍旧要处理各种工作，培训通常是在下班后和周末进行。下班后的培训课程大概两到三小时，内容通常是公司新的险种、新的监管规定、新的制度，以及行业新的动向。培训完的考试常常让人不敢有丝毫的走神，一定要打起十二分精神应对。

工作的繁忙让人格外向往周末，但保险公司的周末属于不确定能否休息的周末，经常是工作日正上班时部门通知下来：这个周末有培训。周末的培训通常是专业知识的培训，各种金融投资种类的来龙去脉，股票、债券、期货、固定资产投资、海外资产投资，怎样看上市公司年报，什么样的公司是绩优公司等等，这些培训逐渐吸引了我。我眼前好像打开了一个投资万花筒，原来投资是这样的纷繁复杂，各种因素都影响着投资收益，既要看大的趋势，也要从各方面仔细斟酌。

这种快节奏的培训初步奠定了我的投资观念，“钱”看起来也很好玩，投资就是让钱生钱。在这个过程中，知识、智慧、胆量、勤奋、心理素质缺一不可。时至今日，我仍然感叹于保险公司培训体系之强大，把我这么一个“投资盲”简单粗暴地拉进了投资领域，让我开始一试深浅。

按说保险行业应该是一个专业性非常强的行业，属于精算投资的尖端领域，但在十几年前我加入保险行业的时候，感觉这里就好像是个草台班子，各色人等都有：有留过洋的海归博士、高学历的精英人士，也有文化水平低的大姐大妈们。奇怪的是，在这里他们同台演出，并没有出现混乱的情形，而是各尽其能，各负其责。

在这里我想说，保险行业其实是一个包容性很强的行业，有着最稳固的金字塔型的人员结构。首先是精算师和投资精英必不可少，他们是公司中塔尖闪闪发光的那一小部分。精算师根据各种数据、各种复杂的数学模型，以及目前客户的各种需求，设计出对应的险种。这就好比一个大的工程首先需要工程师巧妙精确的设计，然后才能施工。投资部门则更是责任重大，他们需要透过杂乱无章的各种信息，找到投资价值凸显的投资品种，以保证客户在未来几十年后仍有好的收益，让公司的财富跑赢时间。

中间部分是谙熟各种管理和沟通技巧的精英管理层，这部分人是公司最稳固的力量，他们起着上通下达的作用，负责传达实施公司的各种战略目标。他们既要督促下属按时完成业绩，也要注意公司经营的合法合规性，一旦监管部门查出公司经营违规，他们就是头一个受处罚的人，这就需要他们既要有专业背景，也要有过人的领导艺术。当然责任和收入也是相匹配的，只要足够聪明、足够勤奋，对他们来说百万年薪不是梦。

金字塔的底座上是成千上万各个部门的业务员，这些人的组成成分极其复杂，首先从学历上来说，囊括了从研究生到高中生这么长的跨度；从年龄来说，我见过十八九岁高中毕业考了保险从业资格证就开始展业，也接触过六十多岁仍然孜孜不倦在为客户服务的大妈级业务员。他们的敬业、他们的勤奋、他们的不辞辛苦不仅为公司带来了可喜的业绩，也为自己挣来了不菲的收入，上天一直在默默奖赏那些辛勤工作的人。

人们对这个行业褒贬不一，感情复杂，这样形容可能会更贴切：如果你爱一个人，就把他送到保险公司，经过培训、引导和在实际工作中的锻炼，如果他能适应并热爱这份工作，那么出了保险公司以后，在其他行业的营销领域中他将无往而不胜；如果你恨一个人，也把他送到保险公司，如果他的气质和性格不适应这里，那么名目繁多的险种，冬天顶着寒风、夏天顶着烈日的拜访，无数次被拒绝，脾气乖张的客户，不断督促业绩的领导，对他来说每时每刻都如同地狱。

原来我只是想要一份薪水稍高的职业养家糊口，现在却在这里学习到很多全新的理念。我觉得，到了这里才算真正地接触到社会，感受到社会跳动的脉搏。

这些感想是在我加入保险公司很久后才有的，初入这个行业时我也同所有的新人一样，有着诸多不适应。

想必是每一个干过保险的人都经历过无数次被拒绝、被嘲讽、被驱赶，甚至被谩骂，此时你不能发火，你只能忍住眼里的泪水，礼貌地转身离去。初入这样的工作环境让我觉得肺都要气炸了，好多次都想拍案而起怼回去，然后愤而辞职；但一想到上有老下有小要养，还有房贷要还，就立刻像被针扎了的气球一样瘪了下去，一腔怒火化为乌有，自嘲地告诉自己，看在钱的分上忍了吧。中年人果然很怂，这种“怂”中带着责任，带着坚忍，带着全家人的幸福。

上次在俄罗斯当“逃兵”的教训至今仍让我铭记于心，我暗暗告诉自己，人不能在一个地方跌倒两次。

原来我在机关的工作基本是四平八稳，而保险公司的工作则犹如旋风一样快，日清月结，好像后面老有人拿鞭子抽着你一样，让你马不停蹄、气喘吁吁。业绩业绩，永恒的业绩，公司的报表似乎是吃业绩的老虎机，投进去多少业绩都无法填满，而且月月清零。

保险公司的工作方式也让我头痛了很久，在这里领导不会过分干预你的工作方式方法，他说他不要过程只要结果。领导可以不要过程，而具体到每一笔业绩的达成，过程却必不可少。而且至关重要的是，过程没走好就意味着业绩无法达成，这个过程有多辛苦、多辛酸也只有身在其中的人才知道。

在保险公司一次次的培训中，在对客户的一次次拜访中，当初的不适应已经开始逐渐消失，代之而来的是习惯和融入。我逐渐掌握了与他人更好更快的沟通技巧，也逐渐改变了内向的性格，因为开朗自信的态度更容易让人接纳。我的工作和生活也渐渐走上了平稳的轨道。

保险公司就是一个江湖，在这里你需要和各色人等打交道，这既是折磨也是历练，在这里你能感到时代的八面来风，为了生存你需要具备最敏感的嗅觉和触觉。

岁月在坚持和学习中慢慢过去，人生的转机往往就深埋在这坚持中，只是当时我们自己没有觉察到。我再也不是那个自以为是，等着别人找上门办事的机关工作人员，我开始利用各种机会主动寻找业务，在失败的沮丧和成功的喜悦中淬火。至今我都认为，若无保险公司这十几年的工作经历，便没有我现在的安逸生活。世界上从来就没有救世主，若有，那个救世主就是你自己。

我在保险公司接受了各种投资产品和投资技巧的培训后，不甘心纸上谈兵，开始跃跃欲试，工作之余我开始关注各种金融投资产品。

投资界的“大佬”非股票莫属，投资界的江湖中流传着数不清的关于股票让人一夜暴富的传说，在这些传说的诱惑下，我在学习了一些K线知识后，信心满满地杀进股市。在真真假假的信息和谣言中，我想拨开迷雾看清楚，但以我个人的知识和能力终究无法把握纷繁复杂的股市，在这里我只能随波逐流。至今我还记得那些炒股的日子，每天的心情随着股市的翻红翻绿如坐过山车般忽高忽低，阴晴不定，最终我买的股票因上市公司信息披露造假被监管部门惩罚，几个跌停板后，我赔了大部分资金铩羽而归。

在尝试过投资基金、投资黄金、组合投资后，最终我将目光定格在房产投资上，经过几次尝试后，最终我确定自己在房产投资方面应该有独到的眼光。

女人对房子有着天生的热爱，这也就解释了，很多地方的炒房团都是由大妈们组成的这种现象。

开始买房时是因为钱紧，想让手里这点钱发挥最大的作用，就不辞辛苦到处看房，记下每一处自己能买得起的房子的价格、面积、户型、房子所在的区域、周边环境等详细情况，然后进行对比。我的第一套房子就是经过这样几轮对比后买下的，事后证明，那套房子让我赢回了在股市输掉的钱。由于看过很多房子，接触到很多房主和房产中介，我积累了一些买房卖房的经验，评估房子的能力也提高很多。

曾经有朋友要买一套房子，说很便宜，面积也够大，让我陪她去看看。我到了现场看过后不建议她买，我告诉她：首先这套房子处于一个公交车车站旁，人来人往，车水马龙，太嘈杂；其次是房子位于二楼，楼下是门面房，你无法把握房主会把门面房租给别人干什么用，假如租给人家开饭店，你住二楼岂不是要遭殃，炒菜的油烟味会让你每天不用吃饭就闻饱了。这房子唯一的好处就是价格便宜面积大，但如果住在这个环境嘈杂的大房子里，生活常常被各种噪声打扰，还不如清清静静住一个稍微小一点的房子，在那里生活质量会更高。朋友听了我的话觉得有道理，但仍然不舍那个大房子，就又找了个房屋开发公司的总经理去看，得出的结论和我说的差不多，这下她彻底放弃了那套房子。后来她在买到别处的房子后，回过头来谢我，说幸亏没买那套房子，他们全家人都很喜欢现在买到的这套房子，小区环境幽静，非常适合居住生活。

在我开始买房时，房地产还处于低谷时期，买房并非主流，很多人都说不急再等等，国家要管控房价。我当时并不知道将来房价会不会上涨，但基于对房子的热爱，手里有一点闲钱就买了。

很多事情在第一次做的时候都很忐忑，但只要迈出这艰难的第一步后，后面的事就轻松得多。

记得刚到南方的城市工作时，每天上下班骑自行车都会路过一片别墅区，里面的情形无法得知，但只是院子里怒放的鲜花，爬满藤蔓的院墙就已经让我羡慕不已，当时真不敢想自己有一天能拥有这样一栋房子。

几番挑选，几次买卖后，我终于为自己赢得了一座“面朝大湖，春暖花开”的房子。财务自由不再是梦，在一定的条件下我可以做一个自由人，做自己想做的事。

一路走来，我是莽莽撞撞的探索者，回想起来其实也很简单，抓住机会和错失机会，但凡机缘巧合抓住了来到身边的机会的时候，人生就会有一段坦途，也许借此机会你的人生就会“开挂”；而一旦错失了一个重要机会，生活往往会陷入低谷，诸事不顺。可能很多人要问了：我怎么知道到来的是机会还是陷阱？这真的是个问题。**我的经验是：那些不费吹灰之力就能得到的机会，一定要警惕，往往最后也会轻飘飘地飞走。唯有自己拼尽全力争取到的才踏实笃定。正所谓，天下没有免费的午餐。**

Appendix

附　录

生涯工具1：建立自信——幸福三件事

一 案例

高三学生小王在明确了大学要学人工智能专业的目标之后，开始认真学习，每天学习任务都安排得井井有条，状态很好，周围的同学都能感觉到他的变化。可是没过多久，他开始变得消极、倦怠，复习效率也不是很高。原因是他连着几次考试，数学、物理都没考好。小王觉得已经花了很多时间在认真学习了，可是成绩并没有明显提高，他开始怀疑是不是自己的智力、能力不行。一想到自己可能没有能力实现目标，他就变得没有动力了，每次碰到数学和物理的难题就很头痛，他有点想要放弃了。

二 案例分析

当一个人将不可控制的消极事件或失败结果归因于自身的智力、能力的时候，一种弥散的、无助的、抑郁的状态就会出现，自我评价就会降低，动机也会减弱到最低水平，无助感也由此产生，我们将这种现象称为“习得性无助”。小王碰到的问题就属于中学生学习中的习得性无助。

事实上，此时此刻的我们并不是真的不行，而是陷入了习得性无助的心理状态中，这种心理让人们自设樊篱，把失败的原因归结为自身不可改变的因素，从而放弃继续尝试的勇气和信心，破罐子破摔。比如，认为学习成绩差是因为自己智力不行，失恋是因为自己本身就令人讨厌等。

要想让自己远离绝望，必须学会客观理性地为成功和失败找到正确的归因，同时通过刻意的训练提高心理能量，改变习得性无助。

三 推荐工具——幸福三件事

幸福三件事是积极心理学（Positive Psychology）中的一个工具，有助于建立自信，增强心理能量。积极心理学是一门新兴的心理学分支，于1998年由宾州大学心理学教授马丁·塞利格曼（Martin Seligman）所创，主要研究如何让生活变得快乐、成功与有意义。因此，积极心理学又被称为“快乐的科学”。

马丁·塞利格曼要求学生每天写下当天发生的三件好事。这三件事可以无关紧要，如“我今天在语言艺术课上回答出一个超难的问题”；也可以非常重要，如“我暗恋了好几个月的帅哥居然约我出去”。在每件好事旁边，回答下列问题：

1. 这件好事为什么会发生？

2. 这对你意味着什么？

3. 如何才能让这样的好事，在未来更多地发生？

写下生活中发生的好事一开始也许会让你觉得有点儿别扭，但请你一定要坚持下去，慢慢地，它就会变得越来越容易。一般来说，在坚持6个月后，你会更快乐、更幸福，并会喜欢上这个练习。

四 操作步骤

Step 1 每天在固定时间（例如睡前）写下当天发生的三件好事：

1. ______________________________

2. ______________________________

3. ______________________________

Step 2 这些事情为什么会发生？

1. ______________________________

2. ______________________________

3. ______________________________

Step 3 这对你意味着什么？

1. ______________________________

2. ______________________________

3. ______________________________

Step 4 如何才能让这样的好事，在未来更多地发生？

1. ______________________________

2. ______________________________

3. ______________________________

Step 5 坚持每天记录，可以准备一个幸福日志，根据上面的问题，每日填写。

生涯工具2：

拆解梦想——魔力平衡轮

一 案例

高二学生小徐早在高一时就设定了要考浙江大学医学院的目标。从高一到高二他都很认真地学习，每天时间都排得满满的。老师和同学都看到了他的努力，都以为他的进步会很大。可是尽管这么努力，他的考试成绩却不太理想，连着几次考试，英语、语文都没考好（其实英语和语文一直是他的薄弱科目，但他自己却没意识到）。渐渐地，他眼里的光开始消失了，甚至还有一点消极、疲倦、灰心丧气，做卷子、复习也不积极主动了。他不知道自己的问题出在哪里，以前自认为化学和生物是自己的优势科目，可这几次也考得不怎么理想。小徐同学陷入了极度的迷茫和焦虑之中。

二 案例分析

小徐同学早早立下高考的目标，这点非常好。可是小徐同学缺乏对自我的认识，缺乏自我分析，各科平均发力，没有重点，因此不知道突破口在哪里。除此之外，小徐同学缺少一个科学详细的规划，眉毛胡子一把抓，只知道拼命学习。虽然他每天都鼓励自己一定要考上浙江大学医学院，可是却不知道怎样达成这个目标。他缺乏将大目标细化、具体化、可视化的方法。因此强烈推荐使用简单、便于操作的工具——魔力平衡轮，提高达成目标的效率。

三 推荐工具——魔力平衡轮

工欲善其事，必先利其器。平衡轮是一种教练工具，这种工具可以广泛地应用于学习、工作和生活中。平衡轮在明确目标、决策判断、组织建设、因素分析等方面都可以起到非常好的效果。平衡轮最大的特点是可视化、中立、可以打分。平衡轮能够帮助被教练者评估现状，找到差距、短板、盲点和干扰，从而提高改变自己的意愿，探索出一条更好的达成目标的途径。

四 操作步骤

就本案例来说，具体的使用方法如下。

首先询问小徐同学：如果你的目标达成了，考上了浙江大学医学院，那是因为你做了哪 8 件事情？让他在纸上画一个大圆，把这个大圆平均分成 8 等份，每一份都是足以影响能否考上浙江大学医学院的重要因素，比如各科学习时间的安排、学习方法、情绪管理、锻炼身体、休息娱乐、亲子关系、同学关系、师生关系 8 个方面。

接着，让小徐同学根据自己目前的实际状况在 1～10 分之间进行打分，1 分代表最不满意，10 分代表最满意。然后针对轮圈中的每一格，继续问小徐同学：你现在对每个方面的满意程度是多少？你的目标是多少分？打完分后，再把目标与现实之间的差距用不同的颜色标识出来。

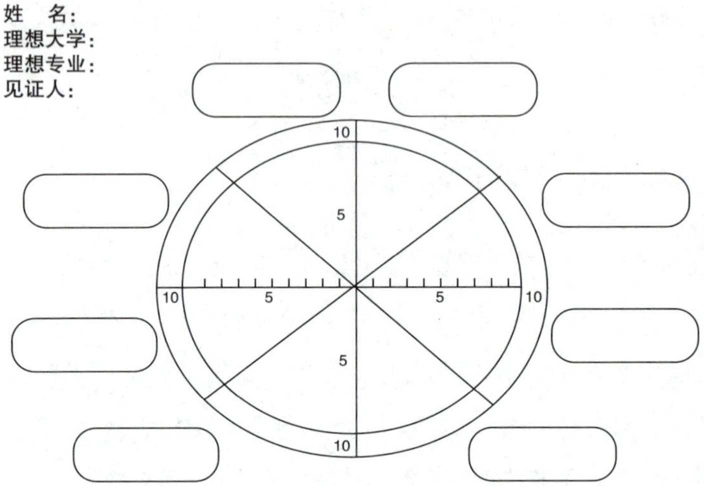

假如我们发现小徐同学在学习方法、各科学习时间的安排以及情绪管理方面有待提高，那么我们就可以根据这种情况，再来制作一个更具体的平衡轮。比如可以将圆分成语文、数学、英语、物理、生物、化学、情绪管理、学习方法8个方面，再让小徐来根据自己的实际情况打分。

通过这种方式，小徐很快就会发现语文、英语这两个科目与理想的差距比较大，提升的空间也很大，因此下阶段学习就可以把更多的时间和精力放在语文和英语方面。

接着，让小徐同学在语文、英语这两格旁边再具体写出提高成绩的具体措施，比如每周要记多少个单词、做几篇阅读理解、读多少篇作文、背多少篇古文等，以及其他科目要保持目前的优势又该怎么样去做，针对每一个空格的具体行动不要超过3件。平衡轮制作好了之后要让家长、老师或同学监督自己去执行和实施。

生涯工具3：

目标管理——SMART原则

一 案例

自步入高一以来，小彤同学的情绪一直比较低迷。相较于初中，高中的学习科目繁多、难度加大、作业量多。在高中的最初阶段，由于学习欠缺规划，面对重重困难的小彤同学成绩在全校范围内一直处于中下游水平。原本的强势科目失去拔尖优势，弱势科目（英语）愈加明显，盲区知识点日渐累加。随着期末临近，小彤更是出现焦虑、烦躁等情绪。为此小彤同学主动找到了英语老师，和老师进行了深入的交流。老师为她提出了一些解决方案并跟进其执行效果。

二 案例分析

小彤的情况在刚升高一的学生中较为常见，期末前的焦虑情绪，主要源自上一个阶段的学习缺少规划。大部分中学生在学习规划中都会面临的问题有：

1. 不懂得将学习目标拆解为一个个可执行的学习任务，并将其合理排序。这要求学生以学习目标为导向，倒推为了实现该目标需要做的事项，并在起止时间内将待做事项合理排序。

2. 不懂做时间管理，将任务可视化。这要求学生将任务进行拆解，将拆解后的子任务规划至 24 小时时间轴内，提高其可执行度。

三 推荐工具——SMART 原则

SMART 原则将目标分解为五个维度：

1. 目标必须是具体的（Specific）
2. 目标必须是可衡量的（Measurable）
3. 目标必须是可以达到的（Attainable）
4. 目标必须和其他目标具有相关性（Relevant）
5. 目标必须具有明确的起止时间（Time-based）

SMART 原则是一个目标管理工具，原本用于对员工的绩效考核，帮助员工更高效地完成工作。该原则后来在指导学习方面也卓有成效，为学习计划的制订和执行提供了科学的方法论。

四 操作步骤

Step 1 制定总计划表，管理学习目标

具体操作如下：

a. 确定起止时间

b. 列出待做事项清单

c. 排序待做事项清单

以下是需要注意的点：

a. 考虑到在目标管理时，学生时常需要进行阶段性任务调整，建议在起止时间上以“周”为单位，如 1 月 6 日—12 日

b. 为了保证执行的质量，在一个阶段内，待做事项不宜超过 10 个

c. 在排序过程中，应当遵循 “由难到易、由重要到次要”的原则

以下是小彤遵循老师的意见，针对英语期末复习制订的周复习计划，具体计划表如下：

期末复习清单——英语（1 月 6 日—12 日）

1. 复习非限制性定语从句

2. 复习课内（单词 / 短语 / 句型）4 个单元

3. 复习邀请信写作

Step 2 制定每日安排表，将任务可视化

具体操作如下：

a. 拆解各项任务

b. 将任务安放到各天中

c. 细化起止时间

以下是需要注意的点：

a. 拆解各项任务时，建议按分数或百分比来拆解，如 1/4 或者 25%

b. 为了避免在任务执行过程中产生枯燥感，一天中可安放不同项任务，增添任务的多样性。如周一： 任务 A+ 任务 B+ 任务 C

c. 由于人的专注时间有限，因此每项任务的时间不宜多于 1 小时，如任务 A 7:00—7:30

以下是小彤遵循老师的意见，针对英语期末周复习计划制订的每日规划，具体安排如下：

每日规划

1 月 6 日：复习非限制性定语从句 (7:00—7:30)

1 月 7 日：复习课内 1/4 (7:00—7:30)

1 月 8 日：复习课内 2/4（7:00—7:30）

1 月 9 日：复习课内 3/4（7:00—7:30）

1 月 10 日：复习课内 4/4（7:00—7:30）

1 月 11 日：复习邀请信写作（7:00—7:30）

1 月 12 日：总复习前 6 天内容（7:00—7:30）

五 可利用工具

在手账本和计时器的帮助下，可以更好地实施以上的步骤。

1 手账本

建议购买含有以下元素的手账本：

a. 年 / 月 / 日

b. 24 小时时间轴

c. 留白区域

在下页所示的手账内页图中，最左栏可以记录总计划；24 小时时间轴中可以记录每日具体安排；留白区域可以记录个人思考。

2 计时器

为了保证每日学习安排的有效执行，需要用计时器来提醒什么时间该做什么事情，什么时间该停止做什么事情。为了减少在学习过程中手机的干扰，不建议使用手机自带的计时器，用专用的学习计时器为佳。

手账内页图

后记　家长要做好孩子的军师

如果有一个按钮，只要按一下启动键就能自动生成孩子未来的人生轨迹并依此进行，那么作为父母的你，会怎么选择？

按了，当家长的自此高枕无忧，孩子的路顺其自然，可顺的却未必是自己的心；不按，给了孩子充分的自由，自己也可以帮孩子出谋划策，但在无数的选择中间，在焦虑和踟蹰之时，在心底难免会犯嘀咕：要是真有这样的神奇按钮就好了。

未来充满了不确定性，有些缥缈却又无比现实，孩子的未来也成为父母最大的焦虑，很多人甚至从孩子出生起，就开始谋划怎么才能让他赢在“起跑线”上。但真实的人生既不是短跑，也不是马拉松，而更像是一张可以涂上斑斓的色彩、拥有无限可能的画布，每个人终其一生，不是要与别人比较和赛跑，而是要绘制出一幅属于自己生命的、独一无二的美丽画卷。

可惜的是，我们从未学习过画“人生”这幅画的基本技巧，更不知道各种绘画风格背后的原理和门道。我们习惯于临摹已有的画作，致力于画出大家都觉得好的流行作品，却忽略了每个人手中的笔、颜料，以及画布的材质，都不尽相同，且当下流行的风格又是一时一个样。在追寻流行的过程中，很多人身心俱疲，心力交瘁，渐渐迷失了自我，最终画出的只是千篇一律的平庸之作。

让孩子从小主动探索属于自己的人生风格至关重要。在这个过程中，我们需要了解基本的“绘画”技巧，即生涯规划的基本理念。在这个前提下，让孩子发挥主观能动性，动态规划，在认准目标与拥抱变化之间寻找平衡，去探索更多人生的可能。

孩子的未来可以在一步步的科学规划中变得更好，如今已经成为大多数家长的共识。那么家长在这个过程中，扮演的是什么角色呢？应该是有所作为还是无为而治？如果是有所作为，那么什么样的作为才是好的作为？

不要成为“直升机”和“除草机”

努力赚钱买学区房，甚至孩子每升一次学就搬一次家，为孩子选学校、选专业，衣食起居照顾得无微不至，甚至在子女上大学时替不想下楼吃饭的他们远程叫外卖，毕业后再安排一份相对稳定的工作……这些家长永远一副随时准备战斗的姿态，但他们的子女却看起来总也提不起精神。如果你问他们：喜欢自己的专业或工作吗？有什么想做的事情？面对类似的问题，他们的答案无非是“不知道”“没感觉”“无所谓”。

在亲子关系、家庭教育中，中国家长很容易陷入一种误区：以孩子为中心，什么事都大不过孩子。在一项针对青年人的调查中，有七成受访者表示自己的父母几乎把所有的注意力都放在自己身上，尤其是在他们童年时期，这给他们带来了很大的压力。父辈如此，许多年轻的父母也“宿命”般地成了他们曾经讨厌的家长。事事操心，事事过问，就好像时时刻刻盘旋在孩子头顶的“直升机”一般，机敏地察觉孩子可能面临的所有问题，并准备随时介入解决问题。

当你问他们为什么这么做时，或许会得到一个听起来很感人的回答：“因为爱，所以要给孩子最好的。”因为孩子还小，而他们已经在人生道路上摸爬滚打了大半程，吃过苦头也尝过甜头，走过的路、犯过的错，让他们收获了很多经验教训。于是，他们希望孩子的人生道路可以轻松点，可以少犯错，少受挫折，少走弯路，他们试图为孩子指出一条康庄大道，安排好每一步，径直通往成功。这样的父母就像“除草机”一样为孩子清除生活、学习、工作各方面可能遇到的障碍，马不停蹄，操心不止。

但事实却是，时代在变，过去正确的做法未必适合现在的社会，旧有的路子也许根本行不通。经验在试图帮助孩子走“捷径”的同时，也忽略了孩子的个性化特点，那些曾经在你或他人身上行得通的道理，未必真的适合你的孩子。而且在你清障的同时，也剥夺了孩子主动成长的机会，他们缺少实践、缺乏磨砺，主观能动性、自主能力得不到锻炼，即便顺顺利利长大了，也可能是个依旧依赖父母襁褓的“巨婴”。

还有一些家长，在他们眼里孩子是其生命的延续，孩子的人生也成了自己人生的“plus 版”，那么自然地就希望通过“更新”“迭代”的方式，弥补自己生命中的遗憾。譬如父母小时候没学成钢琴，就希望孩子在钢琴上有所造诣，甚至成为钢琴家、艺术家。因为某些原因错过了某个机会，没有完成某件事，就希望孩子可以“替”自己做到：缺钱的希望孩子能赚钱，漂泊不稳定的希望孩子有“铁饭碗”，不被重视的希望孩子从事受大众崇拜的工作，学文的希望孩子学理，学理的希望孩子学文……

不论出于什么原因，何种形式的过度干预，都有可能影响亲子关系，影响孩子主动、健康地成长。用自认为“好”的东西，强加在孩子身上，更大的可能是裹挟、绑架孩子的人生，限制孩子的发展。

总而言之，这类家长由于自己太过“主动”，让孩子被迫选择了“被动成长”，从而难以在生活中真正地独当一面，自立自强。

尊重孩子，正确引导

父母不能替孩子成长，那么是不是就意味着不强制、不干预，意味着可以做甩手掌柜，彻底旁观，毫不作为？答案是否定的。就像“无为而治”的目的依然是“治”一样，给予自由不等于放任不管，那样只会走向另一个极端。

在一个人的成长过程中，父母是最重要的角色，尤其是在孩子童年、青少年时期，除了提供物质生活基础，父母的学识、修养、三观、眼界等都会在潜移默化中影响孩子。养育，不仅是养，更是培育，是引导。事实也证明，几乎每一个出色的孩子背后，都有着用心并且用对心的父母。

想要用对心，首先要尊重并了解你的孩子。每一个孩子都是独立的个体，而非父母的附属品，他们会有属于自己的人生轨迹。这样的思想预设，也能帮助家长减轻焦虑感，因为孩子总有一天要独立面对人生，早一点锻炼独立的能力对孩子来说是件好事。尤其是青少年时期，孩子的独立意识增强，渴望被尊重，渴望自由，如果处处受到限制，不仅能力得不到锻炼，心理上也有可能走向逆反。这个时候，家长所能做的就是放低姿态，平视孩子，尊重孩子，正确地引导，在他们需要的时候提供帮助。

既然有正确的引导，那何为不正确的引导？

孩子有绘画天赋，你却将他引向你所熟悉的金融领域；孩子分明文科强，你却以“更有前景”为理由将他引向理科；你试图将一个内向的孩子“转变”成一个社交达人……“为你好”不代表真的好，正确的引导需要在充分了解并尊重孩子的基础上。孩子只有做着喜欢或擅长的事才能更好地保持热情，也更容易取得成功。多样性和个性化是构成这个缤纷世界最美好的基础，每个孩子都是独特的，有着自己的兴趣爱好，有着他们擅长的事情，这些事情也许是你不知道的，或是尚未发现的。你也许很容易发现孩子渴了、饿了、冷了、热了、困了、累了的状态，但却没有注意到他在做某件事时分外专注的眼神，没有看到他在完成某个小目标时的雀跃与激动，没有留意他在待人接物时表现出的性格与气质。父母的观察力需要升级换代，去看到、去发现一个更完整、更多样的年轻人，而不是一个单纯的学习机器。

事实上，许多家长对孩子缺乏了解很大程度上缘于缺乏沟通。在一些家庭关系中，往往只存在单向沟通。中国的传统家庭关系中过分强调“听话”，这导致家长重视权威，忽略了孩子的反馈，孩子也习惯性地认为跟家长沟通没用，甚至放弃沟通，屈从家长的安排，或采取极端叛逆的方式反抗。如果你也是习惯了唠叨甚至发号施令的家长，请试着暂时闭上嘴巴，打开耳朵，听听孩子想说的话。

尊重孩子的权利，平等沟通，了解并鼓励孩子认识、了解自我，让他们成为自己人生主动的规划者，而不是被动的接受者。家长想要做出改变，不能寄希望于立竿见影的效果，不可能通过一次对话就达到效果，尤其是在长期的不良沟通氛围下形成的隔阂和障碍，很难一下就消除。父母需要有强大的决心和极大的耐心，给孩子充分的空间，从被动沟通转化为主动沟通。这需要家长及早意识到沟通的必要性，越早开始了解孩子，和孩子积极沟通，就越能给孩子充足的准备空间。

相信孩子的能力，不仅是指孩子某一方面行为和发展的能力，也包括他们判断和选择的能力。尤其是在信息爆炸的当代社会，年轻人会比他们父辈更早地形成自己的价值观，并能自主地做出价值判断。如果作为家长的你担心这种判断的正确性和合理性，那么你需要做的不是不由分说地去否定它，而应该提供多维度的参考意见、更多的实践机会，让孩子去学习、甄别、判断，在犯错和进步中不断增强自主选择的能力。孩子的自信是在不断的肯定、鼓励中建立并增强的，家长应该成为这股动力最强的后盾。

做好孩子的军师

千金难买早知道，对于职业生涯的规划，绝不是面对高考甚至在高考之后、大学毕业之后才需要考虑的事情。越早开始做职业生涯规划，就有越多的空间可以充分了解、反复试错、合理判断，并在尝试中纠正和调整。

先问各位家长一个问题：你是希望孩子成为世俗眼光中职位高、赚钱多、人脉广的成功人士，还是独立、自我、享受工作和生活，充满幸福感的普通人？父母对于成功的定义，很大程度上也影响着孩子的职业生涯发展。未来社会对人才的需求是更加综合性、复合型的，这也需要家长尽可能早地转变观念，注重孩子综合能力的培养，而不是过分关注学习成绩，这样才能为孩子将来进一步求学、求职打好基础。

在孩子的职业生涯规划中，父母的引导有着不可忽略的重要意义。与尚处于校园环境的孩子相比，父母有着更便利的条件可以充分、深入地了解专业、了解职业、了解社会现状和未来的发展趋势。在这方面，父母可以给出充足的信息，为孩子的选择提供参考。

家长可以从孩子小的时候开始，就跟他们分享自己的职业经验，自己的工作是什么样的，在解决什么问题，会遇到什么样的人和事，自己在其中收获的成就、经验、教训等。不要以为孩子还小什么都不懂，这可以让孩子在耳濡目染中更早地对社会和职业形成概念，而不是一心只读圣贤书。

在了解孩子的兴趣点和发展大方向的情况下，支持他们参与学校、社会上相关的实践活动，并搭建合适的平台。譬如鼓励孩子参加暑期兼职、实习等，让他们有机会尝试不同职业，激发热情，培养他们的责任感。有条件的父母还可以为孩子争取与设定的职业目标相关的实践机会，让孩子有更真切的体验，并在这个过程中验证自己的方向：是否真的喜欢？是否真的适合自己？如果答案是肯定的，就可以进一步坚定孩子的信念，促使他更加努力地朝这个方向发展；如果得到的是否定的答案，也可以及时做出相应的调整，及时止损。

对于很多中学生而言，在中高考繁重的学习任务和高压之下，可能没有心力去充分地了解各个高校、专业、职业的相关信息。那么在这个时候，就需要父母扮演好军师的角色，一方面收集和汇总相关信息，及时地和孩子分享。要特别注意的是，这个时候，家长更多的是信息和意见的提供者，而不是决策者。

另一方面，相信孩子不等于盲目迁就，家长同时也需要正确评估孩子各个阶段的能力。北大、清华这样的高考目标并不适用于每一个人，也不是所有画画的孩子都能成为伟大的画家。不切实际的目标、盲目的鼓励只会让孩子在一次次的失败中丧失信心，那么所谓的规划也就失去了意义。结合孩子的能力和特点，做出合理的判断，和孩子一起设立合适的目标，当他们通过努力达成一个个阶段性的小目标时，所体验的成就感会让他们更加自信，更有努力的动力，并不断进阶，达成更大的目标。

这种量力而行的理念，也适用于家长自身。兴趣班、辅导班、重点中学、出国留学，当某种教育资源超出了你所能承担的范围时，也无须过度焦虑、过于勉强，否则你所承担的压力很可能会让事情变得更糟糕。

要知道，父母的焦虑很容易转嫁到孩子身上。家长最重要的责任就是为孩子提供一个安全、稳定、平和、自由的成长环境，关心却不过分关注孩子，把自己的日子过好，为孩子树立榜样，让孩子学会主动成长，科学引导孩子的发展道路。